YOUNGER

De la même autrice aux éditions Addictives

Lover Next Door
Under Control

MARIE HAYLE

YOUNGER

addictives

« La raison et l'amour sont ennemis jurés. »
Pierre Corneille

1

Romy

Appuyée contre le chambranle de la porte, je contemple avec tendresse les deux hommes de ma vie. Avachis dans leur fauteuil, mon père et mon grand-père sont passés en mode digestion et ronflent comme des bienheureux. Il faut dire que, pour l'occasion, je me suis lâchée en cuisine. Entre mon foie gras maison, les verrines, la dinde et ma fameuse bûche, nous nous sommes gavés comme des oies!

Ce repas de famille est une tradition chez les Vasseur. En petit comité, mais avec beaucoup de nourriture et d'amour. Maman adorait Noël, et c'est notre manière, à nous, de lui rendre hommage tous les ans. Ça, et le fait de décorer la maison comme il se doit à cette période de l'année.

La nuit tombe doucement. Nostalgique, je me plais à allumer la guirlande électrique du sapin. Déjà onze ans que maman nous a quittés, et c'est comme si c'était hier dans mon cœur.

Bordel, qu'elle me manque!

Un coup d'œil à papa. Je l'observe sourire subitement dans son sommeil.

À cet instant, rêve-t-il d'elle?

Je m'estime très chanceuse d'avoir mon père. Il est formidable et voit toujours le verre à moitié plein, ce qui m'a souvent permis, par mimétisme, de relativiser toutes les situations, aussi compliquées soient-elles. C'est vrai que l'on ne peut pas faire autant de folies qu'on le souhaiterait, mais on vit bien, on a la santé, un salaire à chaque fin de mois et un toit au-dessus de nos têtes.

Mes lèvres s'étirent alors que je pense à notre devise familiale : « Ne se focaliser que sur le positif ! »

Je termine de laver la vaisselle le plus silencieusement possible et rejoins ma chambre.

Dix-sept heures cinquante-neuf. Je m'installe sur mon lit, tablette sur les genoux. La sonnerie de Messenger, qui m'annonce une demande d'appel vidéo, retentit à dix-huit heures pile. Ma meilleure amie a quelques défauts, mais sa ponctualité n'est plus à démontrer. Cela me rassure de constater qu'elle trouve toujours du temps pour moi malgré son emploi du temps de ministre.

– *Hi, Romy ! Merry Christmas ! How you doin' ?* me demande-t-elle d'une voix guillerette, mais ensommeillée.

– Joyeux Noël à toi aussi, Maja ! Laisse-moi deviner : tu viens de te réveiller ?

– On ne peut rien te cacher, Sherlock, grogne-t-elle dans sa barbe.

Elle se redresse péniblement dans son lit et attrape une bouteille d'eau, qu'elle vide à moitié.

– Il est encore très tôt ici, je te signale !

– Mmmh… Si je ne m'abuse, il y a six heures de décalage horaire entre New York et la France, non ? Dis-moi, à quelle heure t'es-tu couchée pour considérer que midi est une heure très matinale ?

– À six heures du mat', maman. Eh oui, je confirme : midi du matin, c'est vraiment trop tôt ! râle ma meilleure amie.

Elle s'assoit en tailleur, puis relève son épaisse chevelure au-dessus de sa tête.

– Ta famille et toi avez passé une bonne journée ?

– Oui, c'était très bien. Et toi ? Que vas-tu faire pour célébrer Noël aujourd'hui ? Ta mère doit te rejoindre, non ?

– Non. Un contretemps de dernière minute… comme d'hab', j'ai envie de dire.

Je sens bien qu'elle fait tout pour ne pas me montrer à quel point elle est déçue, alors je n'insiste pas pour éviter de remuer le couteau dans la plaie.

– Mais j'm'en fous ! J'ai un brunch de Noël fabuleux qui m'attend avec Stan, mon nouvel agent. Et puis, surtout, je te parle, et ça suffit à refaire ma journée, Sis.

J'aime qu'elle me surnomme ainsi, depuis tant d'années maintenant. Sis pour *sister*, comme si un lien de sang nous reliait. Notre amitié est tellement forte et a résisté à tant de tempêtes que je considère Maja, moi aussi, comme un membre à part entière de ma famille.

Il faut dire qu'elle et moi, ça ne date pas d'hier. Nous nous sommes rencontrées sur les bancs de l'école de Carantec, ma commune bretonne. Pourtant, ça n'était pas gagné entre nous.

Elle faisait des caprices à longueur de journée et tout le monde était déjà à ses pieds. Sauf moi. Je ne voyais pas l'intérêt de vouloir absolument être dans les bonnes grâces d'une peste colérique – peu m'importait qu'elle soit la fille de parents célèbres.

Un matin, quand nous avions 7 ans, elle a exigé de prendre ma place au tableau pour raconter son week-end, mais je n'ai pas cédé. J'ai donc expliqué ma promenade en forêt du dimanche à toute la classe, et même la maîtresse l'a laissée râler dans son coin. Au bout d'une minute, elle a posé ses grands yeux noirs sur moi, elle m'a écouté, et m'a même souri. Je n'ai su que bien plus tard que le récit de cette journée avec mes parents l'avait captivée et lui avait cloué le bec, elle qui ne pouvait pas profiter des siens autant qu'elle l'aurait voulu.

Que quelqu'un ne réponde pas à ses moindres désirs d'enfant gâtée lui a bien plu, contre toute attente, et depuis, nous sommes restées meilleures amies, quoi qu'il advienne dans nos vies. Et ce, malgré son court séjour à Carantec avec ses parents. Nous avons toujours gardé cet attachement sincère et indescriptible qui nous lie, même si nous ne nous voyons que trop rarement.

Il faut dire que nos parcours respectifs ne pourraient pas être plus différents. Enfant d'une actrice célèbre et d'un grand chef cuisinier, Maja est désormais une mannequin connue dans le monde entier. Et moi, je suis une simple anonyme de 21 ans, pâtissière passionnée, mais me démenant pour joindre les deux bouts auprès de mon père ouvrier, déjà trop usé pour ses 49 ans. Comme quoi, l'amitié n'a pas de codes, et c'est ce que j'aime dans notre relation.

– Bon, parlons peu, parlons bien ! As-tu ton paquet à proximité, Sis ? On fait comme d'habitude ?

– Évidemment ! Prête ?

– Et comment ! Allez ! Chifoumi, c'est parti ! Un, deux… trois ! décompte-t-elle, avant de brandir un poing fermé, face à mes doigts qui forment un V. Yeah ! J'ai gagné ! La pierre écrase les ciseaux. Allez, hop, j'ouvre la première mon cadeau !

Je la regarde en souriant alors qu'elle se lève rapidement de son lit pour y revenir avec mon paquet, expédié il y a deux semaines déjà. Je voulais être sûre qu'il arrive à temps.

Elle rigole nerveusement et tape dans ses mains comme une gamine impatiente.

Vous ai-je déjà dit que ma meilleure amie était un sacré numéro ?

Comme chaque année, elle soupèse le paquet, le secoue et fait mine d'essayer d'en deviner le contenu, ce qui me fait sourire.

– C'est une paire de mitaines à quatre doigts ? Un cache-oreilles fluo ? Des étuis tricotés main et brodés avec la mention « Casa de Popol » pour ma collection de gods ?

Cette fille m'éclate !

– Allez, vas-y, ouvre ! la supplié-je en riant face à ses suppositions toutes plus loufoques les unes que les autres.

Je la regarde déchirer le papier doré et mon cœur accélère malgré moi. Mon amie a tout ce qu'elle désire dans la vie. Je serais bien incapable de rivaliser avec les cadeaux dont elle a l'habitude. Alors, depuis toujours, on a convenu de ne s'offrir que des présents faits main. Une délicate attention, quand on connaît mes maigres moyens. Elle s'est toujours évertuée à me traiter d'égale à égale et n'a donc jamais étalé sa fortune en m'achetant des cadeaux hors de prix. Je lui en suis très reconnaissante.

Puis elle redevient sérieuse, le temps de soulever délicatement le couvercle de ma boîte. Et moi, je guette sa réaction.

– Oh, bordel ! Quelles merveilles m'as-tu encore concoctées, Sis ?

Je l'observe sortir les différents contenants et je vois bien qu'elle ne simule pas son enthousiasme quand elle s'exclame :

– Youhou ! Allez, dis-moi tout ! Qu'est-ce qu'on a là ?

La première année où je lui ai fait parvenir un panier garni de douceurs maison, elle m'a fait jurer de ne lui offrir que ça pour le restant de ses jours. Alors, je ne déroge pas à cette règle, même si je varie les plaisirs d'une année sur l'autre.

– Dans le bocal que tu tiens, tu as du granola maison, et celui avec le nœud doré, c'est du caramel au beurre salé.

– Waouh ! Je vais encore me faire péter le bide, moi. Et celui-ci ?

– Ce sont des truffes à la noix de coco et à côté, des sablés au beurre demi-sel, Cookie.

Cookie. Le surnom que ma mère lui a attribué et que j'emploie toujours. En effet, un jour où elle était venue jouer à la maison, elle a carrément englouti toute la fournée de biscuits que maman avait préparée pour le goûter. Un estomac sur pattes qui n'a jamais pris un gramme.

Y a pas de justice !

Je la regarde et constate qu'elle est même de plus en plus magnifique. Née d'une mère d'origine nigérienne et d'un père italien, elle est d'une beauté métissée à couper le souffle. C'est bien simple, tous les grands noms de la mode se l'arrachent pour la faire défiler ou poser dans des magazines.

– Ça, c'est une pâte à tartiner au praliné.

Elle continue de découvrir mes préparations des yeux et en salive d'avance, ce qui me fait on ne peut plus plaisir. J'adore partager un peu de ma passion avec ma meilleure amie.

– Tu as un talent fou, Romy ! Franchement, mais qu'est-ce que tu attends pour ouvrir ta propre pâtisserie ? Je t'assure que tu pourrais largement rivaliser avec la cheffe pâtissière du restaurant étoilé de mon père ! Et je mets ma main au feu que, si je lui faisais goûter ce que tu m'as envoyé, il succomberait, tout comme moi ! s'enflamme-t-elle. Merci, Romy, j'adore !

– De rien. Ne mange pas tout en une semaine, espèce de goinfre ! Et pour ton cher papa, il est dans le top dix des meilleurs restaurants au monde. Il doit donc goûter et concocter des plats bien plus succulents chaque jour. Alors, merci pour tes compliments, mais restons raisonnables, d'accord ?

Elle se désigne d'un air innocent, l'air choqué, avant d'éclater de rire.

– Et d'une, rien n'est moins sûr concernant le fait d'être raisonnable, tu me connais ! Et de deux, je reste sur mes positions à propos du palais de mon père. Allez, à ton tour ! Ouvre le mien !

J'attrape le paquet posé sur ma commode, le soupèse à mon tour, le secoue et défais finalement avec soin le joli emballage aux motifs façon tartan.

– Mais grouille ! On s'en fout, du papier, s'énerve mon amie comme si elle avait 5 ans.

Je ne cède pas et arrive à mes fins quelques secondes plus tard. Je la nargue en lui tirant la langue.

Baissant les yeux, je découvre alors un album photo que Maja semble avoir totalement personnalisé à sa sauce : l'ordre des clichés est chronologique et retrace nos moments passés ensemble. J'en découvre beaucoup du CE2 au CM1, puis les photos font un bond dans le temps : nous sommes plus âgées, lors de nos vacances ensemble. Il faut dire que Maja a toujours négocié avec ses parents de revenir au moins un mois en France, pendant l'été, et ces moments chers à mon cœur ont largement contribué à renforcer cette drôle d'amitié que je n'échangerais pour rien au monde.

Une seule fois, lorsque nous avions 10 ans, c'est moi qui suis allée la rejoindre chez son père, car ses parents se séparaient et ma mère venait de mourir. Mon père était plongé dans les papiers de la succession, et surtout terriblement abattu d'avoir perdu l'amour de sa vie. Il a alors suggéré que ça me ferait du bien de me changer les idées et a donc accepté la proposition. Je suis allée en Toscane pour un mois entier. Et ça a été bénéfique. En partie du moins.

À 10 ans, vivre dans une villa avec piscine, à deux pas de la plage, sous un beau soleil, et passer mes journées avec Maja m'a en effet fait beaucoup de bien. Pourtant, je me souviens aussi d'avoir pleuré silencieusement et de m'être beaucoup inquiétée pour mon père, que je savais seul.

Et puis, bien sûr, il y avait le retour de cet enfermement sensoriel dû au choc de la mort de ma mère. Il reprenait toute la place et me muselait à nouveau face aux autres. Ce handicap dans lequel je me sentais prise au piège, comme quelques années auparavant, lors de la mort tragique de ma grand-mère. Alors, malgré les supplications de Maja, j'ai demandé à rentrer une semaine plus tôt, retrouver mon père et mon grand-père étant, à ce moment, la seule fin d'été envisageable et supportable à mes yeux.

Tout en continuant de tourner les feuilles plastifiées, je souris, réellement émue de me remémorer tous ces moments. Je découvre que chaque page de gauche est consacrée à une photo spéciale et que celle en face est décorée de dessins et de citations.

– Maja, waouh ! C'est juste… génial ! Mais tu as dû mettre un temps fou pour fabriquer ce livre photo !

– Pour ne rien te cacher, j'ai commencé l'an dernier, dès que nous avons raccroché, le jour de Noël, m'annonce-t-elle non sans fierté. Tu m'avais dit que tu regrettais de ne pas avoir beaucoup de photos de nous, alors j'ai fait direct des doubles de mes préférées et j'ai attaqué.

– C'est trop beau, murmuré-je en caressant la tranche de l'album en cuir. Tu as, sans le moindre doute, des mains en or, Cookie !

Certes, ma meilleure amie est une mannequin dont le talent n'est plus à prouver, mais moi seule sais de quoi elle est capable quand il s'agit de confectionner des choses de ses mains.

– J'ai adoré le faire, m'avoue-t-elle sur un ton plus bas que d'habitude. Je l'ai emporté à chacun de mes déplacements et j'ai totalement kiffé de dessiner autour des photos et de noter ces phrases rien qu'à nous.

– Tu ne pouvais pas me faire plus plaisir, dis-je avec une voix peu assurée à cause de l'émotion qui me submerge.

– On parie ?

– Quoi ? Comment ça ?

– Je suis sûre que je peux mieux faire, m'assure-t-elle, le plus sérieusement du monde, en tapotant son menton, l'air pensif.

Je plisse les yeux, ne comprenant pas où elle veut en venir. Alors, elle éclaire ma lanterne.

– Comme dans certains vinyles, où il y a parfois une chanson cachée, j'ai dissimulé un truc dans l'album, moi aussi, se marre-t-elle sans me donner plus d'indices.

Je joue le jeu, ravie de cette chasse au trésor. Enfin, je remarque une surépaisseur sur la page illustrant nos 10 ans, justement. Je soulève la photo de nous, en train de nous éclabousser dans la piscine, et là, je découvre un petit mot plié en quatre. Je l'ouvre et le lis à voix haute :

– « *Tu m'as promis, à l'époque, que tu accepterais*

de revenir avant dix ans, alors je pense que, vu que tu n'as pas tenu ta promesse, notre accord est un peu caduc. Je t'annonce donc que tu viens passer un mois en Toscane cet été ! Love you ! » Quoi ? Mais ça n'est pas possible, je ne p…

– Tu m'as bien dit que ton patron fermait sa pâtisserie au mois de juillet pour effectuer des travaux, non ?

– Oui, mais mon pè…

– Il est déjà au courant, Sis ! Et il a *survalidé* mon idée ! Tu n'as pas arrêté de bosser, moi aussi, et tu me manques. Alors, c'est réglé : on se retrouve dans sept petits mois à Forte dei Marmi, dans la villa de mon père.

– Non, mais attends, il est…

– Oui, lui aussi est au courant. Donc, on fait comme ça ?

Je sens bien qu'elle essaie de noyer le poisson, quitte à me raccrocher au nez pour ne pas me laisser le choix, alors j'insiste :

– Minute, papillon. Tu oublies pourtant notre deal par rapport aux cadeaux…

Elle lève les yeux au ciel.

– Écoute, Sis, c'est juste un petit séjour de compensation, tu vois ?

– Oui, mais tu…

– Bon, OK, c'est vrai que, sur ce coup-là, je te paie le billet aller-retour, mais est-ce que tes parents m'ont déjà réclamé un seul centime quand je m'incrustais chez vous chaque été ?

Devant mon silence, elle poursuit :

– Non, hein ? Alors, considère que c'est un prêté pour un rendu. *Capice?*[1]

La vague d'excitation qui me submerge à cet instant est si forte que je ne peux contenir mon émotion. Je

1. « Compris ? » en italien.

souris à Maja de toutes mes dents, les larmes aux yeux. Puis, spontanément, je me lève d'un bond et je me mets à sautiller sur place tandis qu'elle éclate de rire et qu'elle me rejoint dans une danse des plus loufoques.

– Merci, Cookie. Tellement ! Je ne sais pas quoi te d…

– Ne dis rien. Contente-toi de ne pas louper ton avion, OK ?

– J'ai tellement hâte d'y être ! Maintenant, le temps va me sembler super long d'ici cet été ! râlé-je pour la forme en m'affalant sur mon lit, essoufflée.

– Mais non, je suis persuadée que ça passera vite. Et puis je suis sûre que ton mec saura t'occuper d'ici là, me dit-elle en me gratifiant d'un clin d'œil exagéré.

– Mmmh…

Je grimace malgré moi et ma fouine de meilleure amie s'infiltre immédiatement dans la faille.

– Oh, oh… Quoi ? Qu'est-ce qu'il y a ? C'est fini avec Théo ?

– Ben, ouais. Enfin, il faut encore que je le lui dise. Je n'avais pas le cœur de le faire le soir du réveillon ou le jour de Noël, à vrai dire.

– Merde ! Que s'est-il passé, au juste ?

– Rien. Ça ne colle plus, c'est tout.

– Romy ?

– Non, mais vraiment, il n'y a pas grand-chose à dire. Je m'ennuyais.

– Merde… Comme avec tous ses prédécesseurs, finalement, quoi !

– Hé, n'exagère pas ! Vu comme tu le dis, on croirait presque que je les collectionne avant de les virer comme une diva…

– Ah, mais je t'arrête tout de suite, tu ne seras jamais à mon niveau ! Moi, je suis une collectionneuse, une vraie, et assumée, en plus, se marre-t-elle.

– Mais, toi, tu n'as jamais envie de creuser. Moi, en revanche, je me dis « pourquoi pas », car j'ai peur de rater un type intéressant, tu vois ?

– Mmmh, bof. C'est tellement bizarre de croire encore aux contes de fées à ton âge ! Bon, et qu'est-ce qu'il manquait, alors, à ce Théo pour te donner envie de vivre cette merveilleuse histoire d'amour dont tu rêves ?

Je lève les yeux au ciel.

– C'est difficile à expliquer. J'ai l'impression que, systématiquement, je ne partage rien d'intéressant avec le mec avec qui je sors. Je ne me juge pas supérieure à eux, loin de là, même, mais à chaque fois, je suis déçue. Mes relations me semblent creuses, sans intérêt. Il me manque « l'après », tu vois ? Genre, le partage d'idées, les discussions enflammées, les sorties ailleurs que chez Micromania.

– Tu as beau être un peu barrée, comme moi, tu as toujours été mature, Romy. Peut-être que tu leur en demandes un peu trop.

– Peut-être, mais je pense que je suis beaucoup plus en phase avec les mecs plus mûrs. Tiens, par exemple, il y a ce mec que Léon a embauché pour nous aider à la période des fêtes.

– Oh, mais en voilà, du croustillant ! Balance, ma vieille ! Il a quel âge et il est comment ?

– Trente et un ans, beau, mais je t'arrête tout de suite, il est marié.

– Eh merde ! Bon, ben quoi, alors ?

Maja est très volage, mais je sais que mon argument met un terme à ses divagations, car elle ne touche jamais aux mecs maqués : c'est un principe auquel elle ne déroge pas depuis qu'une de ses amies l'a trahie en s'envoyant le sien. Le premier et le seul auquel elle était vraiment attachée.

– Ben, rien de transcendant, si ce n'est qu'il a de la culture, des valeurs, et que j'ai beaucoup aimé échanger avec lui sur plein de sujets divers et variés. Du coup, je me dis que je devrais peut-être sortir avec des trentenaires plutôt qu'avec des hommes de mon âge, avec qui ça ne matche jamais.

– Mais go, petite maligne ! Ne dit-on pas que rien ne vaut l'expérience ? Oh, mieux ! Tu devrais te dégoter un sugar daddy, Sis ! Sexe et thunes, parfait combo, non ?

J'éclate de rire.

– Tu sais que tu es complètement barrée, Cookie ?

Son manager entre alors dans la pièce et je l'entends lui dire que leur brunch est prêt.

Maja râle et s'excuse de devoir me laisser.

– T'inquiète, je vais sauter sous la douche et hop ! Pyjama pour manger les restes !

– Oh, trop de chance ! Envoie-moi une photo de tes chaussettes post-Noël, comme d'habitude. Moi, j'ai trop la flemme de devoir me mettre sur mon trente-et-un pour un simple petit déj amélioré. Franchement, je rêve de passer trois jours en pyjama, à ne rien faire d'autre que manger devant la télé !

– Promis, on se fera ça cet été !

– Sérieux ? Promis ?

– Juré, craché, affirmé-je en crachant doucement par terre.

– Petite glaire, mais je prends ça pour un oui. Allez, file mettre ton pyj', traîtresse !

– Merci encore pour ce moment, Maja, et… pour tout le reste.

– J'ai hâte de te voir ! Bisous, Sis. *Love you.*

– *Love you too*, Cookie.

Et elle raccroche, me laissant avec le sourire aux lèvres. Je n'ai pas souvent l'occasion de passer de vraies vacances à l'étranger, alors, cet été, je compte bien en profiter un maximum !

J'ai tellement hâte à présent ! Italie, me voilà… ou presque !

2

Matis

Je déguste avec plaisir la première gorgée de mon espresso, calmement, devant ma baie vitrée entrouverte. Mon vieux Yago est couché à mes pieds, préférant visiblement l'air frais de l'intérieur plutôt que la chaleur déjà écrasante de ce mois de juillet.

Le temps magnifique de ce début de journée ne colle pas vraiment avec mon humeur du jour. Hier, Luigi et Amber ont insisté pour me traîner à cette fête, après le dernier service. C'est rare, mais je me suis laissé embringuer et j'ai picolé jusqu'à l'aube, avec mon meilleur ami et sa future femme. Mais, bordel, ce matin, je comprends douloureusement que je n'ai plus l'âge pour ces conneries ! J'ai l'impression qu'un orchestre entier a élu domicile dans ma boîte crânienne.

Foutu whisky de quinze ans d'âge !

Et Maja qui doit me rejoindre ici aujourd'hui ! Je consulte nos échanges de SMS pour vérifier l'horaire de son arrivée. Seize heures. Parfait : encore un peu de calme avant l'irruption de ma petite tornade. Ça me laisse le temps de…

Un claquement de porte interrompt le fil de mes pensées et me fait sursauter. Mes employés de maison sont tous chez eux, ce dimanche, alors qui peut bien…

– *Buongiorno, Matis. Come va ?*[1]

– Maja ? Mais qu'est-ce que tu fais là ? Ton avion ne devait pas atterrir à seize heures ?

– Moi aussi, je suis contente de te voir ! J'ai avancé mon vol. Surprise, Matis !

– Pas Matis, *papà. Sto bene grazie, mia principessa. Vieni qui.*[2]

J'ouvre grand les bras à ma fille adorée, qui, après avoir levé les yeux au ciel, consent tout de même à venir s'y lover. Notre câlin ne s'éternise toutefois pas très longtemps. À croire que sa mère et moi avons conçu une hyperactive de premier ordre. Maja est incapable de se poser plus de vingt secondes d'affilée. Mais j'adore son énergie, même si, là, mon mal de crâne ne semble pas être du même avis.

– Tu as une sale tronche, *papà*, lâche-t-elle en se baissant pour caresser Yago, qui se laisse faire comme un bienheureux, les quatre fers en l'air.

– Je ne te retourne pas le compliment. Tu es sublime, *mia principessa.*

Et c'est vrai qu'elle est magnifique ! Ses longs cheveux afros sont relevés en un chignon travaillé et elle a le plus joli sourire du monde. Quand elle est née, j'ai totalement craqué face à cette petite fille à qui j'avais transmis ma fossette sur la joue. Plus tard, c'est son rire tonitruant qui m'a ébranlé, sans oublier ses yeux rieurs.

Eh oui, je suis le premier admirateur de ma fille !

– Tu as fait fort, hier, ou quoi ? me demande-t-elle en avisant le cachet d'aspirine qui termine de se

1. « Bonjour, Matis. Comment ça va ? »
2. « Ça va, merci, ma princesse. Viens ici. »

dissoudre dans un verre d'eau, sur le comptoir de ma cuisine.

– On peut dire ça, ouais. Luigi m'a forcé à aller à une soirée branchée, et un verre en entraînant un autre…

Elle hoche la tête d'un air entendu.

– Je compatis, je connais… commence-t-elle.

– Comment ça, tu connais ? grondé-je en plissant les yeux.

– J'ai 21 ans, Matis. Tu crois peut-être que je suis toujours vierge, aussi ?

Ouh là ! J'ouvre de grands yeux et lève la main. Cette discussion est trop périlleuse pour que je me risque sur cette pente. Cette chipie a encore trouvé le moyen de me détourner du sujet initial.

– Tu as faim ? Paola m'a laissé une tonne de choses pour le petit déjeuner.

– Et comment !

Elle se déplace naturellement vers le frigo et les placards, et sort tout ce qui lui fait envie – visiblement, pas mal de choses ! – avant de se faire couler un espresso. La digne fille de son père.

Je m'assois à table, en face d'elle, et grignote un croissant du bout des lèvres alors qu'elle dévore tout ce qui lui tombe sous la main : pain, viennoiseries, pancakes, confiture de figues, pâte à tartiner… Tout y passe !

Janet a toujours dit que notre fille était un estomac sur pattes, et ce petit déjeuner gargantuesque ne peut que donner raison à mon ex-femme. Quand elle s'adosse à sa chaise, les mains posées sur son estomac, il est clair qu'elle est repue.

Je suis heureux qu'elle soit là. En général, nous ne

nous voyons malheureusement que très ponctuellement ou lorsque ses déplacements professionnels nous le permettent. Du coup, je suis ravi qu'elle m'ait demandé de venir passer un mois entier ici, même si je vais devoir continuer à travailler durant la semaine. Prendre des vacances maintenant s'avère très compliqué pour moi, étant donné que je forme une nouvelle brigade, qui devra impérativement être opérationnelle pour la rentrée de septembre.

– Au fait, tu te rappelles que Romy arrive demain ? me demande-t-elle.

– Oui, je n'ai pas oublié, même si je t'avoue que j'aurais aimé qu'on passe du temps ensemble, rien que tous les deux, *mia principessa*.

– L'un n'empêche pas l'autre, et je suis sûre que tu seras soulagé de savoir que je ne serai pas seule quand tu seras au restaurant, non ?

– Je vais essayer de nous dégager un maximum de temps et de...

– Non, mais Matis, tu es à bloc au resto tous les étés, donc ça ne sera pas simple. On le sait tous les deux, non ?

La peste ! Elle me connaît mieux que moi-même... Et le pire, c'est que je ne peux même pas la contredire, vu que, pendant la période estivale, mon établissement est toujours bondé, et j'ai du mal à laisser les rênes à quiconque.

– OK. Romy... Dis donc, ça fait un bail ! Quand elle est venue ici, vous aviez quoi... 9 ans ?

– Dix ans, l'âge de Yago. Et tu sais bien que, Romy, ben c'est Romy, quoi... Elle est plus qu'une simple copine. Elle est la seule qui connaît la vraie Maja...

– Moi aussi, je te connais, ma fille...

– Oui, mais Romy est ma confidente depuis des années. Elle connaît tous mes secrets, *papà*. Et cet été, je veux qu'elle prenne enfin de vraies vacances au soleil. Tu sais aussi combien c'est important, pour moi, de décompresser au moins une fois par an avec elle.

– Je comprends ça. Je pensais juste qu'on aurait quelques moments rien qu'à nous, ajouté-je, déçu de ne pas avoir ma fille pour moi tout seul.

– On peut se dire qu'on se garde une journée par semaine ? négocie-t-elle, pour mon plus grand plaisir.

– Va pour une journée à nous par semaine ! acquiescé-je en lui tendant mon petit doigt.

Elle y enroule le sien et déclare :

– *Croce di legno, croce di ferro, se mento vado all'inferno.*[3]

Elle a l'air si sérieux, tout à coup, que je ne peux m'empêcher de pouffer.

– J'espère que Romy sera plus en forme que la dernière fois où elle est venue.

– Sa mère venait de mourir, *papà*.

– Je m'en souviens, évidemment. Je ne parlais pas de façon ironique. J'espère qu'elle passera vraiment un meilleur séjour, cette fois. Et vu le temps prévu pour le mois à venir, le soleil devrait être de la partie pour donner le sourire à cette petite.

– Ah, ah, ah ! Eh ben, on peut dire que tu vas la trouver changée, la petite ! Elle est trop belle, ma *best friend*, et surtout c'est la reine de la pâtisserie. D'ailleurs, si tu es sage, je lui demanderai même de te faire son dessert fétiche ! Bref… Pfff, il fait trop chaud

3. « Croix de bois, croix de fer, si je mens, je vais en enfer. »

ici. Moi, j'adore quand il pleut ! Tu sais que j'ai lu un article sur les bienfaits de s'allonger sous la pluie ? Il paraît que c'est une sensation incroyable ! On tentera un de ces quatre, dis ?

Maja et ses sempiternelles questions à deux balles ! Je sens que ce mois ne va pas être de tout repos, et une partie de moi s'en réjouit d'avance.

J'espère juste qu'elle et la petite Romy ne m'en feront pas voir de toutes les couleurs !

3

Romy

Le vol est passé bien trop vite à mon goût. Ce n'est que la deuxième fois que je prends l'avion, et force est de constater que j'adore ça. J'ai l'impression d'être l'une de ces working girls qui se rendent en Italie pour signer un gros contrat. Sauf que je ne porte pas de tailleur chic et qu'à défaut de voyager avec un simple attaché-case, je traîne des bagages bourrés au maximum de leur capacité. Un mois de vacances : du jamais vu pour moi. Je ne savais pas quoi prendre, alors j'ai amassé de nombreux vêtements de catégorie « au cas où ».

Je jette un coup d'œil par le hublot, car désormais l'appareil amorce sa descente au travers des nuages. Je profite de ce moment si rare. On peut dire que Maja ne s'est pas moquée de moi quand elle a réservé ma place en première. Les hôtesses et stewards ont été carrément à mes petits soins et j'ai eu droit à un siège super grand rien que pour moi. J'avoue que je serais bien restée un peu plus longtemps dans ce cocon, à flotter dans les airs. Mais il me tarde de retrouver ma meilleure amie. J'ai tellement hâte de profiter de tous ces moments à venir en sa compagnie !

Après l'atterrissage, je sors de la passerelle menant de l'appareil à l'aéroport et extirpe mon téléphone de mon sac. Je désactive le mode avion et découvre un message de Maja.

[Désolée, Sis. Comme c'est
le dernier jour où je suis
officiellement toujours joignable,
je dois donner une interview
de dernière minute en
visioconférence. Tu devrais
vite trouver James,
le chauffeur de mon père.
Trop hâte de te voir !
Arrive vite ! XXX
PS – Il est muet, tu n'auras
pas à faire la conversation.]

Bon, eh bien, pas de retrouvailles immédiates !

Je vais récupérer mes bagages, en traînant tant bien que mal tout mon barda derrière moi. Quand je sors de l'aire réservée aux passagers, je regarde autour de moi et repère en effet un homme en costume tenant une pancarte avec mon nom dessus.

Néanmoins, ça n'est pas un chauffeur, mais bel et bien le père de Maja que je reconnais au premier coup d'œil.

Il n'a pas beaucoup changé, si ce n'est que du haut de mes 10 ans, je ne m'étais jamais aperçue du charme certain de cet homme. Il est élégant et son regard, d'un noir profond, est on ne peut plus sensuel. Le stéréotype de l'Italien brun, bronzé et sexy en diable.

On peut dire que cet homme vieillit plus que bien !

Je n'imagine même pas le nombre de nanas qui doivent défaillir devant lui ! On a beau dire, un homme mature, ça a de la gueule quand même ! Ma réflexion m'amène un sourire aux lèvres et je secoue la tête pour recentrer mes pensées !

Romy ! Voyons, on ne trouve pas canon le père de sa meilleure amie ! Vilaine !

Apparemment il ne me reconnaît pas vu qu'il continue de balayer des yeux le hall de l'aéroport. Il faut dire que la dernière fois qu'il m'a vue, j'étais toujours une enfant, alors je décide de m'avancer vers lui et de me présenter :

– Bonjour, monsieur Milano, c'est moi… Romy Vasseur.

Ses yeux s'écarquillent sous la surprise et il me regarde l'air incrédule.

– Romy ? Je… Oh, désolé, je ne t'imaginais pas si… différente ! Bienvenue ! Je ne devais pas être ici, mais comme James m'a récupéré au restaurant il y a une heure, je me suis dit que ce serait sympa de venir moi-même te chercher ! me débite-t-il à toute vitesse de sa voix grave avec un accent italien prononcé.

– Merci, monsieur Mi…

– Matis, appelle-moi Matis. Tu m'appelais déjà comme cela quand tu étais petite, me dit-il en me tendant sa main, que je serre en retour.

À regret, je mets fin à ce premier contact à la fois doux et ferme, et me contente de lui sourire. Une fossette trop mignonne apparaît dans le creux de sa joue gauche, alors qu'il m'imite. Puis, sans tarder, il m'invite à le suivre et attrape mes deux valises comme si elles ne pesaient rien.

Cet homme s'entretient, clairement.

Maintenant que je suis adulte, j'ai l'impression de redécouvrir le paternel de mon amie et la vision que j'en ai, bien qu'agréable, est un tant soit peu dérangeante.

L'Italie va devenir mon pays préféré, si les hommes sont tous de cet acabit !

Surtout que me reviennent en mémoire les bêtises de Maja au sujet de son idée de me trouver un sugar daddy…

Je vais passer mon séjour à me filer des baffes mentales, je le sens !

Il s'arrête devant une berline noire très classe.

Un autre individu sort alors de la voiture du côté conducteur, casquette sur la tête et vêtu de tout l'attirail d'un chauffeur.

– Romy, je te présente James. James, voici Romy, annonce-t-il pour faire les présentations.

Me souvenant du mot de Maja, je fais un mouvement de main de ma bouche vers lui.

Il me répond alors en signant :

« Bonjour, bien merci ! Vous savez signer ? »

Je lui réponds par l'affirmative, et il me sourit amicalement.

Il me propose de monter à l'arrière avec Matis et je m'exécute, redoutant ce trajet avec cet homme que je ne connais pas, mais que je redécouvre d'un œil nouveau. Qu'allons-nous bien pouvoir nous raconter ?

Un silence inconfortable s'impose dans l'habitacle rempli d'une douce mélodie. Mais soudain, son mobile sonne et il décroche en s'excusant. Ouf, sauvée par le gong ! Je vais pouvoir arrêter de me triturer les méninges à essayer de trouver un sujet de conversation…

Je découvre plutôt la vue magnifique des paysages en regardant à travers la vitre. Une fois que nous sortons de la ville, j'aperçois de vastes champs d'oliviers, des vignes et même un pittoresque petit village perché sur une colline.

Des cyprès sont alignés tout au long de la route sinueuse qui me conduit vers cette fameuse maison que je ne peux m'empêcher d'associer à l'année de la mort de ma mère. Mais le temps a bien fait les choses et j'ai réussi à faire mon deuil. Et puis sans mon handicap de l'époque, je ne doute pas que ce deuxième séjour en Toscane se passera plus légèrement que le premier.

James glisse un badge devant une sorte de scanner à l'entrée de la propriété, puis nous passons un portail aux grilles en fer forgé.

Plus nous avançons au pas dans l'allée qui mène à la villa, plus je me sens impatiente de retrouver mon amie. Le chauffeur arrête la voiture et se précipite pour m'ouvrir la portière. Je n'ai tellement pas l'habitude de tout ce protocole que je me sens à cet instant comme une princesse.

Quand je sors, le soleil m'éblouit, je remets alors mes lunettes sur mon nez, puis admire la façade qui semble aussi magnifique et grande que dans mon souvenir. Ses murs sont en marbre d'un vert doux qui répond aux couleurs de la végétation environnante. Je lève les yeux et remarque que le toit est même entièrement végétalisé. Cette villa est fabuleuse !

James ouvre la porte d'entrée ; un chien sort et gambade joyeusement dans ma direction.

– Yago ? Non… C'est toi, mon vieux ? lui demandé-je, attendrie de retrouver cette boule de poils.

Après l'annonce du divorce, M. et Mme Milano avaient offert ce golden retriever à Maja et je me souviens de lui avoir fait plein de câlins la nuit, quand il venait se glisser dans mon lit. Il semblerait que l'animal m'apprécie toujours, car il se frotte contre mon jean et s'allonge sur le dos les quatre pattes en l'air. On peut dire que ce chien sait se faire comprendre ! Je me mets donc à genoux et lui gratouille le ventre, lui provoquant même des petits couinements de satisfaction.

– Il adore qu'on le gratte sous le menton aussi, dit la voix grave de M. Milano dans mon dos, me faisant sursauter.

Je me redresse en époussetant mon pantalon et souris au maître de maison dont j'avais oublié la présence l'espace d'un instant.

– Je suis ravi de t'accueillir ici, Romy, me dit-il avenant, mais rentrons vite, il fait très chaud, à cette heure de la journée.

Enfin au frais dans le hall d'entrée, j'enlève mes lunettes de soleil et redécouvre alors avec plaisir l'intérieur de la maison.

Nous pénétrons dans un salon dont les baies vitrées donnent sur une immense terrasse et l'ensemble paraît ne faire qu'un. Un canapé d'angle aux assises tapissées de velours vert invite à la paresse face à une cheminée construite dans le même marbre que celui de l'extérieur. Tiens, dans mon souvenir, le canapé était en cuir vieilli et il y avait plus de touches féminines dans la décoration.

Puis, légèrement en contrebas du salon, je découvre une immense salle entièrement vitrée dans laquelle trônent une piscine et même un jacuzzi. J'hallucine ! Je ne me souviens pas de ça, je pense que M. Milano a dû effectuer quelques travaux depuis ma venue.

Je me rends compte que j'admire les lieux depuis déjà de longues secondes quand le père de Maja intervient à nouveau dans mon dos.

– Maja devrait avoir terminé d'ici une minute.

Je hoche la tête en souriant. C'est gênant, je ne sais pas trop quoi lui dire pour entamer la discussion et lui non plus visiblement. En réalité, je dois admettre qu'il m'intimide. Et que je suis bêtement un peu troublée aussi. Parce qu'une chose est sûre, cet homme a beaucoup de prestance et il est canon. Il suffit qu'il soit dans la pièce pour qu'il en impose, et c'est bien la première fois que je suis sensible à cela.

Une petite femme rondelette entre alors dans la pièce et je reconnais Paola, la gouvernante qui travaillait déjà ici à l'époque. Je la salue et elle dépose deux cafés sur la table basse du salon. M. Milano me fait signe de m'asseoir et je prends place sur le large sofa.

Son téléphone sonne à nouveau, il s'excuse et décroche néanmoins sans plus m'accorder un regard. Il parle en italien et je trouve que cette langue est définitivement la plus sexy sur terre. Cette façon de rouler les « r » est tellement sensuelle.

Je porte ma tasse à mes lèvres et je ne peux pas m'empêcher de le détailler discrètement alors qu'il parle en faisant de grands gestes. Il porte un costume et une chemise ouverte de deux boutons. Il est rasé de près et ses cheveux, plus longs sur le dessus, semblent soyeux. Cet homme est définitivement très beau.

Il me fait penser à cet acteur italien : Mariano Di Vaio.

Il revient s'asseoir une minute plus tard, téléphone toujours en main, mais ne me jette pas un regard, ce qui m'arrange vu que je me sens assez gênée. J'ai fantasmé tellement de fois sur cette célébrité que comparer Matis à lui me paraît limite perturbant.

C'est alors que ma meilleure amie déboule comme un ouragan dans la pièce principale et me sort de mes pensées absurdes.

Elle me lève de force du canapé et me serre si fort dans ses bras que j'ai du mal à respirer. Mais je lui rends son étreinte, les yeux tout à coup humides. C'est une chose de se parler chaque semaine au téléphone ou en visio, mais c'en est une autre de retrouver et de serrer contre soi sa sœur de cœur.

Pour chasser son émotion, Maja avale deux biscuits à la suite et s'affale dans le canapé près de son père, qui raccroche et se lève.

– Je dois vous laisser, je serai là pour le dîner, nous annonce-t-il d'un air soucieux.

– Salut Matis, bon courage !

– *Arrivederci ragazze.*

Il claque une bise à sa fille, me sourit et s'en va.

Arrivederci ragazze... Bon, on est d'accord que l'italien est super torride, non ?

La langue ! Je parle de la langue !

Mon pote Yago vient près de moi et, tout en le caressant, je retrouve enfin ma meilleure amie :

– Yago avait 3 mois la dernière fois que je l'ai vu, c'est dingue, non ?

Et c'est parti. Maja m'explique ses bêtises canines, et puis le fait qu'elle ne le voit finalement pas beaucoup elle non plus. La journée passe à vitesse grand V, mais j'ai enchaîné les heures de travail avant de venir ici et là, j'avoue que je suis claquée.

– Tu m'écoutes ? râle Maja face à mon inattention.

Je hoche la tête d'un air pitoyable.

– On va dire que je suis sûrement jetlaguée ! lancé-je.

Comment ça, il n'y a pas de décalage horaire entre la France et l'Italie ?

Elle me tend la main avec tendresse et m'invite à la suivre.

– Allez, la vieille, il faut qu'on se bouge ! Direction la cuisine, j'ai faim ! Tu vas me concocter un truc, histoire que tu ne t'endormes pas tout en ravissant mon estomac !

– Tu ne perds pas le nord, toi au moins !

– Jamais. Mêler l'utile à l'agréable, telle est ma devise !

Et ce soir, OK pour un dodo tôt, mais pour les jours suivants, je t'ai prévu un programme aux petits oignons, je te préviens !

Connaissant l'engin, j'ai le droit d'avoir peur, là ?

4

Matis

Il est vingt heures quand je passe les portes de ma villa avec Luigi, mon meilleur ami et directeur de mon restaurant. Il a décidé de se joindre à nous pour le dîner dès qu'il a su que Paola, ma gouvernante, allait nous concocter ses fameuses *pasta carbonara*.

En effet, une délicieuse odeur de cuisine nous accueille. Je nous sers un verre en tendant l'oreille pour savoir si Maja et Romy sont au rez-de-chaussée ou à l'étage. Il faut dire que je n'ai pas bien su accueillir l'amie de ma fille à cause de coups de fil inopinés. J'ai même été incapable de la décrire à Luigi quand ce dernier m'a demandé à quoi elle ressemblait.

J'ai l'esprit si obnubilé par le fait de former à temps ma future brigade que j'en oublie tout le reste. J'ai simplement pu affirmer à mon meilleur ami qu'elle avait bien changé, avait l'air d'aimer les chiens et parlait toujours la langue des signes. Point barre. Elle a dû me prendre pour un rustre. Déjà que Maja ne me considère pas comme le père idéal ! Mais si, en plus, sa copine s'est plainte de mon accueil, je n'ai pas fini d'en entendre parler !

Ma fille nous rejoint alors dans le salon. Elle serre Luigi dans ses bras.

– Je me trompe ou tu ne peux plus te passer de moi, parrain ?

– Je suis démasqué. Ça, et le fait que ton père a lâché le morceau sur les *pasta carbonara* de Paola, lui avoue-t-il avant de l'embrasser tendrement sur la joue.

Ces deux-là ont une complicité incroyable. À tel point que je crois que j'en suis un peu jaloux, d'ailleurs.

– Et ton amie ? Où est-elle ? s'enquiert Luigi.

– Elle arrive. Elle est au téléphone avec son paternel.

– Ton père m'a dit qu'elle lui avait fait bonne impression.

Ça, c'est tout mon pote ! Je ne lui ai évidemment jamais raconté ça, mais je comprends sa manœuvre pour essayer de me faire entrer dans les petits papiers de ma fille unique.

Je hoche la tête pour confirmer ce mensonge et Maja ne relève pas. Bon, on dirait que sa copine n'a pas trop cassé de sucre sur mon dos quant à mon désintérêt à son égard.

J'entends alors des pas dans l'escalier de marbre et me retourne pour saluer celle avec qui je suis parti sur de mauvaises bases. Elle porte ses cheveux coiffés en une queue-de-cheval basse, une paire de lunettes à grosses montures, un short noir, des sandales à lanières dorées, ainsi qu'un pull léger, qui dévoile joliment l'une de ses épaules.

Quand elle pose le pied sur le parquet et qu'elle relève enfin la tête, elle avise nos tenues habillées et balbutie en rosissant :

– Oh ! Mais, Maja, tu aurais dû me dire que je devais m'habiller pour le dîner ! Je suis confuse, je remonte me changer.

Maja la rattrape in extremis par le bras.

– Mais n'importe quoi, Sis ! Tu es parfaite ! Ce sont eux qui sont déguisés en pingouins aujourd'hui !

– Maja a raison, c'est exceptionnel. Nous sortons simplement d'une réunion avec des financiers, intervient alors mon meilleur ami en arrachant théâtralement sa cravate. Je suis Luigi Barese, parrain de Maja, meilleur pote et bras droit de Matis, mais surtout fervent admirateur de Paola.

– Enchantée. Je suis Romy Vasseur, répond-elle simplement en lui tendant la main, visiblement un peu plus détendue.

Et ce con, au lieu de lui serrer la main, l'enlace et lui claque un baiser sur la joue.

Il faut toujours qu'il en fasse des caisses !

Afin de l'aider à se sentir plus à l'aise, j'imite mon ami et me débarrasse, moi aussi, de ma veste et de ma cravate.

Maja, en parfaite hôtesse de la maison – ou plutôt en mode « affamée », comme d'habitude –, nous guide ensuite vers la salle à manger, où nous prenons place autour de la table.

Tous, sauf Romy, qui contemple l'une de mes photos préférées. Personne, jusqu'à présent, ne s'est vraiment intéressé à cette œuvre.

– Cette photo de Plant est superbe, déclare-t-elle à Maja en s'asseyant à ses côtés.

– De qui ? demande ma fille.

– Robert Plant, explique-t-elle en le désignant. Tu sais, le chanteur des Led Zeppelin.

– Ah… Oui ! Mon père en a toujours fait des tonnes avec ce groupe, mais moi, je ne suis pas fan.

– Je l'adore. Je ne me lasse pas de les écouter, c'est l'un de mes groupes préférés ! C'était où ? me demande-t-elle gaiement.

– À New York, en 1971, au Madison Square Garden,

dis-je spontanément. Je suis étonné : peu de personnes de ton âge apprécient, ou du moins connaissent cet artiste.

– J'ai été bercée par leur musique à cause… ou plutôt grâce à ma mère, qui avait un *crush* pour Jimmy Page[1], au grand dam de mon père ! Du coup, Led Zep passait en boucle, presque tous les jours, à la maison. Alors, forcément, une chanson en entraînant une autre, je suis tombée sous le charme, moi aussi, m'explique-t-elle.

Elle m'offre un sourire plus solaire qu'aucun autre, et surtout si contagieux qu'il a le pouvoir d'en faire naître un sur mes lèvres. Même si certains de ses traits me sont familiers, comme ses jolies taches de rousseur, je dois bien admettre qu'elle n'a plus rien de la gamine que j'ai accueillie ici, il y a des années.

Je prends alors conscience de la beauté de cette femme. Une beauté naturelle, sans artifices. Oui, cette fille est magnifique dans sa simplicité, mais je mettrais ma main au feu qu'elle doit faire chavirer les cœurs. Je suis bien content de ne pas avoir son âge, sinon elle m'aurait facilement pris dans ses filets, c'est certain.

– Ouais, ben ta mère avait des goûts de chiottes en matière de mecs, si tu veux mon avis, se marre Maja en se tournant vers la photo. Non, mais mate-moi cette dégaine, sérieux !

Romy éclate de rire, mais défend son point de vue :

– C'était toute une époque : les chemises à fleurs, les pantalons pattes d'eph, les mecs aux cheveux longs… Tout ça a contribué au charme de la période des seventies, voyons !

– Mouais… Ben, permets-moi d'en douter. Mais bon,

1. Fondateur, guitariste, leader et compositeur de Led Zeppelin.

au moins, maintenant, je sais d'où tu tires ton inspiration *has-been* pour tes looks de baba cool !

Romy balance un petit coup de poing dans l'épaule de ma fille, qui lui fait un clin d'œil et éclate de rire.

– Peut-être, mais moi, au moins, j'ai une personnalité, rétorque la Française.

– Tu parles ! Copier de vieux croûtons bariolés, non merci !

– Mais la mode est un éternel recommencement, Cookie. Tu devrais pourtant le savoir en tant que mannequin, non ?

Leurs joutes verbales sont drôles. Je remarque que Luigi se marre en les regardant, lui aussi. Puis Paola, ma gouvernante, entre, nous sert le plat et s'éclipse discrètement.

Le reste du repas se déroule dans la bonne humeur, la conversation étant largement alimentée par ma fille et son parrain, et les rires des deux amies : celui, bruyant et drôle, de Maja, et celui, joli, gracieux et cristallin, de notre invitée française.

Mais, après tout, ne dit-on pas que les Italiens sont expansifs tandis que l'on parle de classe à la française ?

Ma gouvernante débarrasse les assiettes et revient au bout de quelques minutes avec un plateau de verrines de tiramisu.

– Paola, tu es la femme parfaite ! Épouse-moi ! lui demande Luigi, comme à chaque repas qu'il partage ici avec nous.

Cette dernière le connaît depuis qu'on est adolescents, car elle travaillait déjà pour mes parents à l'époque. Je sais qu'il l'amuse beaucoup.

– C'est Amber qui va être contente, le sermonne-t-elle en lui administrant une petite claque derrière la tête. En plus, je n'ai pas fait ce dessert !

– Ouais, et ce, sur ma demande expresse. Un petit caprice de dernière minute, ajoute Maja.

– Quoi ? La création d'un concurrent à ma table ? Nous ferais-tu des infidélités, ma fille ? demandé-je en feignant d'être contrarié.

– Je n'irai pas jusque-là. C'est Romy qui a fait ce tiramisu pour moi. Elle sait que j'en raffole ! Et je t'avais promis que tu aurais l'honneur de découvrir sa pâtisserie fétiche, alors…

Je jette un regard à Romy, qui semble toute gênée.

– Ne t'inquiète pas, je plaisante, m'empressé-je de la rassurer. Ce n'est pas parce que je suis chef que Maja ne doit manger que ma cuisine !

– Et heureusement, d'ailleurs, parce que j'adore aussi manger chez Burger King, McDo, Taco Bell ou Five Guys, rétorque cette dernière avant de me tirer la langue.

– Fille indigne !

Maja s'esclaffe. Ces échanges complices et spontanés ont lieu si rarement que ça me fait extrêmement plaisir quand cela se produit. Je porte alors ma cuillère à la bouche afin de goûter le tiramisu en question.

Mon palais est surpris, car il ne s'agit pas ici d'une recette traditionnelle. Ce dessert est effectivement aussi délicieux que l'a affirmé ma fille. Il me fait penser à l'acte charnel : de la douceur, de la subtilité, une caresse pour le palais, un plaisir grandissant, avant d'exploser en bouche… Bref, le combo parfait pour un dessert réussi, à la limite de l'aphrodisiaque.

Luigi déguste son dessert en silence, mais a l'air d'essayer, lui aussi, de deviner les ingrédients de la recette.

– En fait, j'aime beaucoup cuisiner le sucré depuis toujours, et Maja apprécie tellement mes petites douceurs que je n'ai pas pu le lui refuser.

Romy semble éprouver le besoin de se justifier.

– Ben, franchement, c'est réussi ! Que fais-tu dans la vie ? l'interroge Luigi.

– Je suis pâtissière.

– Eh bien, ceci explique sûrement cela. Toffee anglais ?

– Non, caramel au beurre salé.

– Oh, mais oui ! C'est vraiment très bon. C'est une recette française ? demande-t-il en se grattant le menton, l'air soudainement très intéressé.

– Française, mais surtout bretonne, vu que nous adorons mettre du caramel au beurre salé au centre de beaucoup de nos préparations.

– Et quels sont les biscuits que tu as utilisés ?

J'en étais sûr ! Je sens que sa question n'est pas anodine. Il a toujours du nez pour dénicher les outsiders, et je le connais trop bien pour savoir qu'il vient de passer, l'air de rien, en mode « chasseur de têtes ».

Les vrais talents qui ne sortent pas des grandes écoles sont extrêmement rares dans notre domaine, qui demande une expérience et une minutie d'expert. Mais, occasionnellement, il tente le coup. Je le laisse faire, car il a souvent fait preuve de sagacité pour ça.

– Des sablés bretons, que j'ai confectionnés, puis que j'ai écrasés grossièrement.

– Caramel en bouteille ? continue-t-il.

– Jamais, voyons ! Maison ou rien, répond Romy en prenant un air outré.

– Eh bien, je suis d'accord ! C'est franchement une réussite, ce caramel est effectivement une tuerie. Bravo, ajouté-je sincèrement alors que les joues de la jeune femme se teintent adorablement en rose.

– Et tu as un poste en France ?

– Oui, je travaille dans la pâtisserie au sein de laquelle

j'ai fait mon apprentissage.

– Tu n'as jamais travaillé ailleurs ?

– Si, je suis partie deux ans à Paris, afin de suivre une mention complémentaire en pâtisserie boulangère, mais je suis revenue aux sources. Je suis extrêmement proche de Léon, mon patron, et il m'a beaucoup appris.

Luigi fronce les sourcils. Il hésite une seconde et attrape une deuxième verrine. Je vois bien qu'il prend alors son temps pour en décortiquer les saveurs, les associations et les textures.

– Mmmh, c'est vrai que cet accord est assez troublant… Et même si j'aurais peut-être ajouté une touche supplémentaire de biscuit sur le dessus, l'ensemble reste très équilibré.

– Si je puis me permettre, je voulais que la première bouchée conserve le côté lisse de la crème et du caramel uniquement, d'où mon choix de ne pas la saupoudrer de biscuit, se défend-elle.

– Matis, qu'en penses-tu, toi ?

– Je suis d'accord avec vous deux : pour ajouter de la hauteur sur le dessus, j'aurais pu le décorer d'une fine tuile dentelle de caramel, qui aurait eu le mérite d'apporter le croquant dont tu parles, alors que certains pourraient la déguster en dernier.

– Oh, oui, mais bien entendu ! s'exclame Romy. Léon et moi nous sommes souvent demandé ce qui manquait à cette préparation, et là, ça me paraît tellement évident !

J'aime son enthousiasme et cette énergie. Et je me fais alors la réflexion que je la trouve encore plus belle quand elle oublie sa timidité et qu'elle laisse libre cours à sa passion.

– Et quelques gouttes de caramel liquide, déposées à l'aide d'une petite poche à douille sur le dessus, pourraient même rendre ce dessert encore plus esthétique, non? me demande-t-elle en posant alors spontanément sa main sur mon avant-bras.

Je retiens difficilement les frissons que ses doigts provoquent en moi. Ce geste, on ne peut plus anodin, me perturbe bêtement, alors je préfère me concentrer sur sa question plutôt que de m'appesantir sur cette sensation inattendue.

– Pourquoi pas, en effet ? Ça serait parfait, selon moi.

Romy rayonne. Elle rompt naturellement le contact entre nous pour boire une gorgée d'eau. Moi, je reste dubitatif face à la réaction épidermique ressentie à ce simple geste. À croire que ce dessert possède réellement des vertus aphrodisiaques sur moi !

– Je valide aussi, même si je ne suis pas un expert, affirme Luigi en raclant le fond de son ramequin pour n'y laisser aucune trace de tiramisu.

Puis, silencieux, il joue avec sa verrine vide. Moi, je souris, car je le connais par cœur !

Ma tête à couper qu'il va lui demander…

– À tout hasard, Romy, est-ce qu'effectuer un stage, pendant une semaine, au sein de notre établissement, ça te tenterait ou pas du tout ?

Bingo !

– Eh bien, je ne sais pas. Je n'envisage pas de changer de travail, alors je ne…

– Non, non, je comprends bien, mais une expérience dans un établissement étoilé et de renommée mondiale comme le nôtre pourrait t'apporter énormément, tu ne penses pas ?

– Oh, si, bien entendu ! Je n'en doute pas une seconde…

– Alors, pourquoi hésiter ?

Ce mec est décidément très fort. Et quand il a

quelque chose en tête, ça n'est pas ailleurs !

– Il n'y a, en effet, pas beaucoup de questions à se poser, si ce n'est que…

– Que ?

Je me redresse sur ma chaise. Mon restaurant est réputé, c'est un fait. Et c'est tellement rare que quelqu'un du métier hésite face à une telle opportunité que j'avoue être curieux d'entendre sa réponse.

– Je sais que vous pourriez m'apprendre beaucoup, et je suis très flattée par votre proposition, mais… disons que je ne vois pas bien ce que cela vous apporterait, à vrai dire. Je suis une pâtissière bien moins diplômée que vos chefs, donc quel serait votre intérêt ?

OK. Humilité ? Manque de confiance ? Ou réalisme, au contraire ?

Tout à coup, je crève d'envie de le découvrir. Et je réalise qu'elle vient clairement de piquer la curiosité de mon meilleur ami aussi.

– Sache que j'ai souvent de bonnes intuitions, et je voudrais simplement voir ce que tu as dans le ventre, si je puis dire… Si le grand boss est d'accord pour te laisser une chance en tant que stagiaire dans notre brigade dédiée aux desserts, bien sûr, conclut-il en me scrutant sans sourire.

On est donc dans une vraie conversation professionnelle. Luigi n'est sérieux qu'en ce qui concerne les affaires, et là, je le sens plus déterminé que jamais. Je regarde Romy et acquiesce.

– Je suis OK, bien entendu. Ce dessert est réussi et tu as maîtrisé la préparation de ta crème.

À voir, maintenant, si elle est capable d'autant de réussite en milieu professionnel et sous pression.

Même si je fais confiance à mon ami, je préfère rester

plus mesuré. Il ne faut pas oublier qu'elle est très jeune et qu'elle n'a jamais travaillé en brigade ni sous les ordres d'un chef étoilé. Je suis intransigeant avec mes équipes, quel que soit le grade de chacun, alors je n'en attendrai pas moins d'elle. Sans compter que Romy est belle, jeune et qu'elle doit adorer faire la fête autant que Maja. Donc invitée ici ou pas, elle ne bénéficiera d'aucun passe-droit, notamment sur la ponctualité.

– Alors, tout est dit ! Le grand patron a parlé. On dit lundi matin, huit heures ? demande Luigi en faisant écho à ma dernière réflexion.

Romy se tourne alors vers Maja.

– Ça ne te dérange pas, Cookie ? Après tout, on est censées passer un mois de vacances ensemble et…

– C'est juste une semaine, Romy ! Et quand bien même, depuis le temps que je rêve que quelqu'un d'autre que moi ouvre les yeux sur ton talent, je suis super contente, alors go, go, go !

– Alors, oui, j'en serai ravie ! Merci, monsieur Barese !

– Luigi ! Et dis-moi « tu ». Bon, super ! Je ne doute pas que cette semaine, entre nos murs, t'apportera beaucoup, et réciproquement, affirme-t-il en souriant.

Voilà ! Sourire, donc mode personnel réactivé.

Romy semble ravie et sourit, elle aussi. Et moi, je ne comprends pas trop ce qui m'arrive. J'évite de la regarder, car je sens bien que quelque chose m'attire chez cette fille. Elle est certes très belle et dégage un charme fou, mais il n'y a pas que cela. En effet, elle semble à la fois drôle et rayonnante, mais aussi très posée et mature. Je dois bien admettre que cette ambivalence que je devine en elle me donne envie de la connaître un peu plus pour essayer de mieux la cerner. Elle parle avec tant de passion de son métier que j'en frissonne : nous sommes pareils.

Je vis ma cuisine à mille pour cent, comme elle, sa pâtisserie.

J'avale le reste de mon verre de vin et écoute distraitement la conversation. Il y a vingt minutes, je me tapais limite un orgasme avec une crème au caramel beurre salé, et maintenant c'est la pâtissière que je trouve appétissante ?

Bon, je dois être crevé, surmené. Ça va passer.

Et puis j'avoue que ça fait un moment que je ne suis pas sorti avec une femme. Alors, vu mes pensées incongrues pour celle-ci, il va être temps d'y remédier, je crois !

5

Matis

Après le dîner, Luigi et Maja gagnent le salon au pas de course, vu que ces deux-là adorent se défier à *Mario Kart*. Moi, je reste dans la salle à manger avec Romy, qui contemple à nouveau la photo encadrée de Plant.

– Les voir en vrai devait être une dinguerie... commente-t-elle, des étoiles plein les yeux.

– Oui, et il faut dire que l'édifice du Madison Square Garden vaut, lui aussi, le détour.

– Vraiment ? Vous l'avez déjà visité, monsieur Milano ?

Je n'aime pas qu'elle m'appelle ainsi. Après tout, nous ne sommes pas des étrangers et nous allons vivre sous le même toit pendant un mois.

– Matis, s'il te plaît. Oui, lors d'un déplacement à New York, en 2015, avec Luigi, nous avons assisté à un concert de U2.

– Waouh !

– J'avoue que c'est un lieu impressionnant, et ça reste un très bon souvenir.

– J'imagine. En tout cas, cette reproduction de Led Zep est sublime ! On a l'impression d'y être !

– Je ne te le fais pas dire. Mais, en réalité, ça n'est pas une reproduction...

Sa bouche forme alors un O d'étonnement, et elle

recule légèrement, comme si elle risquait d'abîmer l'œuvre simplement en la regardant. Sa fraîcheur et son enthousiasme me font sourire.

– C'est… l'originale ?

– En fait, il s'agit d'un tirage limité à trente exemplaires et signé par les membres du groupe. Je l'ai achetée aux enchères.

– Superbe, chuchote-t-elle avec ce même air impressionné que j'ai moi-même arboré quand j'ai vu cette pépite pour la première fois.

Je hoche la tête. Elle continue de détailler la photo en poussant un soupir d'admiration. Puis elle penche la tête sur le côté, me dévoilant ainsi son cou gracile. Je me surprends à me demander si sa peau est aussi douce qu'elle en a l'air.

Putain, je déraille complètement !

Elle enlève alors subitement son pull.

– Qu'est-ce qu'il fait chaud, ici ! Je ne suis vraiment pas habituée à ces températures ! se justifie-t-elle.

Je m'efforce difficilement de focaliser mon regard sur Robert Plant plutôt que sur les formes de sa poitrine, que j'ai entraperçues rapidement, mais qui, en une fraction de seconde, ont fait naître des pensées délirantes à son égard : ses seins sont-ils aussi ronds que je le suppose ? Sa peau, aussi douce qu'elle le semble ?

Putain, Matis, stop ! Sens interdit, demi-tour, droite !

Je m'apprête à changer de sujet lorsque Luigi passe la tête par l'encadrement de la porte. Nous nous tournons de conserve vers lui. Il semble vouloir nous dire quelque chose, mais, contre toute attente, il ouvre la bouche et la referme aussi sec. Puis il l'ouvre à nouveau avant de la refermer encore une fois.

Mais, enfin, qu'est-ce qu'il lui prend ?

Il parvient finalement à bafouiller :

– Pardon, heu... Romy, heu... je voudrais parler... enfin... seul à seul avec Matis, si ça ne t'ennuie pas.

Bien entendu, elle s'éclipse poliment. Mes yeux se posent malgré moi sur ses fesses, qui roulent sensuellement au gré de sa démarche, réveillant une partie de mon anatomie qui, en cet instant, ne devrait pas réagir.

Cette femme est plus jeune que toi, et elle est la meilleure amie de Maja. Donc, calmos, Milano...

Pas le temps, pour moi, d'analyser cette réaction physique que, déjà, Luigi ferme la porte et semble tout excité.

– Putain de bordel de merde, Mat ! Elle avait raison !

Mais qu'est-ce qu'il raconte ?

Je ne le suis pas du tout.

– Quoi ? Qui ?

– Lulu !

– Qui ?

– Mais enfin, souviens-toi ! La plage... Noël... la vieille femme cheloue... Saint-Barthélemy !

Saint-Barth ? Nous avons passé Noël là-bas, avec une partie de mon équipe, pour participer à une émission réunissant les plus grands chefs de la planète, mais je ne vois pas où il veut en venir. Il faut dire que je me suis réveillé avec un beau mal de crâne le 26 au matin.

Mon meilleur ami semble tellement surexcité qu'il a du mal à aligner deux mots, alors je tente de le tempérer en me moquant gentiment.

– Allez, soufflez, madame, ça va aller. Un mot après l'autre...

– Fous-toi de ma gueule ! En attendant, réfléchis deux minutes, mon pote !

Je lève les yeux au ciel et me rends dans la cuisine, Luigi sur les talons.

– Je m'en vais, monsieur Milano. À demain.

– Encore merci pour ce dîner succulent, Paola. Bonne soirée à vous ! À demain.

– *Oh, sì, confermo ! Sei la regina della pasta, Paola !*[1] déclame Luigi, tout sourire.

Paola lui tapote affectueusement la joue avant de nous saluer et de prendre congé.

Mon meilleur ami revient alors immédiatement à son sujet initial avec un enthousiasme démesuré.

– Alors, tu y es ?

– Va dans le salon, j'arrive. Je prépare une tournée de cafés, même si je doute que ça soit préconisé pour toi !

Il quitte la pièce à reculons, un sourire énigmatique étirant ses lèvres. Je sors ensuite le plateau, dispose les tasses dessus et me replonge intérieurement au moment de cette fameuse soirée.

Nous étions donc à Saint-Barthélemy. Mon ami de longue date, Dayan, propriétaire de l'hôtel où nous avons résidé, nous avait invités, Luigi et moi, à célébrer Noël avec lui et sa famille. Nous avons passé une excellente journée, puis nous avons pris congé en début de soirée. Luigi et moi avons décidé d'aller sur la plage afin de descendre quelques bières.

Bref, je me rappelle avoir beaucoup rigolé, croisé quelques fêtards sur cette plage privée très select de l'hôtel… et c'est là que tout me revient !

Une vieille dame, un peu singulière, accompagnée d'un chien tout aussi bizarre, nous a en effet accostés pour nous offrir un morceau de gâteau. On a tous les deux gentiment décliné l'offre. Elle a alors haussé les épaules, puis elle est partie. Sauf qu'elle s'est retournée et qu'elle

1. « Oh, oui, je confirme ! Vous êtes la reine des pâtes, Paola ! »

nous a sorti une phrase complètement incompréhensible.

Putain ! Elle a dit quoi, déjà ?

J'ai beau me creuser la tête, impossible de retrouver ses mots exacts. C'était une sorte de prédiction ou une connerie du genre. Je ne crois pas à ces bêtises et si moi, je ne m'en souviens pas, comment mon pote, encore plus torché que moi à l'époque, le pourrait-il ?

– Luigi ? *Vieni qui !*[2] l'appelé-je.

Mon pote entre dans la cuisine, souriant, et attend, l'air victorieux.

– Alors, ça y est ? Tu t'en souviens ?

– Non, et je m'en fous. La vraie question que je me pose, c'est comment, toi, tu peux avoir retenu ces conneries, vu la cuite que tu te traînais, vieux frère ?

Je me marre face à sa tronche outrée, mais il arbore très vite à nouveau un sourire qui ne me dit rien qui vaille.

– Tu te rappelles qu'on a essayé de faire une vidéo pour souhaiter un bon Noël à Amber ?

– Ouais, vaguement…

– Alors, je te confirme qu'on a essayé, mais qu'on n'a visiblement pas réussi à faire comme si on était sobres plus de deux secondes. En fait, je me suis tapé une barre en revoyant ça, quelques jours plus tard, sur mon portable.

Je souris, mais ne vois toujours pas le rapport.

– Eh bien, figure-toi que, quand la vieille dame est venue nous accoster, je n'avais pas bien éteint mon téléphone et ça filmait toujours. J'ai donc enregistré ce qu'on a oublié tous les deux !

– Ouais, la belle affaire ! Et ?

2. « Viens ici ! »

– Et elle a prédit l'avenir, mon pote !

– Merde ! Ce sont des conneries, tout ça, Luigi. Je te croyais plus terre à terre, sérieux !

– Je le suis, d'habitude. C'est d'ailleurs pour ça que je ne t'ai pas montré la vidéo depuis. Sauf que, ce soir, ça a fait tilt, putain !

– Explique…

– Mieux, je te montre.

Il dégaine son téléphone et lance la fameuse vidéo, où nous apparaissons en effet bien éméchés et où nous tentons de souhaiter un joyeux Noël à Amber… en vain !

Je ris de bon cœur face à nos essais désastreux. J'entends alors une petite voix féminine nous interpeller en arrière-fond sonore :

– Bonsoir, messieurs. Je m'appelle Lulu. Je me permets de m'arrêter à votre niveau, car votre bonne humeur est contagieuse. C'est bon de voir de beaux hommes tels que vous rire de bon cœur.

Je nous entends articuler difficilement un :

– 'Soir, madame.

– Puis-je vous offrir un morceau de gâteau au chocolat ? C'est un *space cake*[3] ! Je l'ai fait moi-même en l'honneur de la naissance du petit Jésus !

Je refuse poliment alors que, visiblement, Luigi hésite un peu.

– Non ? Tant pis. Joyeux Noël, messieurs !

On perçoit ensuite qu'elle s'éloigne et que nous pouffons discrètement – enfin, discrètement, tout est relatif, je pense !

C'est alors que la vieille dame revient visiblement sur ses pas et qu'elle se met à parler un parfait italien, débité à toute allure :

---

3. Pâtisserie à laquelle on a ajouté du haschich.

– Vous oublierez ces mots dans un premier temps, mais vous réaliserez, dans quelques mois, que je ne racontais pas que des bêtises. Sachez que vous allez très bientôt faire la rencontre de votre vie ! Cette femme partagera vos goûts, dont les autres se moquent. Elle vous tirera la langue et ses yeux violets ne sauront mentir sur son identité. Alors, même si tous les voyants semblent au rouge, il faut parfois écouter son âme… Et, de toute façon, le destin vous fera ouvrir les yeux, la question étant : « Est-ce que ça ne sera pas trop tard ? » Quoi qu'il en soit, Lincoln sera pour vous le début d'une nouvelle ère.

Et puis c'est tout ! J'entends ses pas s'éloigner et Luigi roter si fort que nous éclatons de rire comme des ados attardés.

– C'est dingue ! Comment ai-je pu oublier ça ? C'est flippant ! Je ne me prends qu'une ou deux cuites par an et j'en arrive à avoir des trous noirs ? Putain, Luigi, plus jamais ça…

– Non, mais tu es sérieux ? C'est tout ce que tu retiens de ce que tu viens d'entendre ?

– Mis à part qu'on a bien fait de ne pas accepter le gâteau au shit de cette illuminée, tu veux dire ?

– Tu me désespères, vieux…

– Vas-y, explique parce que, là, je ne vois pas bien où tu veux en venir.

– La prédiction de la vieille : réfléchis une minute !

– Ben quoi ?

– Ben quoi ? Qui a aimé ton cadre au mur, ce soir ?

Je commence à comprendre.

– Je t'arrête tout de suite dans ton délire. Romy ne peut pas être cette femme dont parle cette vieille, si c'est à ça que tu penses ! C'est une gamine, la meilleure amie de ma fille. Ça suffit pour calmer tes élucubrations, frérot ?

– Tu es putain d'obtus ! Tu as entendu, comme moi : les signes ne trompent pas !

– Mais quels signes, enfin ? m'emporté-je, agacé par ses suppositions à deux balles.

– Tu as vu son débardeur ?

– Non. Et puis stop ! C'est une gamine ! Point à la ligne.

Je baisse la tête et pose la dernière tasse de café un peu trop violemment sur mon plateau et en renverse la moitié.

Eh merde ! Non, je ne l'ai pas vu, son foutu haut, parce que j'étais trop occupé à ne pas loucher sur sa poitrine, qui m'intriguait un peu trop à mon goût ! Elle est là, la vérité !

Luigi le sait : quand je me referme comme ça, il ne faut pas trop insister. Alors, il quitte la pièce, un sourire moqueur quand même bien accroché aux lèvres et en me faisant un clin d'œil. Il m'agace ! Je refuse de porter un quelconque intérêt à ses divagations, même si, pour être totalement honnête envers moi-même, Romy ne me laisse effectivement pas de glace !

Mais ça, jamais je ne le lui avouerai !

Tout en portant mon plateau, je pousse la porte d'un coup de hanche et rejoins tout le monde dans le salon, où Maja et Luigi viennent d'attaquer leur partie de jeu vidéo.

Romy, les pieds nus repliés sous elle, sur le canapé, feuillette un magazine culinaire qui était posé sur la table basse. Je m'assois le plus loin possible d'elle. Alors qu'elle est toujours plongée dans le *Gambero Rosso*[4] du mois de juillet, j'en profite pour jeter un œil à ce fameux débardeur.

---

4. Magazine culinaire italien.

Ah, OK!

Je remarque la fameuse bouche des Rolling Stones, qui me tire la langue.

Pfff, coïncidence! Il ne peut en être autrement.

Ma fille et son parrain sont à fond dans leur jeu, Romy est plongée dans son magazine, et moi, soudainement agacé, j'avale ma tasse cul sec… et me brûle!

Putain, c'est la totale! Je déteste ne pas être maître de mes gestes!

Heureusement, personne ne le remarque. Je me lève et m'éloigne, poussé par un besoin de couper court à tout ça, et surtout de mettre fin à cette histoire abracadabrante.

– Je vais me coucher, j'ai une dure journée demain, annoncé-je.

– Bonne nuit, Mat… *papà*.

– Bonne nuit, *mia principessa*.

– *Buonanotte, vecchio fratello*[5], me lance Luigi avant de se replonger illico presto dans sa partie.

– Bonne nuit, Matis, me dit finalement Romy d'une voix hésitante.

– *Buonanotte, bella.*[6]

Ce surnom m'a échappé. Maja ne bronche pas, Luigi, lui, sourit d'un air entendu sans quitter l'écran des yeux. Quand je reporte mon attention sur Romy, je la fixe pour essayer de percevoir la couleur de ses iris. Elle le remarque et son regard s'avère des plus troublants, à tel point qu'il m'est impossible de dévier mon attention d'elle. Mes yeux semblent comme aimantés aux siens. Et quand, pudiquement, c'est elle qui baisse la tête, j'ai la sensation d'être privé d'un trésor.

---

5. « Bonne nuit, vieux frère. »
6. « Bonne nuit, ma belle. »

N'importe quoi...

OK, cette jeune femme est canon, mais hors de question de partir dans un délire de prédiction ou de conneries dans ce genre. Je suis bien trop terre à terre pour croire une seule seconde à ces bêtises. Surtout que, vu son physique plus qu'avantageux, elle doit s'en donner à cœur joie avec les mecs de son âge... Bref.

Et puis « Lincoln », a dit cette Lulu ? Franchement, en quoi un ancien président américain pourrait-il être la réponse à mes questions ? Hein ?

Romy porte des lunettes qui ne me permettent pas de bien voir ses yeux, et alors ? La belle affaire ! Et quand bien même ils seraient bleus, verts ou marron, qu'est-ce que ça pourrait faire ? C'est censé m'indifférer, non ?

C'est bien pour ça que je me retranche précipitamment dans ma chambre.

Pour cette raison, ou par peur qu'ils soient réellement violets, justement ? me serine alors une petite voix mesquine dans un coin de ma tête.

Voix que je fais vite taire avec un bon vieux « Sympathy for the Devil » des Stones, directement envoyé dans mes oreilles via mon casque.

Comment ça, un autre point commun ?

6

Romy

Cela fait déjà une semaine que j'ai franchi les portes du Magari ![1], le restaurant mondialement connu de Matis Milano.

Heureusement que j'ai choisi d'apprendre l'italien, à l'école, en seconde langue ! Je me débrouille donc correctement quand il s'agit d'échanger avec les chefs cuisiniers, pâtissiers et chefs de rang, même si leur débit de parole est parfois rapide.

Six journées que je n'ai pas vues passer tant je me suis régalée. J'ai effectué mon stage au sein de la brigade spécialisée dans les desserts, sous les ordres de Mme Loggia. Cette petite bonne femme à l'accent chic et distingué, cheffe pâtissière de l'établissement Milano, a des doigts de fée. C'est bluffant et inspirant de l'observer superviser toute sa brigade du haut de son mètre cinquante.

J'ai adoré en faire partie, et savoir que c'est mon dernier jour me fait de la peine, même si je savais, dès le départ, que ce n'était qu'un stage.

Vers midi, Mme Loggia s'approche de moi et me murmure à l'oreille que M. Barese m'attend dans son bureau. Je dépose donc précautionneusement ma poche à douille

1. Signifie : « Si seulement ! »

sur mon plan de travail et rejoins l'escalier privé. L'établissement est immense, et c'est la première fois que je me rends à l'étage, apparemment réservé à Matis et au comité de direction.

Je n'ai pas revu Luigi depuis ce dîner chez Maja et son père. Je suppose donc qu'il souhaite me demander si la semaine s'est bien passée et si cela m'a plu. Il faut dire que je réalise pleinement la chance que j'ai eue de pouvoir mettre un pied dans ce monde.

Beaucoup postulent des mois, voire des années à l'avance pour pouvoir y accéder, et je le conçois totalement, car j'ai presque plus appris en une semaine qu'en cinq ans à m'entraîner lors de mes formations et dans mon emploi actuel.

Je n'ai pas « aimé », j'ai littéralement adoré chaque seconde passée ici. J'ai d'ailleurs appelé mon patron, Léon, en visio, pour le mettre au courant. J'avais cette drôle de sensation de la lui faire à l'envers, mais il m'a rassurée et était, au contraire, très heureux pour moi que je puisse avoir cette opportunité.

Je pénètre maintenant dans un grand couloir, au bout duquel se trouve une secrétaire blonde tirée à quatre épingles, assise derrière son bureau. Elle me fait patienter une minute avant de lever les yeux de son ordinateur.

– Bonjour. Je viens voir M. Barese, dis-je simplement.

– Et vous êtes ? me demande-t-elle d'un ton condescendant en me détaillant des pieds à la tête.

– Heu… Romy Vasseur.

Elle hausse un sourcil. Je ne peux m'empêcher de baisser les yeux sur ma veste de cuisinière pour vérifier si j'ai une tache dessus.

– Je ne vois pas votre nom sur le planning de M. Barese,

je suis navrée. Je vais vous demander de prendre rendez-vous et de…

Je m'apprête à insister quand la porte du bureau derrière elle s'ouvre. Son patron en sort avec un grand sourire aux lèvres.

– Ah, Romy ! Entre, je te prie. Je t'attendais. Marissa, c'est bon, merci.

– Mais de rien, monsieur Barese, minaude-t-elle.

– Luigi ! Ravie de te revoir ! dis-je assez fort exprès.

Ce dernier me claque la bise et ferme la porte derrière nous. OK, je n'étais pas obligée de l'appeler ici par son prénom, mais clouer le bec à cette pimbêche m'a fait un bien fou !

– Alors, Romy, dis-moi tout ! Comment as-tu vécu cette semaine ? me demande-t-il en me faisant signe de m'asseoir.

– C'était incroyable ! J'avais peur de ne pas me sentir à la hauteur, mais grâce à la bienveillance et à la pédagogie de Mme Loggia, j'ai beaucoup appris. La cheffe a pris le temps de me montrer plusieurs techniques, notamment lors du pochage de la « poire en robe de sirop épicé et son croustillant à la noisette ».

– Un de mes desserts préférés ! Après le…

Luigi est alors interrompu par la voix de Miss Pimbêche, qui retentit dans l'interphone :

– Monsieur Barese, M. Cooper est avec M. Conti et demande à vous voir dans son bureau le plus rapidement possible. Dois-je lui demander de patienter ?

– Non, j'y vais tout de suite !

Je me lève instantanément.

– Désolée, Romy, je ne peux pas faire attendre cet homme. S'il se déplace jusqu'ici, cela signifie que c'est important. Tu veux bien que nous reparlions plus tard, s'il te plaît ?

– Oui, bien sûr.

– Oh, sinon, va rejoindre Matis ! Il était là hier quand nous avons fait le point à ton sujet avec Mme Loggia. En plus, on devait déjeuner ensemble, donc tu pourras lui expliquer que Conti est là et que je gère, mais que je ne serai pas disponible ce midi, malheureusement.

– OK.

Nous sortons de son bureau. Je remarque un rictus victorieux et mauvais vissé sur le visage de sa secrétaire.

– Marissa, Romy va finalement rejoindre M. Milano.

La femme se force à sourire, même si rien ne sonne plus faux.

Et hop ! Un partout, la balle au centre, signorina[2] *prétentieuse !*

– Tu vois la dernière porte sur ta gauche, au fond, par là où tu es arrivée ? C'est son bureau.

– Oui, c'est bon. Merci, Luigi.

– De rien. On se voit tout à l'heure, me dit-il.

Puis il s'empresse de frapper à une autre porte. Et moi, je me retiens de tirer la langue puérilement à l'autre pouffiasse aux lèvres siliconée, qui me mate toujours comme si elle envisageait de me trucider sur place.

Je fais pourtant volte-face et, en quelques pas, je me retrouve devant la porte du grand chef. Je veux être le plus nickel possible et ne peux m'empêcher d'inspecter ma tenue dans un miroir suspendu au mur d'en face. Bon, soyons réalistes, je n'ai pas l'allure du siècle, mais au moins je suis clean malgré le chocolat que j'ai travaillé toute la matinée.

Même si je ne sers que de messagère, je me sens tout impressionnée d'embêter le grand boss dans son travail.

---

2. « Mademoiselle ».

Mais il n'y a pas que ça...

Cela fait une semaine que James nous conduit au restaurant et nous en ramène. Lui et moi. Une chose est désormais certaine : depuis ces trajets, pourtant super courts, je ne peux plus nier que cet homme me fait un drôle d'effet. Ces moments d'intimité, où nous parlons de tout et de rien, et la proximité de son corps puissant me troublent plus que de raison.

J'aime son parfum, qui se diffuse dans l'habitacle de la voiture et chatouille mes narines. J'aime qu'il comble mes silences maladroits de sa voix chaude et suave. Chaque matin, il choisit la musique, et j'adhère totalement à ses goûts musicaux. Visiblement, nous avons beaucoup de points communs dans ce domaine. J'apprécie aussi sa gentillesse et sa douceur envers James, son chauffeur.

Alors, oui, j'ai entièrement conscience qu'il est le père de Maja, qu'il pourrait être le mien, et donc que lui trouver du charme est carrément déplacé, mais je n'y peux rien. Il a ce truc qui fait que les gens ont envie de se trouver près de lui. J'ai d'ailleurs pu le constater sur son lieu de travail. Cet homme dégage une aura incroyable.

Avoir eu la chance de le voir pratiquer son art est étourdissant aussi : c'est un artiste ! Il innove et m'a impressionnée plus d'une fois quand, lors de mes pauses, je me suis faite toute petite pour aller l'observer en cuisine. Une fois, il m'a aperçue et m'a proposé de goûter un fond de sauce qu'il voulait mettre à la carte. Il m'a même demandé mon avis ! À moi, la petite stagiaire française !

Le constat est clair : je suis complètement sous le charme de ce grand professionnel. Oui, en fait, c'est ça : je chavire pour cet homme, car c'est un magicien de la cuisine ! Je l'admire. À tel point que, en sa présence, je n'arrive pas à aligner deux mots. Pitoyable, je sais. Il doit même me prendre pour une demeurée.

Heureusement, une fois la journée terminée, je redeviens moi-même. Je passe toutes mes soirées avec Maja, qui n'a pas son pareil pour me faire rire. Elle m'a fait découvrir un grand nombre de lieux branchés qu'elle affectionne beaucoup, et je n'ai pas beaucoup fermé l'œil depuis mon arrivée en Italie. Au moins, cela m'empêche de trop croiser son père et d'alimenter mes fantasmes à son sujet.

C'est tellement glauque, dit comme ça... mais c'est un fait.

Je pense que je suis une groupie ! Certaines femmes partent totalement en vrille face à un chanteur ou à un acteur. Moi, c'est la cuisine qui me fait vibrer. Je n'y peux rien : un plat, un équilibre, une union des saveurs, des couleurs et des odeurs qui vous transportent, et je craque totalement. Pas étonnant, donc, que je sois troublée par cet as des fourneaux qui réalise tous ces miracles culinaires !

J'ajuste ma petite veste, passe une mèche derrière mon oreille et frappe doucement à la porte. J'entends sa voix grave, qui m'invite à entrer. Je découvre alors son bureau immense, dont les baies vitrées donnent sur la ville.

Matis est au téléphone. Il me fait signe de m'asseoir et semble passablement énervé. Quand il raccroche sèchement, je vois qu'il prend sur lui pour se composer un visage le plus neutre possible.

– Romy. Que me vaut ce plaisir ?

Oh là là ! J'ai la sensation de tomber au pire moment qui soit, alors je me lève et bafouille :

– C'est Luigi... Enfin, il m'a dit de vous... enfin, de te prévenir qu'il allait voir Conti et qu'il ne pourrait donc pas déjeuner avec vous… toi, donc… enfin… voilà. Je vous laisse, vous semblez avoir du travail.

Mon ventre se met alors à gargouiller.

La honte…

– Tu as déjeuné, Romy ? me demande-t-il simplement.

– Heu… non, mais je vais prendre ma pause et…

– Luigi en aura en effet pour des heures avec Conti. Ça serait dommage de perdre notre réservation. Déjeunerais-tu avec moi ?

Merde… Soudain, c'est Bagdad dans mon corps. Je suis à la fois super heureuse et terrifiée. Je redoute de ne pas être assez à l'aise pour aligner deux phrases cohérentes en sa compagnie.

– Heu… oui, d'accord, mais… il faudrait d'abord que je prévienne Mme Loggia…

Il ne me laisse pas le temps de terminer ma phrase et appuie sur le bouton de son interphone :

– Marissa, merci de prévenir Ofelia que Mme Vasseur déjeune avec moi, s'il vous plaît, ordonne-t-il simplement à sa secrétaire.

– Bien sûr, monsieur Milano, répond-elle d'une voix trop sensuelle pour être honnête.

Pourtant, j'imagine d'ici sa tête contrariée et je souris malgré moi. Toujours debout, je triture discrètement un bouton de ma veste de cuisine.

Trouve un truc intelligent à dire ! me sermonné-je intérieurement. *Allez, merde, Romy, prends sur toi et dis-lui quelque chose, pour une fois !*

– C'est quand même super, la technologie ! lui lancé-je en désignant l'interphone.

Putain, j'ai vraiment dit ça ? Au secours !

7

Matis

Je sens bien qu'elle est mal à l'aise en ma compagnie. La pauvre vient de rougir de sa sortie quelque peu… maladroite, mais, étonnamment, je trouve cela assez charmant.

Les seuls moments où elle semble vraiment elle-même sont ceux qu'elle passe avec Maja. Souvent, quand elles sont toutes les deux, je l'entends rire à gorge déployée, et ce son fait naître immanquablement un sourire sur mes lèvres.

– Cette vue est juste… incroyable, dit-elle finalement tout bas en avançant jusqu'à la baie.

– N'est-ce pas ? Cette localisation, en plein centre-ville, est dingue et m'a convaincu de choisir ce bâtiment lors de mes recherches du lieu parfait. Pour tout te dire, j'envisage de faire construire un *rooftop* pour que mes clients puissent jouir d'une vue encore plus belle sur la ville.

J'approche de la baie vitrée et reste un peu derrière, en retrait. Je suis assez près d'elle pour respirer son parfum, qui me plaît bien. Une fragrance subtile de bergamote et de vanille, légère et délicieusement addictive.

Je suis rentré tard, cette semaine, et je ne l'ai pas beaucoup croisée, vu qu'elle et Maja sortent systématiquement. En revanche, ce que j'ai observé d'elle au travail m'a beaucoup plu. Elle est impliquée, sérieuse, ponctuelle, et surtout elle est passionnée. Côtoyer des personnes aussi investies que soi est un réel plaisir. Elle possède cette intelligence du métier qui fait parfois défaut à d'autres et cette finesse dans l'exécution. Je dois admettre que j'avais émis des réserves sur son travail, mais j'ai revu mon jugement sur elle. Je suis même assez impressionné par les capacités qu'elle possède à son âge.

En fait, je dois bien avouer qu'elle m'intrigue beaucoup. D'où mon invitation à déjeuner en tête à tête. En réalité, je compte sur ce repas pour qu'elle révèle sa personnalité. J'ai bien envie de creuser un peu pour découvrir si elle est vraiment aussi mature qu'elle le paraît ou bien si elle n'est rien de plus qu'une jolie femme. Et j'avoue que j'aimerais presque que ce soit le cas, histoire de refréner les envies qu'elle m'inspire.

– Et si nous y allions ? proposé-je en lui ouvrant la porte.

– Je repasse rapidement par le vestiaire et je suis à toi dans deux minutes… Enfin… je veux dire que… j'arrive !

Je la regarde s'enfuir, ses joues rosies par le double sens de ses paroles : « à toi dans deux minutes »… C'est vrai que, vu comme ça…

Non, stop ! Interdiction de délirer à nouveau, Matis…

Je préfère ne pas trop y penser. Je descends après avoir prévenu James par SMS de notre arrivée.

Alors que Romy me rejoint, je la détaille discrètement. Elle porte une robe légère et des talons hauts qui allongent encore plus que d'habitude ses jambes interminables. Ses cheveux tombent à présent librement dans son dos et le décolleté en V de sa tenue sublime sa poitrine. Bordel, elle est tout bonnement superbe ! Comme ce matin, elle éveille à nouveau en moi un désir qui me prend totalement de court. Je la précède. Alors que James lui ouvre la portière, je réajuste discrètement mon sexe, qui se réveille au moment le plus inopportun.

Elle pianote quelque chose sur son téléphone quand je lui suggère spontanément :

– Et si, pour une fois, tu choisissais la musique ?

– Tu es sûr ?

– Oui, si je te le dis.

– Quel genre ?

– Je ne sais pas. Disons… une chanson qui, invariablement, te met de bonne humeur.

En réalité, j'espère qu'elle va en choisir une du genre de celles qu'écoute Maja, et qui ne sont pas du tout à mon goût, histoire de calmer mes ardeurs et de remettre les choses à leur place.

Elle connecte alors son mobile en Bluetooth et, au bout de quelques secondes d'hésitation, lance un morceau.

Eh merde…

– L'intro de *Pulp Fiction*[1] ? Sérieux ?

– Oui. J'adore ce film et je suis totalement fan de la bande originale. Cette chanson me donne inévitablement la pêche quand je ne suis pas motivée.

– C'est l'un de mes films cultes !

– Je n'ai jamais compris ceux qui ne l'aiment pas ! C'est un bijou, ce film ! Quelle est ta scène préférée ?

– Ouh là, impossible de choisir ! Et toi ?

– Pareil. Je l'ai vu au moins dix fois et je kiffe toujours autant chaque minute.

– Dix fois ? Petite joueuse !

Elle éclate d'un rire franc et spontané, et moi, comme un con, je jubile d'en être à l'origine.

1. *Pumpkin and Honey Bunny* (dialogue) - *Misirlou*, par Dick Dale.

Quand nous sortons de la voiture pour arriver ensuite devant la façade de Chez Niccolo, je remarque qu'elle semble étonnée.

– Cette devanture ne paie pas de mine, mais j'ai hâte que tu goûtes leur spécialité.

Elle me sourit, avance d'un pas, et moi, je pose spontanément ma main dans le creux de ses reins pour l'inviter à entrer. Je sens alors qu'elle se tend légèrement et j'enlève tout de suite ma main.

Merde... Pourquoi ai-je ressenti le besoin de la toucher?

Je n'ai pas le temps de m'excuser que, déjà, Maria nous accueille avec sa chaleur et son dynamisme habituels.

– Bonjour, Matis. Comment vas-tu depuis le temps, mon chéri?

– Ça va, Maria. Et toi?

– Ça va! Mais qui est donc cette ravissante jeune femme avec toi?

Maria est comme une mère pour moi, et elle est très curieuse.

– Je te présente Romy, une grande amie de Maja.

– Oh! Enchantée, Romy!

– Moi de même, lui répond mon invitée en lui serrant la main.

– Suivez-moi. Je t'ai gardé la table du fond, comme d'habitude, Matis.

Romy lui emboîte le pas et rejoint donc ma place préférée.

– C'est parfait. Merci, Maria!

– De rien, mon chéri!

Elle s'éclipse et j'explique à Romy:

– Maria et son mari Niccolo sont des amis de mes parents. C'est d'ailleurs la cuisine de ce dernier qui m'a donné l'envie d'en faire mon métier. Il m'a pris sous son aile quand j'étais adolescent et m'a beaucoup appris.

– Un peu comme mon patron Léon, rebondit Romy. Tu les connais depuis toujours, alors ?

– Presque, oui. Ce sont des gens profondément gentils, et je viens déjeuner ici avec Luigi dès que je peux déléguer mon service du midi... ce qui est donc très rare, je te l'avoue ! D'ailleurs, pour tout te dire, il doit être dégoûté d'avoir dû renoncer à ce repas, car il est amoureux de la cuisine de Nicco.

– J'ai cru comprendre qu'il est gourmand, en effet.

– C'est peu dire !

Maria dépose les cartes devant nous, mais je n'ouvre pas la mienne. Romy me regarde en haussant un sourcil interrogatif.

– Je mange toujours la même chose quand je viens déjeuner.

Elle fait claquer sa carte en la refermant.

– Alors, ça sera pareil pour moi ! décrète-t-elle.

– Tu ne veux pas savoir avant ?

Elle pose ses avant-bras sur la table et se penche légèrement.

– Même pas peur, me confie-t-elle en approchant son visage du mien, chuchotant ces mots sur le ton de la confidence.

Je souris comme un con. Heureusement que je ne suis pas enclin à rougir, car, à ce moment précis, je ne vois que sa poitrine magnifiquement mise en valeur. Ce geste, allié à la façon dont elle a parlé, envoie directement un signal à mon entrejambe.

Merci, les longues nappes à l'ancienne, sur ce coup-là...

Heureusement, Maria vient prendre nos commandes. Elle nous sert un verre de vin et s'éclipse discrètement.

Il faut absolument que je me recentre. Trouver un sujet de conversation bateau et écourter ce repas me semble finalement être l'option la plus raisonnable pour éviter de penser à son corps.

– Hmm, ce vin est très bon, me devance Romy, comme si elle lisait dans mes pensées.

– C'est un bardolino, un vin sec italien de la région de Vénétie. Il est pas mal, en effet.

Elle hoche la tête et observe l'environnement simple du restaurant.

– On se sent bien ici. Je comprends pourquoi tu aimes ce lieu.

– Nous venions souvent y manger en famille. En quelque sorte, c'est un peu comme ma deuxième maison d'enfance.

– C'est top ! Cette sensation m'est totalement familière, car, moi aussi, j'ai un peu comme une deuxième maison en Bretagne. L'habitation de mes grands-parents est on ne peut plus proche de la mienne, et je crois avoir passé autant de temps là-bas que chez moi. C'est comme mon refuge depuis toujours…

– Voilà ! C'est exactement le sentiment que j'éprouve pour ce lieu.

Elle me sourit. Je me fais la réflexion que c'est rarement aussi facile pour moi de me confier à une personne qui ne fait pas partie de mon entourage.

Plus détendu, je porte mon verre à ma bouche et déguste une gorgée avec délice. Je tourne la tête et capte alors le regard de la femme de la table d'à côté. Il ne s'agit pas d'un regard bienveillant, mais plutôt d'un de ceux qui vous jugent. Je réalise qu'elle doit penser que Romy et moi sommes un couple. Et si c'était vrai, qu'est-ce que ça pourrait lui faire ? OK, nous avons une grande différence d'âge, mais si, en plus, cette commère savait que Romy est la meilleure amie de ma fille, ça serait encore pire !

J'ai toujours eu l'esprit de contradiction, alors, rien que pour l'emmerder, je lève mon verre dans sa direction en la fusillant du regard. Elle rougit et reporte vite son attention sur l'homme qui l'accompagne.

Je reprends alors la parole et demande à Romy :

– Ton séjour te plaît pour l'instant ?

– Un peu trop à mon goût, répond-elle tout bas, presque timidement, en se réfugiant derrière son verre.

Elle semble tantôt gênée, presque timide, tantôt très naturelle en ma compagnie, et j'avoue que j'ai un peu de mal à la cerner.

Cette jolie Française est décidément surprenante à bien des égards.

Maria arrive à ce moment. Elle dépose nos plats devant nous et j'observe la réaction de Romy.

Elle hume son assiette et relève la tête vers moi, tout sourire.

– J'adore le risotto !

– Je te garantis que tu n'as jamais mangé de vrai risotto avant celui-ci. Goûte, tu m'en diras des nouvelles !

Elle porte sa fourchette à sa bouche, prend le temps d'analyser les saveurs et pousse alors un soupir de plaisir on ne peut plus sexy.

Calmos, Milano !

– Hmm… Tu as raison, c'est incroyable ! Il est crémeux à souhait et ces champignons sont à tomber par terre !

Elle dévore son plat avec enthousiasme. Je déguste le mien avec autant de plaisir que de la voir manger.

Finalement, la conversation devient fluide et je sens qu'elle se détend totalement au fur et à mesure du repas.

– Alors, ce stage t'a plu ?

– C'était magique ! Merci infiniment de m'avoir offert cette opportunité incroyable ! Mme Loggia est impressionnante de technique.

– À vrai dire, elle ne m'a dit que du bien de ton travail, Romy.

– Vraiment ?

Elle rosit devant le compliment.

– Vraiment. Et je peux même t'avouer qu'elle aimerait que tous les éléments de son équipe soient aussi motivés et consciencieux que toi. Elle a ajouté que tu apprends très vite. Venant de sa part, ce ne sont pas des louanges en l'air, je t'assure !

Sa bouche s'étire timidement, puis je devine qu'elle avale une nouvelle gorgée de vin pour cacher sa gêne.

– Tu n'acceptes pas beaucoup les compliments, n'est-ce pas ?

– Disons que ça n'est pas ce que je préfère, effectivement, m'avoue-t-elle en haussant les épaules.

– Eh bien, tu devrais ! Tu as impressionné la cheffe d'une de mes brigades, ça n'est pas rien, alors savoure, dis-je en faisant tinter mon verre contre le sien.

Puis, poussé par une impulsion, j'ajoute en penchant la tête :

– Tu as toutes les raisons d'être contente de toi ! Tu es douée dans ton domaine, alors sois fière d'être celle que tu es, *bella* !

– C'est ce que mon grand-père me répète sans arrêt.

– Un homme certainement très sage !

– Ouh là ! Je lui attribuerais volontiers bien des qualificatifs, mais celui-là n'en fait pas partie !

– Non ? Et pourquoi donc ?

– Disons que la sagesse n'est pas sa vertu première,

ni la deuxième ! Je ne connais personne d'aussi « original » que lui, m'affirme-t-elle.

– Même pas Maja ?

– Ah, mais on peut même dire qu'elle est carrément une petite joueuse à côté de Rémy Vasseur !

– Pire que ma fille ? Alors là, tu piques ma curiosité !

– C'est pourtant vrai ! Il n'a aucun filtre dans ses paroles, quand bien même le roi du Royaume-Uni serait en face de lui ! Il pose tout le temps des questions insensées, auxquelles personne n'a jamais réfléchi avant lui, et par-dessus tout, il se fiche royalement de ce que peuvent penser les autres. S'il veut faire ou dire quelque chose qui lui plaît, alors il n'hésite jamais ! Et tant pis pour ceux qui ne seront pas d'accord, m'explique-t-elle en s'appuyant contre le dossier de son siège.

– Ça doit être génial, parce que ça n'est pas donné à tout le monde !

– C'est clair !

Elle continue sur sa lancée et me raconte quelques anecdotes sur sa vie. Je découvre alors une tout autre facette de Romy. J'ai la sensation qu'elle est enfin elle-même. Le fait de parler de sa famille lui délie la langue, la rend heureuse, et surtout la fait rayonner.

– Et comment le vit ta grand-mère ?

– Mon grand-père est veuf. Il a d'ailleurs longtemps porté son deuil, m'explique-t-elle, une expression douloureuse assombrissant tout à coup ses traits.

Elle déplace sa nourriture dans son assiette, sans plus rien avaler, mais continue néanmoins à me parler.

– Il n'a jamais refait sa vie. Mon père ne se doute de rien, mais, moi, je sais tout de sa vie disons… intime, même si je préférerais parfois ignorer certains de ses faits ou méfaits, me dit-elle en me lançant un clin d'œil.

Et moi, bêtement, j'ai envie de savoir.

– Il est retombé amoureux ?

– Oh là là, non ! Disons plutôt qu'il ne dit jamais non à une « partie de bridge ou de dominos » avec certaines femmes du club du troisième âge de la commune. Elles sont toutes folles de lui, et lui, il joue régulièrement de ses charmes auprès d'elles.

– Sérieux ? pouffé-je en imaginant difficilement la chose. Mais quoi ? Il flirte avec elles, c'est ça ?

– Oui… enfin, on peut même dire qu'il « entretient la machine » régulièrement, si tu vois ce que je veux dire.

Nous éclatons de rire de concert.

– Non ! Mais vraiment ?

– Grave ! Il est au taquet ! À tel point que mon propre grand-père me flanquerait limite des complexes, car il est clair qu'il est plus épanoui sexuellement que moi, rigole-t-elle de bon cœur, avant de rougir légèrement, prenant sûrement conscience de son aveu.

Pour ne pas accentuer son embarras, je fais en sorte d'enchaîner immédiatement.

– Mais il a quel âge ?

– Soixante-douze ans.

– Waouh ! C'est assez… impressionnant !

– Et encore, tu ne l'entends pas se vanter régulièrement ! Perso, je suis obligée de lui rappeler que je n'ai pas besoin de savoir que Mme Lebas, alias « Perrine la coquine », a crié son prénom deux fois dans la nuit !

Je me marre à nouveau. Cet homme me semble être un sacré numéro ! Romy joint son rire cristallin au mien avant d'entamer le fameux tiramisu de Nicco. Dessert qui lui plaît visiblement si j'en crois les petits gémissements qu'elle pousse en le dégustant. D'ailleurs, ces sons, censés être innocents, résonnent en moi d'une façon bien moins avouable. Je me surprends à me demander s'ils sonneraient pareil dans une autre situation, beaucoup plus intime. Cette femme est sexy sans même en avoir conscience.

Ce n'est que quand mon téléphone se met à sonner que je constate qu'il n'est pas loin de quinze heures. Je passais un moment si agréable que je n'ai pas vu le temps s'écouler, ce qui m'étonne moi-même, étant donné que j'ai un mal fou à me déconnecter de mon travail. Romy se révèle clairement différente de celle que j'imaginais. Elle est drôle, pleine d'esprit, ce qui ne m'aide en rien à refouler ce jeu de séduction dans lequel je meurs d'envie d'entrer.

Nous sortons du restaurant, après que j'ai serré Maria et Niccolo dans mes bras, et nous reprenons place à l'arrière de ma berline.

James se retourne et échange quelques « mots » par signes avec Romy. Je me demande si la langue des signes est universelle ou bien si c'est le fait que mon chauffeur ait grandi en France avant de venir vivre ici qui lui permet d'échanger avec elle. Puis je me rends compte que je n'ai pas demandé à Romy si tout va mieux pour elle à ce niveau-là. Je sais qu'elle a souffert de ce handicap pendant de longues années. Néanmoins, l'heure n'est plus aux confidences, et aborder ce sujet nous prendrait plus de cinq petites minutes, alors je préfère me taire pour l'instant.

Force est de constater que j'ai beaucoup de choses à découvrir sur Romy. Elle a ce don pour raconter les histoires et captiver son auditoire. Et ce grand-père qui me semble un sacré don Juan… J'en souris encore, même si je l'ai totalement occulté quand elle a avoué, à demi-mot, que sa propre sexualité n'était pas à la hauteur.

Difficile à croire. Cette femme est si belle qu'elle ne doit avoir aucun mal à séduire de futurs petits amis. D'ailleurs, j'avoue que, si elle n'était pas si jeune et l'amie de ma fille, je l'aurais presque prise pour un défi à relever. Parce qu'il est clair qu'elle est adorablement intrigante, et surtout bien plus qu'une belle plastique, aussi superbe et harmonieuse soit-elle.

8

Romy

J'ai beaucoup apprécié ce repas avec Matis.

Beaucoup trop.

Et force est de constater qu'il a aussi le don de me mettre à l'aise en privé. Me livrer à lui m'a semblé très simple. La conversation a été fluide, et malgré mon appréhension de me retrouver seule avec lui, tout s'est bien passé. Plus que bien, même.

Avec le recul, je pense que j'aurais dû éviter de préciser à quel point ma vie sexuelle est en dessous de celle de mon aïeul ! Sachant que Matis ne doit pas être du genre à manquer d'opportunités, c'est certain.

À la fin du repas, nous sommes retournés au Magari !. Le trajet s'est déroulé dans la continuité de notre déjeuner, à savoir de façon gaie, détendue, et je dirais même presque complice. C'est fou comme ce moment à deux a été naturel et agréable ! J'ai beaucoup parlé. Il a ri et m'a longuement écoutée, comme s'il voulait en apprendre plus sur moi.

Sentir son intérêt m'a fait plaisir et m'a troublée à plusieurs reprises. En effet, Matis a parfois posé des regards si intenses sur moi qu'ils m'ont clouée sur place, faisant naître un trouble jusqu'alors inédit. Bref, après avoir salué l'équipe, qui m'a si gentiment accueillie cette semaine, me voilà rentrée à la villa.

Je sirote un jus d'orange frais sur mon transat quand la voix de ma meilleure amie m'appelle depuis l'étage. Je monte donc dans sa chambre afin de l'aider à trouver une tenue pour sa soirée.

– À quelle heure dois-tu voir ton beau gosse ? Et où, déjà ? lui demandé-je en boutonnant sa jolie robe bleu marine dans son dos.

– À vingt et une heures, au Hard Rock Cafe. Change d'avis et viens avec moi, Romy : il y aura plein de monde ! Steuplaît !

– Je suis sortie avec toi tous les soirs de la semaine. Je suis morte, Cookie.

– Petite nature…

– Genre ! C'est facile quand on dort jusqu'à midi tous les jours. Quatre heures de sommeil, c'est trop peu pour moi. Je passe mon tour pour cette fois. Et je suis sûre que tu ne t'ennuieras pas avec ton bel Italien !

– Mouais, ce n'est pas faux… À chaque fois que je suis de passage, on se retrouve avec plaisir. C'est un super sex friend ! Mais toi et moi, on sort demain soir alors, OK ?

– Mais tu es increvable, toi ! On verra…

– T'es chiante ! Ah, mais non ! J'ai zappé : on est invités à manger chez Luigi et Amber.

– Ah, OK. Elle est sympa ?

– Ouais, ça va. Elle est plus jeune que lui et elle est cool, donc ça passe. Mais, souvent, elle aime bien me coller et ça peut vite devenir lourdingue. Je pense qu'elle veut faire du zèle et à tout prix montrer à mon parrain que sa filleule et elle s'entendent à merveille. Tu vois le truc ?

– Oui, mais au moins, ça part d'un bon sentiment. Elle aurait pu te prendre en grippe ou n'en avoir rien à foutre que ça ne se passe pas bien entre vous… quitte à ce que tu voies moins Luigi.

– Ouais, c'est une façon de voir les choses… Bref, et toi ? Qu'est-ce que tu vas faire ce soir ?

– Prendre un long bain limite glacé et mater Netflix en pyjama ! Meilleur programme *ever* !

– Mouais, tout est relatif. Perso, je préfère largement me faire…

– Cookie !

– … me faire jolie et sortir ! Mais qu'est-ce que tu as les idées mal placées, toi, alors !

– Désolée…

– Je disais donc que j'aime mieux baiser, en effet, se marre-t-elle tandis que j'explose de rire, moi aussi.

Instantanément, je me fais la réflexion que, la personne avec qui j'aimerais avoir des rapports sexuels en ce moment, c'est bien son père…

Vilaine fille !

Je devrais en être horrifiée, mais le trouble prend le pas sur ma raison. À cette simple pensée, mes joues se colorent de gêne tandis qu'une douce chaleur se répand dans mon ventre. Délicieux paradoxe…

– En plus, mon père bosse ce soir. Du coup, tu seras peinarde.

– Ah oui ?

Je suis presque rassurée. Au moins, je n'aurai pas d'idées mal placées si je ne me retrouve pas seule avec lui.

– Oui, comme tous les samedis soir. Le seul jour *off*, pour lui, c'est le dimanche. Il délègue toujours ses responsabilités cette journée-là, comme au temps où l'on vivait tous les trois, me dit-elle en essayant plusieurs paires de boucles d'oreilles.

L'air de rien, je demande à ma meilleure amie :

– Le père au boulot, la fille en rendez-vous amoureux et la petite Française devant la télé un vendredi soir. Cherchez l'erreur !

Elle s'esclaffe et prend un accent italien de circonstance en gesticulant avec ses mains :

– *Ma*, qu'est-ce que tu veux ? On a le sang chaud, nous, les Italiens ! Enfin, surtout moi, parce que ça m'étonnerait que mon père fasse quoi que ce soit ce soir…

– Pourquoi pas ? Il n'a pas souvent de rencards ?

– Nan. Enfin, si, peut-être, mais je ne l'ai jamais vu avec une autre femme que ma mère. Je sais par Luigi que mon père est adepte des coups d'un soir. Il ne se pose jamais avec une femme. En tout cas, il ne m'en a présenté aucune. Mais bon, il faut dire que…

– Que ? insisté-je, avide d'en apprendre un peu plus sur la vie amoureuse de Matis.

– Que mes parents étaient très amoureux. Quand ils se sont séparés, il l'aimait toujours, mais je crois qu'en réalité, mon père n'acceptait pas que ma mère voyage autant pour son travail.

– Vraiment ?

– Oui. Il n'en parle jamais, mais j'ai cru comprendre qu'à l'époque, il voulait une vie de famille lambda, plus traditionnelle, tu vois ?

– Et ta mère ?

– Ma mère, c'était tout le contraire. Alors, depuis, elle butine et le crie haut et fort ! Jamais plus d'un mec à la fois, quoique… Mais elle s'amuse bien et adore tout me raconter ! L'enfer sur terre ! Mes oreilles en saignent encore, c'est dire !

– Ça doit être terrible, de devoir se séparer, si on s'aime

toujours, sous prétexte qu'on n'a pas les mêmes attentes.

– Ah, mais non, t'inquiète ! C'est digéré, tout ça. Et puis c'est lui qui a mis un terme à leur histoire. Donc, bon, il ne peut en vouloir qu'à lui-même quelque part.

– Je ne sais pas. Tu en as déjà parlé ouvertement avec eux ?

– À quoi bon ? Le mal est fait à cause de lui, non ?

– Oui, mais c'est juste que, quand tu en parles, j'ai l'impression que tu en veux toujours un peu à ton père. Je me trompe ?

Maja soupire.

– Mmmh, c'est pas faux. Même si je ne voulais pas prendre parti pour l'un ou pour l'autre, j'avoue qu'au début, mon père m'a fait très mal au cœur en décidant de se séparer de ma mère, et donc de faire éclater notre famille. Mais bon, c'est du passé, tout ça. Aujourd'hui, ils ont tourné la page et ils sont très complices. Peut-être même plus que quand ils étaient mariés, alors va comprendre !

Je souris tristement à mon amie, qui vient à nouveau de revêtir son masque récurrent de « tout va bien, rien ne peut m'atteindre ». Elle a beau dédramatiser la situation, je la connais et je sens bien que j'ai touché du doigt un point sensible. Je me demande si elle cautionne vraiment l'attitude de sa mère et si elle a réellement pardonné à Matis.

– Au moins, on sait de qui tu tiens pour enchaîner les conquêtes ! lui dis-je en essayant d'alléger l'ambiance.

– Ouaip, me répond-elle avant de me tirer la langue. En attendant, c'est moi qui vais me faire une énorme…

– Maja !

– … une énorme pizza ! Tu es vraiment la plus coquine de nous deux, toi !

On se marre comme deux baleines et elle enchaîne :

– Et toi ? Aucun bel étalon italien ne t'a tapé dans l'œil parmi l'équipe du Magari ! ?

Si, ton père, ce midi : ça compte ?

J'en oublie de répondre, perdue par cette pensée absurde, et en rougis même malgré moi. Alors, Maja prend ça pour un oui.

– Oh ! Je le sentais ! Tu as cet air absent caractéristique de la meuf qui en pince pour un mec ! Comment est-il ? Dis-moi tout ! Et ne me mens pas, je sais que tu es sous le charme ! Raconte à ta sœur préférée !

Impossible de la détromper. Alors, même si je ne peux pas lui dire toute la vérité, je brode en restant évasive.

– Il est… beau, à l'écoute et gentil.

– Cool ! Sexy ?

Heu…

– Pour être honnête… oui.

– Top ! Son prénom ?

– Aucune idée, affirmé-je en mentant effrontément.

– Et on peut savoir ce que tu attends pour lui sortir le grand jeu, Sis ? me gronde-t-elle.

Si elle savait qui elle m'encourage à charmer, là !

– Ben, je ne suis là que pour trois semaines encore, alors je ne vois pas l'intérêt de… me faire… une pizza.

Un fou rire nous prend au dépourvu et j'en pleure. Sûrement les nerfs qui lâchent, après cette semaine de stage au cours de laquelle j'ai tout fait pour être irréprochable.

Puis, dix minutes plus tard, je serre Maja dans mes bras et elle me fausse compagnie pour la soirée, après m'avoir promis de s'occuper de mon cas et de me rendre irrésistible grâce à une virée shopping de son cru !

Je souris en refermant la porte derrière elle. Passer une soirée seule n'est pas pour me déplaire. J'aime ces moments de solitude – j'en ai même besoin.

Après avoir téléphoné à mon père, je salue Paola, qui prend congé, non sans m'avoir préparé un plateau télé digne d'un grand restaurant. Si je ne prends pas des kilos pendant ce séjour, moi, j'aurai de la chance !

Avant de manger, je décide de flâner en peu. Je bouquine tout en profitant du soleil couchant sur la terrasse. N'ayant toujours pas faim à la nuit tombée, je me rends finalement dans la piscine couverte de la maison, non pas pour nager, mais plutôt pour me glisser avec délice dans ce Jacuzzi qui me fait de l'œil depuis mon arrivée ici. En France, je n'ai qu'une douche, alors autant dire que ces bulles sont une bénédiction pour mes muscles noués.

Totalement détendue, je me plais à repenser aux beaux compliments que Matis m'a faits ce midi. Mon esprit dérive subitement vers son physique. Même quand il ne porte qu'un jean et une chemise, il est superbe ! Je me maudis intérieurement. OK, Matis est attirant, mais stop les pensées parasites !

Allô, la Terre ? Il est le père de ta meilleure amie, Romy ! Cela doit rester de l'ordre du fantasme. Clairement !

Parfaitement décontractée, je ferme les yeux, et c'est encore son visage qui apparaît derrière mes paupières closes. Des picotements assaillent mon bas-ventre. Irrésistiblement, ma main se promène le long de mon abdomen, jusqu'à venir se poser sur le haut de ma culotte de maillot.

Un simple fantasme… Il n'y a aucun mal à ça, après tout…

Des images de lui s'imposent dans mon esprit sans que je cherche à les refouler. Son sourire craquant, cette petite fossette qui n'apparaît que quand il sourit sincèrement, ses yeux rieurs, quand on a plaisanté, ce midi, ce corps que je devine musclé, fort, puissant. J'imagine qu'il pose doucement ses lèvres sur les miennes, que ses grandes mains caressent mon cou et descendent peu à peu sur ma peau…

Mon corps vibre comme jamais tandis que j'envisage ce scénario. Mes doigts franchissent la barrière de mon maillot et frôlent à présent le point névralgique de mon plaisir, m'arrachant un gémissement libérateur.

Oh, oui, hmm, j'aimerais qu'il…

Vlan !

La porte d'entrée vient de claquer. J'ouvre les yeux et me redresse vivement en tendant l'oreille. Je perçois finalement *sa* voix. Il me semble qu'il parle tout seul.

Je me sens comme prise en flagrant délit d'exhibitionnisme. Je sors du Jacuzzi, mais trop hâtivement, car je glisse et tombe lourdement sur les fesses en mettant de l'eau partout. Je me redresse maladroitement et m'enroule rapidement dans une petite serviette de bain, le feu aux joues. Il m'a peut-être entendue.

Je tente une échappée discrète jusqu'à ma chambre, mais, dans le salon, je tombe nez à nez avec l'objet de mon fantasme, accompagné de James. Les yeux de Matis s'arrondissent de surprise. Bon, visiblement, lui non plus ne pensait pas me trouver ici. Il pose finalement son regard sur mon corps toujours trempé, à peine dissimulé par ma serviette. L'espace d'un instant, je crois y lire un réel désir, qui rallume immédiatement le feu en moi.

N'importe quoi…

Je dois probablement rêver et prendre mes fantasmes

pour la réalité. Après tout, je ne vois pas pourquoi il désirerait une femme comme moi. Lui qui doit avoir tellement de nanas à ses pieds…

Tout en serrant les mâchoires, il fait rapidement volte-face, nous tournant le dos, avant d'aller s'asseoir sur le canapé et d'allumer la télé. Il râle dans sa barbe sans que je capte un traître mot de ce qu'il marmonne en italien. Sa colère est plus que perceptible. Est-ce moi qui l'ai mis dans cet état quand il m'a découverte à moitié nue ?

Ne te donne pas autant d'importance, me souffle ma petite voix intérieure.

James me fait alors comprendre, en langue des signes, que son patron a passé un service compliqué ce soir. Un peu déculpabilisée, je lui souhaite une bonne soirée et il prend congé. Je me retrouve seule pour la deuxième fois de la journée avec un Matis plus fermé que jamais et qui ne semble pas très content de me trouver dans ses pattes.

File dans ta chambre ! me gronde à nouveau ma petite voix.

Et, cette fois-ci, je suis son conseil, bien consciente que le maître des lieux ne semble pas avoir envie que j'empiète sur son espace vital.

Je me sens bête, en fait. Je ne devrais pas me sentir blessée ou en cause, et pourtant c'est le cas. Et si je dois être honnête envers moi-même, je crois que j'espérais qu'il apprécie ma compagnie, comme j'adore la sienne.

Une chose est sûre : je me suis fait des idées quand je croyais lire de l'intérêt dans ses yeux, vu la façon dont il s'obstine à m'ignorer ce soir. Qu'est-ce que je m'imaginais, aussi ? Plaire à un homme comme lui ?

Ridicule !

Bref, il est temps de mettre un terme à mes délires le concernant, et surtout d'oublier pour de bon les pensées brûlantes que j'ai eues dans le Jacuzzi.

9

Matis

Mais qu'est-ce que Romy fait ici ?

Maja m'a pourtant dit qu'elles devaient passer la soirée, toutes les deux, dans ce bar branché ! Je ne m'attendais pas du tout à la trouver à la maison.

Je suis d'une humeur de chien ce soir. Je me lève du canapé, me sers le verre de whisky dont je rêve depuis le début de la soirée et me rassois, las de cette journée où rien ne s'est déroulé comme prévu.

D'abord, nous avons eu un problème, car nous n'avons pas été livrés en *mozzarella di bufala*[1], alors que c'est l'un des produits phares de notre carte. Notre producteur fait face à un problème de bactérie et, forcément, il était hors de question de prendre le moindre risque. Je vais donc devoir trouver rapidement une solution pour les jours à venir.

Mais le comble de la journée, c'est que je me suis coupé le majeur en plein service. Je suis passé à « ça » de toucher le tendon. Les risques du métier, ça arrive aux meilleurs, mais là, j'avoue que j'étais moins concentré. Je ruminais encore trop et je n'ai pas réussi à me déconnecter, à mettre mon esprit sur pause, le temps de hacher mes légumes. Pourtant, je demande toujours à mes

1. Fromage italien à pâte filée, élaboré à partir de lait de bufflonne et qui bénéficie d'une appellation d'origine protégée.

employés de laisser leurs soucis au vestiaire, de faire le vide quand ils sont en cuisine, qui plus est quand ils ont un couteau à la main.

Faites ce que je dis, mais pas ce que je fais… Bien joué, Milano !

Le reste de l'équipe a évidemment géré au mieux aujourd'hui, mais, après un passage aux urgences, je viens d'écoper d'une semaine d'arrêt total, le temps d'enlever mes points de suture. Un nerf a été touché. Du coup, le médecin a préconisé un arrêt pour éviter à ma main d'être sollicitée le temps que ça se consolide.

Fait chier ! Comme si c'était le moment !

Je sais que mes chefs de partie vont largement pallier mon absence. Après tout, ils cuisinent la carte estivale depuis un bon mois et demi maintenant. Mais le fait de ne pas pouvoir mettre la main à la pâte va me frustrer terriblement.

Je ne suis pas bête : évidemment que je comprends que je n'ai pas le choix ! Mais ça n'empêche que je ne décolère pas depuis deux heures. Il y a des jours, comme ça, où rien ne va.

Je termine mon verre. La brûlure de l'alcool dans ma gorge me fait du bien. Je n'ai rien dans le ventre depuis le déjeuner, mais je n'ai pas faim. Un deuxième verre, avalé à la hâte, m'aide à redescendre enfin en pression.

J'entends alors des bruits de pas au-dessus de ma tête. Merde ! La pauvre Romy a dû me prendre pour un vrai connard. J'ai l'esprit tellement farci que j'ai agi comme un enfoiré. Pourtant le seul bon moment de ma journée aura été ce déjeuner très agréable en sa compagnie.

En fait, je pensais pouvoir digérer tout ça tout seul, ici, sans faire chier personne. Alors, quand elle est apparue, qui plus est seulement vêtue d'une serviette, dissimulant mal son corps on ne peut plus sexy, j'ai surréagi et je lui ai carrément tourné le dos, comme un gros goujat.

Et me voilà maintenant tel un crétin, dans ma propre maison, devant une émission que je ne regarde même pas, guettant ses pas dans l'escalier au cas où elle redescendrait.

Mais elle n'en fait rien. Ça ne m'étonne pas. La pauvre, elle ne doit rien comprendre. Gentil le midi et infecte le soir. J'ai envie de me foutre des baffes, là.

Je baisse les yeux sur la table basse et remarque seulement maintenant qu'elle y a déposé de quoi dîner.

Merde !

Je vais lui proposer de descendre et j'irai dans ma chambre. C'est le mieux à faire. Au moins, je ne lui imposerai pas ma gueule de con.

Je me lève et me poste en bas des marches.

– Romy ? l'appelé-je.

J'entends qu'elle ouvre la porte. Elle apparaît dans le couloir de l'étage, désormais vêtue d'un pantalon léger et d'un caraco.

– Oui ? Vous… tu as besoin de quelque chose ?

– Non, de rien du tout, mais je vais me retirer dans ma chambre, alors, si tu veux descendre pour manger, n'hésite pas.

Elle s'exécute, et moi, je rejoins mes quartiers du rez-de-chaussée. Je ferme la porte et vire mes chaussures d'un geste rageur.

Journée de merde !

Mon téléphone émet un bip. Avant de filer sous la douche, je consulte machinalement mes mails.

Je commence à déboutonner ma chemise quand on

frappe doucement à ma porte. J'ouvre pour, évidemment, trouver Romy devant moi.

– Pardon de t'ennuyer avec ça, Matis, mais Yago est bizarre. Il n'arrête pas de pleurer, et j'ai beau le caresser, rien ne semble l'apaiser. Peut-être est-il malade…

– Allons voir ça.

Inquiet, je lui emboîte le pas jusqu'au salon, où mon chien se dresse joyeusement sur ses pattes en m'apercevant.

Je le caresse.

– Je suis désolée… Depuis tout à l'heure, il n'arrêtait pas de geindre, vraiment. Je pensais qu'il…

Yago se met alors à gémir comme elle le décrivait. Je l'examine soigneusement pendant de longues secondes avant de finalement éclater de rire sous le regard perdu de Romy.

– Ce vieux bougre n'est pas malade, loin de là. Mais figure-toi qu'il a développé une passion pour les charcuteries maison de Paola. C'est ma faute, je ne peux rien lui refuser quand il me fait ces yeux-là, expliqué-je.

Je m'assois et pioche un toast du plateau-repas de Romy, puis je le donne à mon chien, qui le déguste en jappant de plaisir.

– Je préfère ça, se marre Romy en s'installant à mes côtés. Qu'est-ce que c'est que ce pansement ? Tu t'es blessé ?

Elle fixe mon doigt bandé.

– Oui, blessure de guerre, en hachant du persil. La classe, non ?

– Mince ! Tu n'as pas trop mal ?

– J'ai pris des antidouleurs, ça va.

C'est alors que mon traître de ventre se met à gargouiller.

– Dînerais-tu avec moi ? me demande-t-elle simplement.

– Avec plaisir. C'est à moi de faire l'effort d'être sociable ce soir. J'ai tellement l'habitude de vivre seul que je deviens limite sauvage.

Je me lève pour aller chercher un verre supplémentaire, puis je nous sers le vin choisi par Paola.

– Mme Loggia m'a dit que tu avais salué toute l'équipe. Tu sais que tu peux revenir quand tu veux !

– Oh, merci infiniment, c'est très gentil !

Elle rosit, boit une gorgée de vin, puis gémit de plaisir :

– Hmm, c'est le meilleur vin que j'ai jamais goûté !

– Pourtant, la France n'est pas en reste à ce niveau-là.

– Mon père est plutôt blanc, et moi, je préfère le rouge ou le rosé, mais j'ai rarement eu l'occasion d'en déguster un qui soit si bon.

– C'est une bonne bouteille, Paola a en effet très bien choisi, confirmé-je en examinant l'étiquette.

– Il offre en bouche une sensation veloutée, avec des tanins bien présents mais arrondis, et ça me plaît beaucoup !

– Mais… tu es une vraie œnologue ou quoi ?

Elle étire ses lèvres malicieusement.

– Non, mais mon grand-père, encore lui, est un grand connaisseur et il m'a transmis sa passion pour cet alcool. Nous sommes même partis, tous les deux, il y a un an, pour suivre la fameuse Route des Grands Crus de Bourgogne. C'était génial, et on a adoré affiner encore plus notre palais.

– Waouh ! Tu me fais rêver, là ! J'aurais adoré le faire aussi ! Le bourgogne est clairement mon vin français préféré ! Luigi et moi aimons le déguster et, comme toi, nous prenons plaisir à tester et à mettre régulièrement nos papilles à l'épreuve. C'est devenu un jeu entre nous. C'est drôle que tu aimes ça à ton âge. Souvent, ça vient un peu plus tard…

– Je peux même t'avouer que j'ai commencé à goûter – sans avaler, bien sûr ! – dès mes 14 ans, mais ça, personne ne le sait !

Putain ! Ses paroles prennent un sens beaucoup trop sexuel dans mon esprit mal placé !

Le vin. Elle parle du vin ! me seriné-je intérieurement.

– Je serai une tombe, déclaré-je. Que peux-tu me dire de plus sur celui-ci ?

– Couleur rouge et profonde, robe brillante et intense. De plus, le fait que le film transparent, sur les parois, descende lentement m'indique que la quantité d'alcool est assez importante, affirme-t-elle en faisant tourner le liquide dans son verre, qu'elle penche et redresse rapidement.

– Je n'ai jamais connu d'autodidacte s'y connaissant autant en la matière. Ça risque d'être intéressant au prochain repas avec Luigi. Quoi d'autre ? Ferme les yeux, lui proposé-je. C'est beaucoup plus facile de se concentrer ainsi sur la texture en bouche.

Elle obéit et continue la description de son ressenti, les yeux clos.

– Il est velouté…

Je hoche la tête, même si elle ne peut pas me voir.

– Et généreux… gourmand… et puissant, ajoute-t-elle en fronçant les sourcils, concentrée sur sa dégustation.

Cette femme est décidément de plus en plus surprenante, à mesure que j'apprends à la découvrir. Je la détaille alors qu'elle ne me voit pas. Elle est belle. Elle a un visage fin et délicat, des pommettes hautes et un joli nez. Mais c'est sa bouche pulpeuse qui retient mon attention, surtout quand elle passe soudain sa langue sur ses lèvres charnues… Bordel ! Ce simple geste et le ton sensuel qu'elle emploie me donnent envie de l'embrasser.

Putain, je devrais arrêter de picoler pour ce soir ! L'alcool doit me monter à la tête.

Couché, Matis ! Tu ne vas pas profiter de l'absence de ta fille pour faire une connerie avec son amie !

Elle ouvre ensuite ses yeux bleus, tirant effectivement sur le violet. Je me penche légèrement vers elle pour m'assurer de ce constat. Aucun doute.

Et alors ? Cela ne veut rien dire ! Pfff, n'importe quoi, Matis ! me réprimandé-je malgré les paroles de Luigi, qui ne me quittent plus désormais.

Elle trinque alors avec moi et porte un toast.

– À Paola, qui semble aussi avoir très bon goût ! Cette femme est une perle, tu as de la chance !

– J'en ai pleinement conscience, dis-je en me reprenant. Et, pour info, ce vin est un amarone della Valpolicella.

Elle hoche la tête.

– À vrai dire, Paola travaillait déjà pour mes parents, et quand ils sont décédés, elle a choisi de rester à mon service, pour mon plus grand bonheur.

– C'était il y a longtemps ?

– Dix-neuf ans, et j'en avais 19 à l'époque. Accident de voiture, un soir de novembre, dû à un chauffard ivre.

– Je suis désolée de l'apprendre, me dit-elle en posant spontanément sa main sur mon poignet, dans un geste de soutien que je trouve très attentionné.

Et on dirait que mon corps apprécie de plus en plus ces contacts furtifs si j'en crois ce frisson qui parcourt systématiquement ma colonne vertébrale dès que sa peau me frôle.

– Merci. C'était il y a tellement longtemps, et pourtant j'ai l'impression que c'était hier.

Bien sûr qu'elle comprend. Elle aussi est passée par là, après le décès de sa mère. Encore un point commun, mais bien triste, cette fois.

Je fais glisser le plateau sur la table pour l'inviter à se servir. Elle choisit un toast, sans oublier d'en refiler un à Yago, qui n'a désormais d'yeux que pour elle.

Elle semble réfléchir un instant, puis me demande :

– Vous avez donc eu Maja à 18 ans ?

– À 17 ans, exactement. Maja est née en début d'année. Moi, je n'ai atteint ma majorité que trois mois plus tard, et Janet, l'été suivant.

Elle hoche la tête, et bizarrement j'enchaîne :

– Nous étions très jeunes. Mon père et ma mère n'ont pas vu d'un bon œil notre décision de garder ce bébé, mais, une fois sortie du ventre de sa mère, Maja a fait craquer tout son petit monde. Et puis ils sont décédés deux ans plus tard, et ma vie a pris une tout autre direction. Je me suis alors jeté corps et âme dans mon travail.

– Mais ça valait le coup : quelle belle réussite ! Tu mènes une carrière impressionnante !

– C'est vrai, je ne vais pas jouer les modestes, surtout que se faire une place et la conserver dans un domaine toujours en évolution n'est pas chose aisée, mais j'y ai laissé des plumes.

– Ta vie personnelle ? comprend-elle tout de suite.

– Oui. Quand tu as rencontré Maja, nous vivions en France. À Paris, tout d'abord, puis en Bretagne, où j'ai eu l'opportunité d'intégrer la brigade de Patrick Jeffroy, dans son restaurant étoilé. Nous sommes ensuite revenus vivre en Italie, où j'ai ouvert mon premier restaurant. Janet a, elle aussi, fait une ascension fulgurante dans son métier d'actrice. Elle a très vite été sollicitée pour aller tourner un peu partout dans le monde. Alors la vie, nos obligations et nos choix ont fini par nous séparer. Nos emplois du temps sont vite devenus incompatibles, et nous avons divorcé.

– Vous vous parlez toujours ? me demande-t-elle en penchant la tête sur le côté, l'air intéressé.

– Oh, oui ! Dès que nous en avons l'occasion. Elle est restée une femme plus qu'importante pour moi. Je ne pourrais pas envisager de ne plus la voir mettre régulièrement son petit grain de sel dans ma vie, affirmé-je en souriant.

Romy se contente de caresser le chien. Je me rends compte que l'alcool me rend un peu trop bavard, et sûrement pas assez à l'écoute.

– Et toi, dis-moi. Je découvre pas mal de facettes de ta personne dont je ne soupçonnais pas l'existence. Alors, parle-moi un peu plus de toi. Un petit ami, un fiancé ? demandé-je un peu trop vite pour paraître complètement désintéressé.

Je ne sais même pas pourquoi je pose cette question. Elle est venue naturellement, mais je me maudis instantanément de l'avoir formulée. Quoique… Après tout, nous venons de parler de mon ex-femme, je reste donc dans le thème. Et puis je me dis que, si elle a quelqu'un, j'arrêterai peut-être d'avoir des idées mal placées à son égard. Mais, pour être tout à fait honnête, j'ai encore en mémoire la confidence qu'elle a faite au sujet de sa sexualité. Intérieurement, je me demande qui est ce mec qui n'arrive pas à la combler. Elle est pourtant le genre de femme qu'il faut vénérer en lui faisant l'amour lentement et avec délectation…

ALERTE ROUGE !

Je tressaille intérieurement lorsque je prends conscience de mes pensées. C'est du grand n'importe quoi ! Je suis crevé, j'ai un peu bu, et elle est non seulement trop jeune, mais aussi la meilleure amie de Maja…

Il est temps de tirer ta révérence et d'aller dormir, Milano, parce que là, tu déconnes !

– Non, je n'ai personne. Et sinon, il n'y a pas grand-chose à dire, du moins rien d'aussi palpitant que vos vies, à Janet et à toi ! J'habite toujours avec mon père, et quasiment avec mon grand-père, vu le temps qu'il passe chez nous !

– Ah ! Le fameux Rémy ?

Elle acquiesce, et moi, je m'enfonce un peu plus dans le canapé, curieux d'en savoir davantage.

Après tout, cinq minutes de plus ou de moins…

10

Romy

– Le seul et l'unique, oui ! confirmé-je, contente qu'il ait retenu le prénom de mon grand-père.

– Et donc, tu vis avec ton père ?

– Oui. Comme tu le sais, ma mère est décédée l'année de mes 10 ans, quand je suis venue ici pour la première fois.

– Je m'en souviens...

Il hésite et j'attends la suite, même si j'ai une petite idée du sujet qu'il compte aborder.

– Tu... as réussi à reparler normalement depuis, visiblement.

Bingo ! Je m'en doutais.

– Oui, j'ai retrouvé ma voix un an et demi après.

– Mais ça n'était pas la première fois, si je me rappelle bien.

– En effet...

– Si tu ne veux pas en parler, rien ne t'y oblige, surtout.

– Non, non, ça va. Il n'y a rien à cacher... À vrai dire, ma grand-mère est décédée brutalement, devant mes yeux, alors que je n'avais que 5 ans, et j'ai ainsi perdu la possibilité de m'exprimer verbalement. Le choc psychologique a été tel que les médecins ont rapidement établi le diagnostic d'aphonie psychogène, c'est-à-dire une perte brutale de ma voix.

Il fronce les sourcils, l'air très concentré, et me ressert

un verre de vin avant de se caler sur le canapé. Il a joué franc jeu sur sa vie personnelle et je sens que je peux me livrer, alors j'enchaîne :

– Ce jour-là, ma grand-mère et moi étions parties ramasser des châtaignes dans le petit bois derrière chez nous. Mais, tout à coup, elle s'est effondrée devant moi. Elle venait de recevoir une balle directement en plein cœur. Le chasseur en cause a accouru dans notre direction, complètement affolé. Moi, je me suis précipitée au-dessus du corps de ma grand-mère, mais il y avait tellement de sang ! J'étais tétanisée. Elle a lutté quelques secondes, mais a vite rendu son dernier souffle... Et moi, j'ai voulu hurler de toutes mes forces, mais aucun son n'a pu franchir mes lèvres. Une ambulance est arrivée très vite et nous avons été prises en charge.

– *Mio Dio, che schifo !*[1]

Je hoche la tête, les larmes aux yeux.

– Oui, ça a été une période très difficile de ma vie. Un accident de chasse, une balle perdue, et tout mon univers s'est écroulé. Mais la prison dans laquelle je me suis enfermée, à cette époque, a été aussi très difficile à supporter. Je ne vivais pas dans le mutisme, mais dans une frustration permanente et terrible de ne plus pouvoir communiquer oralement. Alors, mon grand-père, bien que malheureux d'avoir perdu sa femme, s'est mis en tête d'apprendre avec moi la langue des signes. Nous avons donc suivi des cours, regardé un million de vidéos, et nous avons finalement gagné notre pari : celui de maîtriser les bases de cette communication au bout de quelques mois.

– Et pendant combien de temps n'as-tu pas parlé, *bella* ?

J'aime tellement qu'il me surnomme de la sorte ! Ça

1. « Mon Dieu, quelle horreur ! »

me donne la sensation d'être un peu spéciale à ses yeux.

– Deux ans. Quand Maja est entrée dans ma vie, à 7 ans, j'avais retrouvé ma voix depuis très peu de temps. Elle a été un petit rayon de soleil et m'a aidée à réellement surmonter pour de bon cette épreuve. Elle ne me jugeait pas avec pitié, comme tous les autres, vu qu'elle ignorait tout de moi, et j'aimais ça.

Matis sourit tendrement, et sa fossette si craquante apparaît sur sa joue.

– Et le phénomène s'est reproduit à la mort de ta mère, c'est ça ?

– Oui, exactement. Les médecins m'ont dit que l'aphonie était un moyen de défense choisi par mon cerveau et qu'il n'était pas étonnant qu'un nouveau décès dans mon entourage ait provoqué une rechute.

– Tu devais être dévastée, dit-il, compatissant.

Il pose brièvement sa main sur mon genou, avant de l'ôter aussi vite, comme s'il s'était brûlé.

– Oui. J'avais très peur que ma voix ne revienne jamais, cette fois. Heureusement, mon grand-père, mon père et moi n'avions jamais arrêté de pratiquer la LSF[2], donc c'était plus facile à la maison. Mais, à l'école, ça restait très compliqué, et je me suis de nouveau isolée. J'étais très dure, et souvent de mauvaise humeur.

– Tu m'étonnes ! Ça a dû être terrible de subir une seconde fois la même épreuve.

– Oui, et mes proches en ont fait les frais. Mais c'est aussi à cette période que j'ai rencontré Léon.

– Ton patron actuel ?

– Oui. Léon était déjà le pâtissier de notre commune, et faire sa connaissance a été un moment clé de mon existence.

2. Langue des signes française.

– À ce point ? Pourquoi ?

– Eh bien, Léon était toujours dans son laboratoire, à l'arrière de sa boutique, donc je ne l'avais jamais vu, jusqu'au jour où, alors que je devais acheter du pain pour le déjeuner, il est entré et a déposé un plateau de gâteaux dans son magasin. J'ai payé la vendeuse, et comme je ne pouvais pas la remercier oralement, j'ai signé machinalement pour le faire. Quand je suis sortie, j'ai senti qu'on me tapotait l'épaule. C'était Léon, qui m'avait suivie dehors.

– Que t'a-t-il dit ?

– Un tas de choses, mais sans prononcer un seul mot, car Léon est sourd et muet de naissance. Ce jour-là, il m'a demandé si une pâtisserie me ferait plaisir et m'a ainsi appris plusieurs autres signes que je ne connaissais pas. Je suis ressortie avec deux religieuses au café et un cœur bien plus léger qu'en entrant. J'étais un peu sonnée, mais rassurée de découvrir que je n'étais pas seule à vivre, dans mon village, avec un tel handicap. Surtout que, contrairement à lui, moi, j'entendais parfaitement. Cette rencontre m'a fait redescendre sur terre.

– Comment ça ?

– J'ai compris qu'il fallait arrêter d'en vouloir au monde entier. Personne n'était responsable de mon état, et en découvrant que Léon vivait un handicap pire que le mien, j'ai saisi que je devais déjà m'estimer heureuse de ce que j'avais au lieu de me focaliser sur ce que je n'avais plus.

– C'était sacrément mature à cet âge-là…

– Peut-être, mais ça a vraiment été un déclic, le début de notre histoire.

– J'imagine. Tu l'as revu souvent après, je suppose ?

– Eh bien, non, pas vraiment, en réalité. J'allais régulièrement à la boulangerie, mais lui était toujours au fournil, donc je ne le croisais jamais et je n'osais pas l'embêter. Et puis j'ai retrouvé ma voix. Et en classe de troisième, nous avons dû chercher un stage pour expérimenter un métier qui nous attirait. Je n'étais pas une élève très assidue. Cependant, j'aimais par-dessus tout pâtisser. Alors, un soir, j'ai pris mon courage à deux mains et j'ai demandé à la vendeuse si je pouvais parler à Léon. Elle est allée le chercher et il m'a reconnue. Il a souri. Nous avons signé quelques minutes, et il a immédiatement validé ma demande de stage. Et, à partir de ce jour, on ne s'est presque jamais quittés.

– C'est une très belle histoire. Ce Léon doit être un homme bien.

– Il m'a redonné confiance. Il a cru en moi et m'a transmis sa passion. Je lui en serai à jamais reconnaissante.

– Je comprends mieux ton attachement envers ton employeur. Enfin, le terme me semble carrément inapproprié, désormais, car il est bien plus que ça, apparemment.

– Oh que oui ! Il est un mentor et un ami. Entre mon père, mon grand-père et lui, je m'estime très chanceuse d'avoir ces trois hommes dans ma vie.

– Mais ils ont beaucoup de chances, eux aussi, *bella*. Tu es définitivement une femme étonnante, me dit-il d'une voix grave qui envoie direct une décharge délicieuse dans mon bas-ventre.

Oh là là ! Quand il me dit toutes ces jolies choses, j'ai du mal à réfréner mon attirance pour lui. Plus ça va, plus je me sens proche de cet homme, et l'alcool ne m'aide clairement pas à éviter de vouloir entrer dans un jeu de séduction avec lui.

– En tout cas, merci de m'avoir raconté tout ça. Je suis touché que tu l'aies fait, Romy, ajoute-t-il en faisant tinter nos verres.

Je bois une gorgée de ce délicieux nectar, et alors qu'il réajuste sa position sur le canapé, mes yeux sont irrésistiblement attirés par les poils visibles en haut de son torse en raison des boutons défaits de sa chemise.

Je dois bugger pendant quelques secondes, car, en suivant mon regard, il se justifie :

– Oh, merde ! Désolé, je suis en vrac. J'allais prendre ma douche, quand tu as frappé, alors…

– Oh, mais non, pas de souci ! C'est… moi… Je regardais… heu… ta… cicatrice !

Bordel ! Et voilà, c'est reparti ! Dès que je suis un peu trop proche de cet homme, je dis n'importe quoi !

Miss Catastrophe, sors de ce corps !

– Oh… en effet, me répond-il, l'air sérieux, en effleurant la cicatrice située sous sa gorge.

– Une autre blessure de guerre ? tenté-je en espérant qu'il redevienne aussi à l'aise que tout à l'heure.

– Accident de voiture. Il y a trois ans.

– Oh ! Rien de trop grave, j'espère ?

– Malheureusement si. Un mort dans l'autre voiture. À ce jour, c'est l'épreuve la plus dure de ma vie. Je crois que je ne m'en remettrai jamais, m'avoue-t-il d'une voix blanche et le visage fermé.

Merde !

Ou comment mettre un peu plus les pieds dans le plat… Quelle conne ! Pourquoi n'ai-je pas pu m'empêcher de mentionner cette marque sur sa peau ?

– Parfois, j'ai l'impression d'être un usurpateur de la vie. Je me demande tout le temps pourquoi lui, et pas moi, ajoute-t-il alors spontanément d'une voix triste, les yeux dans le vide, comme s'il parlait à un fantôme.

– C'est pour cette raison que tu fais désormais appel à James pour te conduire ?

– Oui. Exactement. Entre l'accident qui a coûté la vie à mes parents et celui-là, il faudrait être idiot pour ne pas saisir le message que l'univers semble vouloir me faire passer.

Re-merde.

Et moi qui pensais qu'embaucher un chauffeur faisait partie de la panoplie de son monde aisé ! Eh bien, bingo ! J'avais encore tout faux. De plus, je prends conscience que cet homme est anéanti et que j'ai encore eu le don de mettre le doigt là où il ne fallait pas.

Bien joué, Romy…

– Je… suis désolée. Maja ne m'a jamais parlé de cela, sinon je n'aurais pas abordé le sujet.

– Ne t'excuse pas, Romy. Maja est, bien entendu, au courant, mais nous n'en parlons jamais. Elle sait que je ne peux pas… Et d'ailleurs, je suis étonné d'avoir pu l'évoquer ce soir, me confie-t-il tout en secouant légèrement la tête, comme pour mettre fin à ses douloureux souvenirs. Je crois bien que c'est parce que j'ai un peu trop bu et qu'il vaut mieux que j'aille au lit, s'excuse-t-il en se levant.

Il m'adresse un sourire timide et termine son verre cul sec. Je me lève aussi, si bien que nous nous retrouvons face à face.

– Alors, bonne nuit, soufflé-je, triste de le voir si fermé.

L'homme fort et charismatique que je connais vient de me montrer une part un peu fêlée de lui, et cela le rend d'autant plus touchant et attirant à mes yeux. Qu'il se soit confié de la sorte réveille en moi un besoin de prendre soin de lui, de lui ôter sa peine par tous les moyens possibles.

– *Buonanotte, bella*, me répond-il.

Je suis incapable de le laisser aller se coucher par ma

faute avec le cafard. Alors, spontanément, je dépose une bise sur sa joue.

– Encore toutes mes excuses, Matis. Si j'avais su…

Ses yeux happent les miens. Il m'offre un sourire de façade qui n'atteint pas son regard triste.

– Ne t'inquiète pas, ça va. Bonne nuit, Romy.

À son tour, il prend son temps pour embrasser lentement ma joue, sa barbe naissante chatouillant agréablement ma peau. J'ai tout le loisir de sentir son odeur délicieuse. Quand nous éloignons doucement nos visages, le temps semble se mettre sur pause. Aucun de nous ne bouge. Pire, quand ses yeux dévient sur ma bouche, mon palpitant se met à battre une chamade infernale.

Je ne peux empêcher mon corps de frémir sous ce simple effleurement, et il est évident qu'il doit le percevoir. Je ressens cette réaction épidermique reconnaissable entre mille, qui devrait pourtant être proscrite entre nous. Un désir puissant me submerge alors qu'une sorte de lutte entre mon corps et mon esprit me déstabilise complètement.

J'ai une envie folle de foncer sur ses lèvres, mais je n'ose pas. Me repousserait-il ? Si oui, j'aurais trop honte et le reste du séjour serait un enfer. Mais, dans le cas contraire, serait-ce aussi bon que mon esprit l'envisage ?

Je baisse à mon tour mon regard sur sa bouche, que je meurs d'envie de mordiller. Mais, soudain, il se détourne sans rien dire tandis que mon cœur bat trop fort dans ma cage thoracique. Je monte alors l'escalier à vitesse grand V et ferme vite la porte de ma chambre derrière moi.

Mais qu'est-ce qu'il me prend ?

Merde ! J'espère qu'il n'a pas conscience que j'ai ressenti

un réel trouble envers lui, sinon je n'oserai plus jamais le regarder en face.

La lose…

Pourtant, je n'ai quand même pas rêvé : l'atmosphère entre nous a changé du tout au tout en une fraction de seconde, et il a fixé ma bouche pendant un long moment. C'est un signe, ça, non ?

J'inspire un grand coup et m'allonge sur le dos. Bon, stop ! J'aime être en sa présence, et ces moments où je suis seule avec lui ne m'aident pas à garder la tête froide. Mais une chose est sûre : ces pensées intérieures doivent définitivement rester de l'ordre du fantasme, ou je risque de me ridiculiser auprès de lui – ou, pire, de faire du mal à ma meilleure amie.

Je suis pitoyable… Maja a raison, il est temps que je croque dans une bonne pizza.

Sauf que j'ai peur que la prochaine ne soit bien fade par rapport à ce pizzaïolo !

11

Romy

– Romy ? Romy ! Tu m'écoutes ?

Je sursaute, prise en flagrant délit de décrochage de conversation.

– Oui, oui, le bleu est carrément mieux, Cookie, tenté-je en avisant les deux pantalons qu'elle tient dans ses mains.

– Mouais, tu t'en sors pas mal sur ce coup-là ! Mais qu'est-ce qui t'arrive, enfin ? Tu es trop bizarre aujourd'hui. Ça ne va pas ?

– Si, si, t'inquiète, ça va. À quelle heure doit-on être chez Luigi et Amber, déjà ?

– Dix-neuf heures. D'ailleurs, Matis m'a prévenue qu'il nous rejoindrait directement là-bas. James l'y conduira, donc je dois demander à Soan de nous accompagner.

Soan est l'ancien garde du corps attitré de Maja.

– Soan ? Tu fais de nouveau appel à ses services ? Pourquoi ?

– Ben, disons que…

Mon amie fronce les sourcils et je sens bien que quelque chose cloche.

– Que me caches-tu, Maja Augusta Marie Milano ?

– Rien. Enfin… c'est juste que…

– Que ? Cookie ? Allez, balance ! insisté-je en sentant que je ne vais pas aimer la suite.

– Bon, ça n'est sûrement rien, mais disons que j'ai recommencé à recevoir des courriers chelous.

– Quoi ? Mais enfin, depuis quand ? Et pourquoi ne m'en as-tu pas parlé ?

– Depuis deux mois. Mais *no stress* ! Je suis sûre que c'est juste encore ce détraqué qui fantasme sur mon corps de déesse. Celui-là même qui n'osera jamais m'approcher, Sis !

– Maja…

– Vraiment, t'inquiète. Il ne s'est rien passé à l'époque. C'est qu'un mec avec une petite bite qui a besoin de se sentir exister, voilà tout…

– Et si ça n'était pas que ça ?

– Alors, no souci, vu que Matis a fait tout un foin pour faire revenir Soan. Quel collier ? me demande-t-elle en se postant devant son miroir, passant encore une fois du coq à l'âne.

– Le sautoir à perles. Mais sérieusement, heureusement que Soan va pouvoir veiller sur toi. Ton père a raison d'avoir de nouveau requis ses services, Cookie.

– Ben, je n'ai surtout pas eu le choix. En fait, pour tout t'avouer, j'en ai parlé à ma mère, au téléphone, quand j'avais un petit coup dans le nez. Résultat, en vraie traîtresse qu'elle est, elle a jugé bon de lâcher le morceau à mon père.

Je n'aime pas du tout cette révélation. Il y a un peu plus d'un an, Maja a commencé à recevoir des courriers anonymes la menaçant de mort. La police n'a trouvé aucune piste concernant l'identité du harceleur. L'envoi des lettres s'est arrêté brusquement, sans raison apparente, il y a six mois. Mais aujourd'hui, il faut croire que le malade mental qui s'en prenait à elle n'en a pas terminé avec ses menaces.

– Et que disent les lettres ?

– Toujours les mêmes conneries, genre « tu vas mourir, prépare-toi, ça n'est qu'une question de temps », blablabla.

Ma meilleure amie peut bien faire la forte, je sais que ces menaces l'ont beaucoup perturbée, à l'époque, et que son apparente légèreté n'est qu'un moyen de me rassurer. Et certainement de se convaincre elle-même, par la même occasion.

– Et ton sex friend d'hier, alors ? Ça s'est bien passé ? enchaîné-je pour changer de sujet.

– Un pied total ! s'enthousiasme-t-elle. Il est encore plus chaud qu'il y a un an. Ce mec est une machine. D'ailleurs, il m'a proposé de le revoir ce soir, et pour une fois, je ferais bien une exception à ma règle du *quicky*[1].

– Sérieux ? Waouh ! Alors là, on est sur du lourd ! la charrié-je.

– Oh que oui ! Et du large et du bon gros…

– Cookie !

– Oui, bonne idée ! Un bon gros cookie ! Va pour un petit goûter de dix-huit heures ! La dernière arrivée dans la cuisine a un gage !

Cette nana est une vraie gamine. Mais, redoutant ses défis à la con, je joue le jeu et cours le plus vite possible dans l'escalier.

– Gagné ! J'ai gagné ! fanfaronné-je, toute guillerette, alors que Maja fait la tronche en se tenant les côtes.

– OK. Quelle est ma punition ?

– Je vais y réfléchir.

J'attrape un cookie maison avant qu'il n'en reste plus un seul à cause de l'estomac sur pattes qui me tient lieu de copine.

1. Un coup rapide.

– Au fait, je déconne, bien sûr…

– À quel sujet ?

– Je ne parlais pas du cookie, mais de son énorme et large…

Je plaque ma main sur sa bouche alors que Paola entre justement dans la cuisine, ce qui nous fait rire comme deux baleines.

– Je vais prendre ma douche, lui dis-je en avisant l'heure.

– OK. J'appelle Soan. On part d'ici une demi-heure. C'est bon pour toi ? s'enquiert Maja.

Je hoche la tête et file dans ma salle de bains, où je reste longtemps sous le jet d'eau tiède, qui me fait un bien fou.

Pourtant, je commence à stresser. Je n'ai pas revu Matis depuis hier soir, et je crains de m'être fait griller. J'ai l'impression d'être complètement barjot d'avoir pu avoir de telles idées envers le père de ma meilleure amie. J'ai conscience que je ne dois plus laisser mes émotions prendre le dessus, même si je sens que ça va être compliqué de refouler ce désir.

Il va vraiment falloir que j'évite de trop le mater, et surtout de penser à son énorme et large…

Sourire !

Je pouffe toute seule sous la douche.

Maja, sors de ce corps !

LETTRE 1

P'tite conne,

Alors, ça y est ? Te voilà à nouveau retournée chez ton cher petit papa de merde ?

Bien. Mais sache que, partout où tu es, je le suis aussi.

Je te surveille jour et nuit. Tu ne peux pas faire un pas sans que je sois au courant.

Jusqu'au jour où je te regarderai mourir dans d'atroces souffrances.

Dieu que j'ai hâte !

« Une longue souffrance n'acquitte rien », dit-on.

Certes. Mais ça sera déjà un bon début, et pour une fois, au lieu de montrer ton cul sur les podiums, tu serviras à quelque chose, p'tite conne.

12

Matis

James me dépose devant la maison de Luigi. La présence de Soan, près de la porte d'entrée, m'informe que Maja et Romy sont déjà arrivées. Je remercie mon chauffeur d'un signe de la main et l'informe que je lui enverrai un message pour qu'il vienne me récupérer.

Il hoche la tête et je sors de la voiture. Je remonte ensuite l'allée au ralenti. Je suis naze. Je n'ai pas fermé l'œil la nuit dernière. Avoir évoqué l'accident avec Romy m'a fait ressasser. Elle possède un don d'empathie certain, mais dénué de cette pitié que je ne supporte plus de déceler dans le regard des gens. Son air compatissant m'a délié la langue. C'est bien la première fois que j'arrive à m'ouvrir de la sorte.

Au début, j'ai essayé d'en parler à un psy, mais je n'ai tiré aucun réconfort de ces séances. Alors, j'ai abandonné. J'ai préféré prendre sur moi. Désormais, je vis avec ce fardeau, cette culpabilité du survivant. Ce sentiment ne me quitte presque jamais, sauf quand je me plonge dans un travail intensif, qui m'aide à focaliser mon esprit sur autre chose, ou dans ma séance de sport journalière, qui contribue, elle, à me faire passer des nuits potables de temps en temps.

Mais pas cette fois, car, au-delà du fait de revivre cette tragédie, je n'en reviens pas d'avoir pu exprimer mon ressenti aussi facilement à Romy. Elle a développé une telle résilience face aux épreuves que je suppose que cela m'a donné confiance. Elle a réussi là où mon psy, Luigi ou Janet ont échoué maintes et maintes fois. Je suis content d'avoir enfin pu prononcer à voix haute ces sentiments qui me rongent de l'intérieur depuis trois ans.

Je secoue la tête pour chasser les idées noires qui ne me quittent pas et revêts mon masque, celui qui permet à mes proches de ne pas me harceler de questions ni de s'inquiéter pour moi. Je suis détruit, mais je ne vois pas l'intérêt d'imposer ma noirceur à mes amis et à ma famille.

Je sonne. C'est Amber qui m'ouvre la porte.

– Matis ! On n'attendait plus que toi ! m'annonce-t-elle en déposant joyeusement une bise sur ma joue.

Je la suis sur la terrasse, où tout le monde est déjà assis. Maja est installée sur une méridienne en osier, près de Romy, qui, elle, parle à Luigi.

– Hello, Matis ! me salue gaiement ma fille.

– *Papà !*

Je la reprends, comme d'habitude.

– Yes, *papààà* ! me taquine-t-elle.

Je souris devant cette éternelle joute verbale avant de choisir un fauteuil pour m'y asseoir.

Quand Luigi se lève pour aller me servir un whisky, derrière le bar, Amber en profite pour demander à Maja de l'aider à chercher les apéritifs en cuisine. Je me retrouve donc en tête-à-tête avec Romy, qui lève les yeux et me sourit timidement.

– Ça va ? lui demandé-je en me sentant un peu maladroit.

– Oui, et toi ? me répond-elle poliment.

Personne n'est autour de nous, alors j'en profite pour lui dire à voix basse :

– Je suis… vraiment désolé pour hier, Romy.

Ses sourcils se haussent d'étonnement.

– Mais de quoi ?

– D'avoir plombé l'ambiance avec mes états d'âme. Je ne parle jamais de ça à personne, je n'avais pas à t'imposer ce qui se passe là-dedans, dis-je en désignant mon crâne.

Elle se penche vers moi et chuchote à son tour :

– Alors, sincèrement, ne le sois pas. Je suis convaincue que les choses n'arrivent jamais par hasard. Et je suis contente que tu y sois enfin arrivé.

– Oui, mais ça n'est pas ton rô…

– On s'en fiche. Réussir à parler de ses failles et de ses blessures est le premier pas vers la guérison, crois-moi.

Cette femme me bluffe. À 21 ans seulement, elle semble recéler plus de sagesse que quiconque.

– Tu as vu un psy à l'époque pour savoir tout cela ? lui demandé-je.

– Non. J'ai eu seulement la chance d'avoir pu suivre la méthode du très grand Rémy Vasseur, me confie-t-elle en m'offrant un clin d'œil complice.

– Et qui consiste en quoi ?

– Eh bien, un jour, il en a eu marre de me voir embourbée dans mon chagrin, alors il a décidé de…

– Et un *whisky on the rocks* pour mon pote, un ! déclame Luigi en me tendant un verre, rompant ainsi l'intimité de notre discussion.

J'espère sincèrement que nous aurons l'occasion de poursuivre cette conversation. Bizarrement, j'ai apprécié ce petit moment volé, rien qu'à nous. Ces mots chuchotés. Comme si ces confidences nous liaient.

Les filles reviennent de la cuisine et déposent, devant nous, des biscuits apéritifs.

La conversation va bon train et arrive à me détendre plus que je ne l'aurais cru.

– Comment vous êtes-vous rencontrés ? demande Romy à Amber, qui se fait un plaisir de lui répondre.

– C'est une histoire digne d'une comédie romantique. Il y a près d'un an et demi, nous étions tous les deux dans une rue, à Milan, lorsque j'ai trébuché et renversé l'intégralité de mon chocolat chaud sur son manteau.

– Un manteau en laine Balmain à trois mille balles, quand même, précise Luigi, avant de se prendre un léger coup de poing dans l'épaule de la part d'Amber.

– Quoi qu'il en soit, je m'en voulais beaucoup d'avoir été si maladroite et je lui ai proposé de réparer ma bêtise en faisant nettoyer son joli caban. Mais il a refusé et a ajouté : « Accordez-moi un dîner et nous serons quittes. »

– Ben ouais, maladroite, mais canon. J'aurais été fou de ne pas tenter, hein ? plaisante Luigi tandis que Romy sourit à ses bêtises en levant les yeux au ciel.

– Bref, j'ai accepté, et depuis on ne s'est plus quittés, conclut Amber en regardant mon meilleur ami avec tendresse.

Ce dernier lui prend la main et y dépose un doux baiser. Cette femme a transcendé mon pote. Coureur de jupons invétéré, c'est la première fois qu'il vit une relation sérieuse, et je suis heureux pour eux.

Nous passons ensuite au repas. Notre hôtesse a dressé une jolie table sur la terrasse et a cuisiné un sauté de bœuf qui sent divinement bon. Ma fille est, bien entendu, la première à attaquer son assiette, sous les yeux amusés de la tablée.

Quand Luigi sort sa bouteille de vin, les mots s'échappent de ma bouche sans que j'aie le temps de les retenir :

– Tu savais que Romy est aussi une experte en vins ?

– Sérieux ? demande-t-il à la Française.

La jeune femme ne s'attendait pas à ça, vu la mine étonnée qu'elle affiche. Elle lui sourit et répond humblement :

– Un peu. Enfin, disons que j'ai eu un bon professeur. Donc, je ne suis pas une pro, loin de là, mais je me défends, ajoute-t-elle avec une petite moue craquante.

– Ch'est même carrément la meilleure, ma pote, ouais ! Elle vous foutrait une raclée à che petit jeu, ajoute Maja en parlant la bouche pleine.

– Ah ouais ? Alors, voyons ça !

Mon meilleur ami réagit au quart de tour, piqué au vif. Il n'y a pas plus mauvais perdant que lui. Je souris en espérant que Romy va l'épater tout comme je l'ai été hier soir.

Allez, bella, montre-lui toute l'étendue de ton talent !

13

Matis

Il lui sert du vin. Elle en observe consciencieusement la robe tout en faisant tourner son verre entre ses doigts. Elle positionne son nez au-dessus et hume les arômes primaires en fermant les yeux. Elle réitère ensuite l'opération en agitant doucement le vin, cette fois, afin que se dégage la senteur des arômes secondaires. Enfin, elle le porte à ses lèvres, humecte ses papilles et le grume[1].

Romy vient de respecter parfaitement les étapes de dégustation d'un vin. Impressionnant !

Je vois, à la tête de Luigi, qu'il s'est fait la même réflexion.

– Et donc ? insiste-t-il gentiment.

– Il n'a pas un goût âpre. Il est même plutôt doux. Mais, d'après l'arôme de réglisse que j'ai perçu et sa robe grenat tirant sur l'orangé, je parierais sur un nebbiolo. Je décèle également un arôme tertiaire de tabac, caractéristique des barolos. Je dirais donc… un barolo perno 2017, peut-être ?

Luigi me regarde. Puis il porte son verre à sa bouche. Je l'imite et ne peux m'empêcher de sourire quand lui éclate de rire, complètement bluffé.

---

1. Faire passer une gorgée de vin vers le fond de la bouche avant de la ramener vers l'avant en penchant la tête.

– Mais c'est trop fort ! Où as-tu appris tout ça ?

– Mon grand-père, principalement, se contente-t-elle de répondre sans épiloguer.

Nous attaquons alors le dîner et Luigi me demande dans la foulée :

– Tu es allé au Magari ! aujourd'hui : rien de grave ?

– Non, rien d'important. Il fallait que je trouve une solution pour changer de producteur de mozza di bufala.

– Et tu as dégoté une nouvelle perle en la matière ?

– J'ai une piste, en effet. Un petit producteur qui me semble hyper sérieux et qui a l'air de produire de la qualité si j'en crois ses notations.

– Pas trop de différence de prix ?

– Je ne sais pas. Je pense y aller demain pour négocier sur place, vu que je suis privé de cuisine, ajouté-je en montrant mon bandage au doigt.

– Quand on ne sait pas se servir d'un couteau, on évite, se moque mon pote.

Je lui adresse un énorme doigt d'honneur pansé. Luigi s'esclaffe comme un con, puis reprend :

– Et où est basée son exploitation ?

– À Pontinia. Un peu plus au sud que celle de notre producteur attitré.

– Bon, ce n'est pas beaucoup plus loin si on envisage les frais de transport.

– Reste à goûter la mozza sur place. Je vais prendre la route demain avec James. On a cinq heures de trajet.

– OK. Tiens-moi au courant de l'avancée des négociations. Tu y vas seul ?

– À moins que quelqu'un d'autre ne soit motivé pour se taper dix heures de route aller-retour afin de goûter du fromage, oui.

– C'est où ? intervient Maja, soudainement intéressée,

puisqu'il est question de nourriture.

Nous éclatons tous de rire.

– Au sud, entre Rome et Naples. Motivée, *mia principessa* ?

– Non, trop loin. Je peux trouver de la mozza à cent mètres de la maison, alors je préfère rester à la villa, comme prévu, pour bronzer tranquille.

– Dommage, on aurait pu faire un crochet et faire visiter Rome à Romy.

– Oh, ça serait génial, Cookie ! En plus, j'ai promis à Léon d'essayer d'y aller pour jeter une pièce de sa part dans la fontaine de Trevi. Il m'a même confié le vœu que je dois prononcer pour lui, intervient la Française en tapant dans ses mains en signe d'excitation, visiblement conquise par cette idée.

– Et qu'est-ce que c'est ? s'enquiert ma curieuse de fille.

– Ne rêve pas, tu ne le sauras jamais ! Même sous la torture…

– Mouais. Quoi qu'il en soit, honnêtement, j'ai bien la flemme, Sis. J'ai vraiment envie de me poser un peu demain. T'es sûre que tu y tiens vraiment ?

– Non, non, laisse tomber. J'irai une autre fois, peut-être.

– Oh, mais attends ! Même si je ne viens pas, tu pourrais quand même y aller avec mon père, non ? Si dix heures aller-retour avec de la musique de merde ne te font pas peur, bien entendu, se moque-t-elle en me tirant la langue.

Romy lève les yeux au ciel, puis se tourne vers moi, son regard illuminé à cette perspective, attendant mon verdict.

– Ça ne m'ennuie pas du tout. Cependant, si on visite Rome, il faudra que l'on dorme une nuit sur place pour avoir le temps d'en profiter, car je pense en avoir pour une bonne partie de la journée à l'exploitation de mozza…

C'est en disant cela à voix haute que je me rends compte que je ne me facilite pas la tâche. Hier soir, il s'en est fallu de peu que je fonce sur ses lèvres pulpeuses. Putain, je n'avais pas ressenti un tel désir pour une femme depuis des années ! Et il faut que ça soit pour la meilleure amie de Maja, qui a donc l'âge de ma fille. Je ne sais pas comment j'ai pu résister à l'envie de l'embrasser, et voilà que je lui propose de passer une nuit « avec moi » à Rome.

À croire que j'aime jouer avec le feu !

Romy arbore un sourire qui la fait rayonner. J'aime l'idée qu'elle soit si heureuse de partir avec moi.

– Franchement, ça ne m'ennuie pas, Sis, reprend Maja. Je n'ai jamais compris ce que tout le monde trouve à cette ville vieillotte, mais, si ça peut te faire plaisir et que je peux échapper à ça, je dis banco !

– Mais, enfin, Rome est la ville de la chapelle Sixtine, de la Cité du Vatican, des…

– Je t'arrête tout de suite. Pour y être allée plusieurs fois, je confirme que la seule chose qui me plaît, là-bas, c'est le shopping et les glaces à tomber d'un petit vendeur de la place Saint-Pierre. Le reste, non merci ! Surtout que Paola a investi dans une nouvelle sorbetière et qu'elle m'a promis de tester une recette au chocolat et au beurre de cacahuètes cette semaine !

– Alors, on dirait bien que vous ne serez que tous les deux, dit Luigi.

Il lève son verre tout en me faisant un clin d'œil discret.

Il ne perd jamais le nord, celui-là !

– Alors, super ! Merci, Matis, s'exclame Romy.

– Ouais, top ! renchérit ma fille. Bon, les vieux, ce n'est pas que je m'ennuie avec vous, mais Marco me propose de le rejoindre. Donc, comme je n'ai plus de place pour le dessert, je vais plutôt y aller et me défouler sur le dance floor.

– Tu as bien raison, Maja, l'encourage Amber en riant.

Cette dernière adore ma fille. Dès qu'elle est dans le coin, elle répète que c'est un plaisir de partager du temps avec elle. Ce qui me ravit, vu que nous serons amenés à nous côtoyer plus souvent. En effet, Luigi m'a confié qu'il envisageait de la demander en mariage cette année.

– Ça ne te dirait pas une sortie en boîte, chéri ? propose alors Amber à son compagnon.

– Non, mais si tu veux, vas-y, toi.

Amber jette un coup d'œil à Maja, qui lève les yeux au ciel sans chercher à être discrète, la peste.

– Non, laissons les jeunes s'amuser entre eux, décide Amber.

– D'acc ! Alors, on y va. Merci beaucoup pour le repas !

Ma fille claque la bise à son parrain et à notre hôtesse, dépose un baiser sur ma joue et tire Romy par le bras.

– Et toi aussi, Sis. D'après Marco, tu as visiblement tapé dans l'œil du beau brun derrière le bar, cette semaine, et il a dit qu'il adorerait te revoir, alors feu ! La nuit est à nous !

Romy rosit légèrement et nous fait un petit signe de la main. Et moi, je les regarde s'en aller avec un drôle de ressenti quant à ce départ précipité. Il ne faut pas être sorti de Saint-Cyr pour comprendre que c'est de la jalousie.

– Romy, on part à huit heures demain matin, précisé-je comme un vieux con.

– Pas de souci, je serai prête, me rassure-t-elle alors que Maja la presse de se dépêcher.

Mais je n'arrive pas à lui rendre son sourire. Je suis jaloux, bordel ! Une jalousie mal placée si on considère qu'elle a tout à fait le droit de faire ce qu'elle veut et avec qui elle veut. Mais c'est plus fort que moi, ça me gonfle.

Une fois le dessert terminé, je m'apprête à prendre congé après avoir envoyé un SMS à James. Luigi laisse alors Amber débarrasser et m'accompagne jusqu'à l'entrée.

– Bon voyage, vieux frère, se moque-t-il.

– Je ne doute pas que cela sera en effet très intéressant de découvrir un nouveau producteur qui…

– Ouais, fais comme si de rien n'était, mais j'ai bien vu que vous étiez ravis de cette virée, tous les deux !

– N'importe quoi ! Pourquoi tu dis ça ?

– Matis, j'ai bien remarqué comment tu la regardes. Je te rappelle qu'on a dragué des centaines de meufs ensemble, donc ne me la fais pas à l'envers. Et elle aussi te mate sévère, si tu veux savoir.

– C'est n'importe quoi, je te dis. Elle est française, c'est normal qu'elle ait envie de découvrir Rome, point à la ligne. Ne va pas te faire de films.

– Ouais, ce que j'en dis, moi… Mais n'empêche que son sourire jusqu'aux oreilles et le tien, quand tu l'as invitée à venir avec toi, ne m'ont pas échappé.

– Luigi ! Romy a 21 ans et c'est la meilleure amie de ta filleule, alors ça devrait suffire à calmer tes délires, non ?

– Ben non. Comme tu dis, elle est majeure, canon, et je vous ai vus chuchoter quand je préparais ton verre à l'apéro. Vrai ou faux ?

– Vrai, mais ça ne veut rien dire.

– Et de quoi parliez-vous, alors ?

Merde ! Impossible que je lui dise que je me suis confié à elle : cela le conforterait trop dans son trip.

– Rien de transcendant.

– Mais encore ?

– Des températures qu'elle a du mal à supporter…

– Ah, mais oui ! Du coup, c'est vrai qu'il vaut mieux parler à voix basse pour aborder ce genre de sujet, j'avoue.

– T'es con. Allez, j'y vais ! lancé-je, coupant court volontairement à la conversation.

– Tiens-moi au courant, OK ?

– Oui, t'inquiète. Je te dirai si je valide ou non à Pontinia.

– Je ne parlais pas de ça, mais OK, je veux bien savoir ça aussi, se moque-t-il.

Je lève les yeux au ciel et rejoins James, qui m'attend dans la voiture. Pendant le trajet, je regarde le paysage défiler en repensant au départ rapide des filles, et principalement à Romy. Je sais exactement ce qui me gonfle : savoir qu'un homme pourrait la draguer et la mettre dans son lit. Je peux même dire que cela m'emmerde clairement. J'ai aimé passer du temps avec elle hier. Cette fille est solaire et m'attire un peu trop à mon goût. Oui, je sais qu'elle n'est pas pour moi, blablabla. Il n'empêche que ce désir que j'éprouve, quand elle dans les parages, me rend dingue.

Dix fois, j'ai failli ressortir de ma chambre, hier soir, pour aller frapper à sa porte. Et le souvenir de son visage magnifique, de sa respiration se faisant plus rapide et de son regard fixé sur ma bouche, lors de cet instant un peu suspendu, a suffi à rallumer le feu, en moi, quand j'ai pris ma douche ce matin. J'ai simplement eu à fermer les yeux et à repenser à ses courbes magnifiques, que j'avais aperçues alors qu'elle ne portait que cette minuscule serviette. Savoir qu'elle venait de profiter du Jacuzzi et l'imaginer nue a suffi à me filer une érection de malade, que j'ai dû soulager comme un ado.

Alors, oui, j'aurais bien aimé être avec elle ce soir encore, mais je garde en tête tout ce qui nous sépare, à commencer par ma fille adorée et nos dix-sept ans d'écart, ce qui est loin d'être anecdotique, soyons réalistes.

Bref, pour ces deux raisons, interdiction d'entrer dans le délire de Luigi et de partir en vrille. Tout cela devra rester de l'ordre du fantasme inavouable, point barre.

Du moins officiellement, car, dans ma tête, bizarrement, je n'ai pas honte du tout de la trouver attirante...

14

Romy

Les enceintes crachent leurs basses si fort, dans la boîte, qu'il est difficile de se faire entendre. Si ça continue, je n'aurai plus de voix à force de hurler dans les oreilles de Maja.

Je regarde ma copine, et quelque chose me dit qu'elle a bien mieux à faire que de papoter, étant donné que Marco, son fameux sex friend, occupe sa bouche avec sa propre langue.

Fabio, le barman dont m'a parlé Maja, est charmant, mais il bosse et ne s'arrête pas une minute, donc, niveau conversation, on repassera. De toute façon, au lieu de profiter de ma soirée, je touille mon cocktail trop sucré en souriant à la perspective de ma visite de Rome… et des bons moments à passer en compagnie de Matis.

J'ai encore du mal à croire qu'il ait accepté ma présence. Il a à faire, et pourtant il va prendre le temps de me montrer les endroits les plus merveilleux de la ville. Il avait même l'air d'être content de ce court séjour. En tout cas, moi, j'ai eu un mal fou à ne rien laisser paraître ! Deux jours et une nuit, rien que lui et moi ! Le pied ! Je me demande si nous partagerons la même chambre ou bien si nous aurons chacune la nôtre. Clairement, je préférerais la première option.

J'adorerais le côtoyer de plus près, j'avoue. J'ai

tellement hâte ! Est-il aussi excité, lui aussi ? Que peut-il bien faire, là ? Oh, bordel, il va vraiment falloir que je me calme ! On dirait une ado en *crush* total, dont les hormones sont en pleine ébullition, sérieux ! Je souris à cette idée, car cela fait des années que je n'ai pas été aussi attirée par quelqu'un. Et il a fallu que ça tombe sur un mec que je ne pourrai jamais avoir…

Mauvaise pioche, Romy !

Bon, la seule chose que je redoute un peu, c'est qu'il y ait trop de blancs pendant le trajet, même si nos conversations sont fluides la plupart du temps. Autant d'heures de route, auprès de lui, ça risque d'être à la fois l'enfer et le paradis.

Mon amie interrompt le fil de mes pensées et vient se coller à moi en hurlant dans mon oreille :

– Finalement, Marco bosse demain matin. Il doit y aller. Tu veux qu'on rentre aussi ?

– Ah, merde ! Pas de sexe endiablé ce soir, alors ?

Mon amie glousse en buvant à la paille son bloody mary.

– T'inquiète, ce n'est que partie remise. Mais tu veux rester avec Fabio, peut-être ? me demande-t-elle en jouant des sourcils.

– Non, il bosse. Je préfère rentrer aussi, vu qu'on part tôt demain matin.

– Tu es sûre que tu ne m'en voudras pas si je ne viens pas avec vous, Sis ?

– Non. Je connais ton allergie à tout ce qui touche à l'architecture et à l'histoire, t'inquiète.

– Bon, tant mieux. Et puis je t'avoue que j'ai bien envie d'inviter Marco à la villa pour les deux prochains jours, vu qu'il termine à midi demain… juste histoire de le pousser au-delà de ses limites, si tu vois ce que je veux dire…

– J'imagine assez bien, en effet, rigolé-je. Mais il est sûr, au moins ?

– Je connais Marco depuis des années, et mon père aussi, d'ailleurs. On s'est rencontrés dès mon arrivée en Italie.

– Oui, mais on ne sait jamais. Et si…

– Et si que dalle, t'inquiète. Soan ne me lâchera la grappe sous aucun prétexte, donc tu peux partir sereine pour visiter tes vieilles pierres, Sis. En plus, connaissant mon père, il va réquisitionner Luigi ou Amber pour passer deux ou trois fois par jour à la villa, donc no stress.

Je suis peut-être parano, mais, depuis que je sais que les lettres anonymes ont repris, je pense qu'il vaut mieux que Maja reste prudente.

Je salue Marco, puis Fabio en lui promettant de revenir un de ces soirs. Ce dernier s'excuse pour son indisponibilité et me promet d'être libre lors de notre prochaine soirée. Il dépose une bise furtive sur ma joue, en se penchant par-dessus le comptoir, me lance un clin d'œil, puis rejoint un client, qui le hèle depuis le coin du bar.

Et moi, je me rends compte que je ne ressens pas grand-chose. Oui, il est beau et sympa, mais ça s'arrête là. Je ne vibre pas. Donc, je ne suis pas sûre d'avoir vraiment envie de mieux le connaître. Je sais, je peux être dure, mais quel intérêt de se forcer ? Aucun, surtout que, si je dois être honnête avec moi-même, un autre homme occupe mes fantasmes en ce moment. Et Fabio ne lui arrive pas à la cheville.

Nous sommes escortées par Soan jusqu'à la voiture. Une fois à la villa, Maja me fait un câlin en me chuchotant de profiter de Rome.

– Mon père peut être relou, mais c'est surtout avec

moi, se marre-t-elle tout bas. Il devrait être sympa et ne pas trop te foutre la honte !

Je secoue la tête et la serre dans mes bras.

– Je n'ai aucun doute, Matis est cool. Bonne nuit, Cookie.

– On se tient au courant par SMS, OK ? Et si je ne réponds pas tout de suite, inutile d'appeler les flics trop vite : il y aura de fortes chances que je sois en train de prendre mon pied dans tous les recoins de cette maison ! Je compte d'ailleurs attaquer par le Jacuzzi…

Faussement exaspérée, je m'apprête à fermer la porte de ma chambre, mais Maja m'interpelle une dernière fois :

– Après tout, chacun son truc : à toi les fontaines, places et autres lieux cultes, mais à moi les allers-retours au septième ciel ! s'esclaffe-t-elle.

– Sale gosse, lui chuchoté-je avant de fermer la porte en souriant.

Grrr, la garce ! Moi aussi, je voudrais bien monter au septième ciel. Surtout que l'ascenseur s'est toujours arrêté au sixième, pour ma part… Pourtant, est-ce que j'échangerais ma place avec la sienne ? Nan, y a pas moyen, sauf si Matis fait partie du programme !

Ben quoi, fantasmer n'est pas interdit, si ?

15

Romy

Je n'ai quasiment pas fermé l'œil de la nuit, trop excitée à l'idée de ce petit périple de deux jours en compagnie de Matis.

Quand je descends, il est déjà l'heure de partir. Du coup, je m'empresse d'avaler un jus d'orange. Il faut dire que j'ai mis un temps fou à choisir quelles fringues emporter… pour finalement rester simple. Après tout, on risque de beaucoup marcher, alors autant être à l'aise.

Et puis ça n'est pas comme si je voulais apporter tout un attirail de vêtements sexy pour lui sortir le grand jeu ! Enfin, quoique… Je dois pourtant bien admettre que, même si je ne me transforme pas en bombe, j'aimerais bien qu'il me trouve jolie. Putain, cette voie sans issue me rend dingue ! Je suis partagée entre l'envie d'attirer son attention et celle de rester à ma place de meilleure amie de sa fille.

Bref, ce matin, j'ai enfilé une robe légère et des sandales. Je sors de la maison et suis toujours aussi étonnée de ressentir cette chaleur écrasante, même de si bonne heure.

L'odeur des roses et du jasmin m'enveloppe. C'est un festival de couleurs et d'odeurs, et j'adore ça. La journée commence sous de bons auspices. Toute guillerette, je rejoins alors notre chauffeur.

James est près de la voiture et me déleste de mon petit bagage. Nous échangeons quelques minutes. Je le découvre encore plus gentil que je me l'imaginais. Il est très prévenant et a un sens de l'humour qui me correspond.

J'éclate de rire quand la porte d'entrée claque dans mon dos. Matis nous rejoint. Il porte un pantalon cargo bleu marine et une chemise blanche à manches courtes qui fait ressortir sa peau, bien plus bronzée que la mienne. Ses avant-bras musclés et puissants sont d'une sensualité affolante. Oui, je sais, c'est trop bizarre, mais j'adore cette partie du corps chez un homme. Ça, et les mains. Parce qu'il n'y a rien de plus sexy chez certains mecs, selon moi. Je m'empêche d'ailleurs de les regarder.

Avec un sourire parfait aux lèvres, il s'approche et nous salue.

– Bonjour, Romy, James. Nous pouvons y aller ?

Ce dernier hoche la tête. Il m'ouvre la portière et prend ensuite place derrière son volant. Et c'est parti. Je n'en reviens toujours pas de pouvoir visiter cette ville qui me semble incroyable… et surtout, que je vais passer tout ce temps avec Matis ! J'ai carrément du mal à afficher un visage neutre. Parce que, soyons clairs, je bouillonne littéralement de l'intérieur. Mon cœur fait des saltos arrière, et c'est un vrai défi de ne rien laisser paraître ! Pourvu que ça dure…

***

Cela fait maintenant une petite heure que nous roulons. Je me laisse bercer par la musique en fond sonore, celle d'une chanteuse italienne à la voix suave, mais que je ne connais pas. Je n'ose pas trop parler, car Matis a sorti son PC portable dès que nous avons démarré, et il a l'air très concentré.

Entre la musique et le léger bercement de la voiture, je sens que je pourrais m'assoupir. Pourtant, je lutte : il ne manquerait plus que je sombre et que je me retrouve la bouche ouverte, à ronfler ! Situation tellement gênante que, si cela devenait une triste réalité, je ne m'en remettrais pas ! Je pouffe intérieurement en imaginant le tableau.

Matis, lui, tape rapidement sur son clavier, même si le pansement à son doigt semble l'embêter. Et voilà : j'ai enfin tout le loisir de détailler ses mains ! Comme je m'en doutais, elles sont sexy en diable : des ongles arrondis et soignés, des doigts fuselés, et un dessus puissant et bronzé à souhait. Mon fantasme en chair et en os.

Il doit s'apercevoir que je le fixe, car il tourne la tête dans ma direction.

– Tout va bien, Romy ?

Je rougis avec l'impression de m'être fait prendre en flagrant délit de « reluquage », ce qui est clairement le cas.

– Oui, oui. Je… me disais que… que ça ne doit pas être évident de taper avec ton pansement.

N'importe quoi ! Ou comment parler pour ne rien dire…

– Ça va, je m'y habitue.

– Tant mieux.

Je hoche la tête, souris bêtement et détourne les yeux vers ma vitre. OK, j'ai peut-être légèrement surestimé ma conviction d'être à l'aise avec lui, car, pour l'instant, j'ai la sensation de n'être qu'un boulet qu'il a accepté de traîner durant deux jours.

Je gigote, mal à l'aise, prends un chewing-gum, scrolle

sur mon portable… Pourtant, je n'arrive pas à me détendre. Son silence m'embarrasse, je n'y peux rien. Je suis comme ça depuis toujours.

Sa voix grave, brisant le silence, me fait alors sursauter.

– Je suis désolé, Romy. Je ne suis pas un compagnon de route des plus agréables, mais je dois avancer sur le projet de ma prochaine carte et je galère un peu. Du coup, j'ai prévu de mettre ces heures de route à profit pour boucler ça dans les temps, tu comprends ?

Mais ce mec lit dans mes pensées ou quoi ?

– Oh, mais oui, aucun souci ! La carte d'automne ?

– Non, celle-ci est bouclée. Là, je travaille sur celle de l'hiver.

– J'imagine que ça ne doit pas être évident de trouver l'inspiration, surtout avec une chaleur pareille !

– C'est exactement ça ! Comment se projeter sur des plats riches et réconfortants quand, par 32°, on ne rêve que de tomates à la mozzarella et de salade de fruits ?

– Aïe ! Oui, en effet, j'avoue. Et tu t'en sors pour l'instant ?

– Honnêtement ? Non ! Cette année, je sèche un peu.

Il souffle et se passe une main lasse sur le visage.

– Mais tu es le seul à décider ? Vous ne travaillez pas en équipe ?

– C'est mon défaut, pour tout te dire. J'aime maîtriser ma carte, même si, évidemment, je ne suis jamais fermé aux conseils d'amélioration de mes chefs lors de la phase test.

– Mais tu n'as jamais essayé de brainstormer ?

– Ce restaurant est comme mon bébé et j'ai à cœur d'être celui qui saura surprendre mes clients, mais aussi mon équipe. Je délègue déjà largement la partie pratique à mes chefs, alors, même si ça peut paraître ridicule, j'ai besoin de m'investir à mille pour cent pour garder mon rôle décisionnaire à ce niveau-là.

– Je comprends. C'est tout à ton honneur.

– Ouais, mais là, je bloque, car il est hors de question de ressortir une carte trop similaire à celle de l'an dernier. Donc, j'espère bien que ce trajet m'aidera à trouver l'inspiration. Évidemment, je veux encore mettre en avant les produits de saison, mais surtout trouver d'autres associations pour subjuguer le palais de mes clients.

– Tu as déjà des idées ?

– Oui, quelques-unes, mais pas de celles qui me donnent envie de les tester, et pour moi, c'est rédhibitoire. Si je ne saute pas sur mon piano de cuisson pour les essayer, c'est que cela n'est pas assez abouti et qu'il faut encore travailler l'idée en elle-même, souffle-t-il d'exaspération.

Un perfectionniste… Je sais ce que c'est d'être frustré de ne pas trouver LE truc qui fera mouche dans une recette. Je suis comme lui à ce niveau-là !

– Tu devrais peut-être essayer de te mettre dans les conditions optimales, alors.

– C'est-à-dire ?

– Je ne sais pas… Enferme-toi dans ton bureau, ferme les volets, mets la clim à fond pour avoir froid et quelques guirlandes de Noël en déco.

Il éclate de rire, mais, voyant mon expression interrogative, il me demande :

– Tu es sérieuse ?

– Ben oui ! Comment se mettre plus en condition que comme ça ?

– J'imagine d'ici la tête de Marissa si je lui demandais un truc pareil !

Raison de plus, si ça peut l'embêter, celle-là !

– Bon, OK, peut-être que tu n'es pas obligé d'aller

jusque-là, mais concentre-toi juste et note tout ce qui te passe par la tête. Attends… je peux prendre la main sur le Bluetooth ?

Il hoche la tête, l'air intrigué, et sourit finalement quand retentissent les premiers accords de « All I Want for Christmas Is You » de Mariah Carey.

– Perso, je n'ai qu'à écouter ce genre de truc et je suis direct dans l'ambiance !

Il lève les yeux au ciel en rigolant, et moi, j'insiste :

– Non, mais sérieux ! Tu ne ressens pas les bonnes vibes de Noël, là ?

– Honnêtement ? Non, se marre-t-il de plus belle.

– Hey ! Interdiction de te moquer ! m'insurgé-je, un peu piquée au vif qu'il ne me prenne pas au sérieux.

– En fait, je ne suis pas très Noël, ça doit être ça !

– Comment ne peux-tu pas aimer le meilleur moment de l'année ?

– Je ne sais pas. Ce n'est pas que je déteste, mais je suppose que c'est plus propre aux femmes de…

– Non, mais c'est quoi, cette remarque sexiste ? Mon père et mon grand-père adorent l'esprit de cette fête, figure-toi, lancé-je du tac au tac.

– Bon, soit. Je n'ai rien à perdre, alors essayons ta méthode, décrète-t-il, visiblement amusé, en levant les mains en signe de reddition.

Il ferme finalement les yeux tout en inspirant profondément.

– Bon. Quelle est la première image qui te vient à l'esprit ? Juste comme ça, sans réfléchir.

Je l'observe et le trouve adorable tandis qu'il plisse les yeux comme pour forcer ses souvenirs. Puis ses traits se détendent.

– Je dirais… le panettone de *mamma*.

– Une brioche italienne, c'est ça ?

Il rouvre les yeux et m'explique :

– Oui. Au matin de Noël, ma mère nous en préparait toujours un, et nous prenions le meilleur petit déjeuner de l'année après avoir déballé nos cadeaux.

– Quel goût avait-il ?

Se prenant au jeu, il ferme de nouveau les paupières et penche la tête sur le côté, l'air concentré. Moi, je le trouve plus craquant que jamais. J'ai tout le loisir de l'observer et je ne perds pas une miette du spectacle. Son visage, son cou puissant, sa poitrine qui se soulève au gré de sa respiration… Mes yeux descendent alors lentement jusqu'à son entrejambe. Mais, me sentant voyeuse, tout à coup, je secoue la tête et me surprends à déglutir avec difficulté.

– C'était délicieux. L'acidité des zestes d'agrumes, le sucré des fruits confits et des raisins, et cette texture moelleuse à souhait. Parfois, elle le proposait même en dessert, accompagné d'un sabayon sucré à tomber par terre. Il était mousseux et d'une légèreté incomparable. Je suis sûr que j'ai gardé sa recette quelque part…

Je souris par mimétisme. Il ouvre les yeux et semble ravi.

– Alors ? Toujours aussi peu convaincu par la méthode Vasseur ? demandé-je en lui faisant un clin d'œil.

– Je m'avoue vaincu, sur ce coup-là. Très bonne idée que ce sabayon, que je compte bien revisiter. Merci, Romy ! Tu es définitivement une magicienne qui a le don de me faire parler.

Contre toute attente, il attrape spontanément ma main et y dépose un baiser, tel un gentleman. Il met même quelques secondes avant de la lâcher. Et moi, je fonds. Je ressens toujours le picotement du contact de ses lèvres et de ses doigts sur ma peau, alors qu'il ne me touche plus.

Penchant légèrement la tête sur le côté, comme pour essayer de me sonder, il plonge son regard profond dans le mien, et moi, je ne peux pas baisser les yeux. C'est comme s'il m'avait happée et que j'étais tout bonnement incapable de faire quoi que ce soit d'autre que de le contempler.

C'est alors qu'une succession de notes graves nous sort de cette drôle de transe en me faisant sursauter.

Foutu mode aléatoire !

Je romps notre contact visuel à regret et mets fébrilement fin au riff introductif de « Seven Nation Army » des White Stripes. Mon cœur tambourine tellement fort dans ma poitrine que j'ai la sensation que Matis peut l'entendre, le silence ayant repris toute la place dans l'habitacle. Il toussote, m'offre un semblant de sourire et se concentre de nouveau sur son PC tandis que, moi, je bous intérieurement.

Certes, j'admets que je fantasme – un peu… beaucoup – sur Matis, mais je réalise surtout qu'un seul de ses regards suffit à me réduire à néant. Le pire, dans tout ça, c'est que j'aurais donné n'importe quoi pour qu'il m'embrasse, là, maintenant, tout de suite, à l'arrière de cette voiture.

Et s'il l'avait fait ?

Je m'empêche de laisser à nouveau mon esprit s'emballer à cette idée et me raisonne en me disant que c'est mieux ainsi. On n'est pas passés loin de la catastrophe…

16

Matis

Nous sommes attablés à la terrasse d'un restaurant. Nous nous sommes finalement arrêtés à Rome pour déjeuner. Je suis à seulement une heure et demie de route de la propriété du producteur et j'ai donc proposé à Romy de la déposer ici afin qu'elle puisse profiter de son après-midi pour visiter certains édifices antiques de la ville. Elle porte un regard émerveillé sur tout ce qu'elle découvre et je trouve ça rafraîchissant. Les gens sont tellement blasés de tout maintenant…

Après que j'ai réglé l'addition, James nous conduit jusqu'à l'hôtel dans lequel j'ai l'habitude de séjourner lors de mes rendez-vous professionnels.

Nous descendons de la berline, et cette fois encore, la jolie Française semble impressionnée par les lieux. Il faut dire que le Palazzo est un bâtiment magnifiquement conservé, à la situation géographique idéale pour visiter la ville à pied. Le Colisée est d'ailleurs à deux pas d'ici.

Le sourire radieux de Romy est contagieux et vaut tous les mots de la terre. Elle me suit jusqu'à la réception de l'hôtel cinq étoiles, où nous sommes accueillis chaleureusement.

– Monsieur Milano ! C'est un réel plaisir de vous recevoir à nouveau au sein de notre établissement. Avez-vous fait bon voyage ?

– Oui, parfait. Merci, Sergio.

– Bien. Je vous ai fait préparer votre suite habituelle, ainsi qu'une chambre pour M. Gallo.

Romy tourne la tête vers moi, incertaine.

– James Gallo, lui précisé-je en souriant.

– Si vous voulez bien me suivre, madame, monsieur.

– Sergio, je vous présente Romy Vasseur, qui va séjourner ici avec moi. Romy, voici Sergio Conti.

– Enchantée, monsieur Conti.

– Moi de même, mais je vous en prie, appelez-moi Sergio, madame Vasseur.

– Si vous m'appelez Romy, c'est d'accord.

– Soit. Je vous en prie, Romy.

Il l'invite à nous précéder dans l'ascenseur. Nous montons jusqu'au dernier étage, puis Sergio nous conduit jusqu'au seuil de notre chambre. Il s'efface discrètement pour nous permettre d'investir seuls la suite et je referme la porte derrière nous. Romy sourit jusqu'aux oreilles.

– Waouh ! Je n'ai jamais séjourné dans un tel hôtel ! C'est tout bonnement magnifique ! Mais c'est trop, Matis : une nuit ici doit coûter…

– Si je ne pouvais pas me le permettre, je ne le ferais pas, donc ne t'inquiète pas avec ça, Romy.

– Vraiment, je suis gênée. Une petite chambre aurait suffi. Je pourrais participer aux frais…

Je sens son malaise, mais il est hors de question qu'elle débourse un seul centime.

– Non. Écoute, je viens régulièrement ici quand je suis à Rome. La deuxième chambre de la suite est généralement occupée par Maja ou James, donc, sincèrement, ta présence n'est en aucun cas un problème, bien au contraire, OK ? Et j'ai juste réservé une autre chambre pour James cette fois-ci, voilà tout.

– OK, me répond-elle, l'air peu convaincu.

– Vraiment, essaie plutôt de profiter sans penser une seule seconde que tu me dois quoi que ce soit, car ce n'est pas du tout le cas. Et en plus, ça me fait *vraiment* plaisir d'être ici avec toi…

Elle hoche finalement la tête.

Je lui fais visiter rapidement les lieux et ouvre la porte de la chambre qui sera la sienne pour la nuit prochaine.

– Oh ! Mais ce lit est immense ! Je pourrais carrément y dormir en travers !

Joignant le geste à la parole, elle s'allonge alors spontanément, les bras en croix, tout en riant. Puis elle se retourne sur le ventre. En appui sur ses avant-bras, ses chevilles croisées et relevées, la Française admire ensuite le panorama qui se déploie devant elle.

– C'est trop beau ! Cette vue est incroyable !

Je suis bien d'accord. Je connais parfaitement le panorama qu'offrent les chambres du dernier étage du Palazzo. Mais, à cet instant, je reste muet parce que ma vue actuelle est bien plus superbe. Je ne vois plus rien d'autre que ses jambes fines et interminables, sa robe remontant jusqu'à mi-cuisses. Instinctivement, mon sexe réagit dans mon pantalon.

Bordel, qu'elle est belle !

Quand elle tourne le visage vers moi, je suis toujours en plein fantasme, la queue au garde-à-vous. Je fais vite volte-face pour qu'elle ne se rende pas compte de l'état dans lequel elle m'a mis sans le vouloir. Je fais mine de chercher quelque chose d'important sur mon téléphone et j'entends qu'elle me rejoint.

– As-tu une vue similaire depuis ta chambre ?

– Heu… oui. Va voir, si tu veux, c'est la porte de gauche, lui proposé-je, toujours le nez sur mon écran.

Bordel, Milano ! Pense à un truc triste, dégueu ou répugnant… vite !

Eh merde ! Savoir qu'elle est dans cette chambre fait au contraire naître toutes sortes d'idées inconvenantes et n'arrange en rien mon érection.

Moi sur Romy, sous Romy, en Romy…

Une seule solution : fuir ! J'envoie donc un SMS à James pour qu'il se tienne prêt.

– Hum… je dois y aller, Romy. Je te dis à ce soir, OK ? annoncé-je d'un ton détaché en me dirigeant rapidement vers la porte d'entrée.

– Oh ! Bien sûr. Mais, Matis ?

– Oui ?

Je m'efforce de paraître neutre, même si la gaule dans mon pantalon me retourne le cerveau. Et je ne veux surtout pas qu'elle prenne conscience de l'effet qu'elle a sur moi.

– J'espère que tu trouveras ton bonheur et que tu seras vite soulagé…

Merde… mais de quoi parle-t-elle ?

– … en faisant affaire avec ce producteur de mozzarella.

– Merci, Romy. Je l'espère aussi. Toi, profite bien de ton après-midi, surtout ! Si tu as besoin de quoi que ce soit, demande à Sergio. Il se fera un plaisir de te renseigner ou de t'aider.

– Merci pour tout, vraiment !

– C'est… un plaisir. Bonnes visites. On se retrouve ce soir. Je t'envoie un texto quand je partirai de là-bas, ça marche ?

– Super. Je ferai en sorte d'être rentrée ! Bonne route et profites-en pour écouter une ou deux chansons de Noël afin de trouver d'autres idées de recettes. Qui sait ? ajoute-t-elle en me faisant un clin d'œil complice.

– Je ne pense pas que ça marchera sans toi, et puis j'ai beaucoup de choses en tête qui risquent de m'en empêcher, avoué-je dans ma barbe. Bon après-midi, Romy.

Ses lèvres s'étirent et moi, je referme vite la porte.

***

Alors que les kilomètres défilent, je suis une nouvelle fois submergé par un maelstrom de pensées on ne peut plus contradictoires. Oui, c'est la meilleure amie de Maja, mais force est de constater que j'arrive de moins en moins à la considérer seulement comme telle. Au contraire, elle m'inspire tout autre chose. Non seulement elle est intéressante, drôle, douce et gentille, mais désormais je ne peux plus nier l'effet qu'elle me fait.

Cette femme a des courbes magnifiques et n'a même pas idée de la sensualité qu'elle dégage. Il va vraiment falloir que je fasse appel à tout mon self-control pour qu'elle ne réalise pas le désir qu'elle m'inspire. J'imagine d'ici sa réaction : elle prendrait peur, la pauvre ! Le père de sa meilleure amie qui bande pour elle. Trop la classe… et surtout hyper déplacé.

Pourtant, c'est vrai. Elle me rend dingue. Dès qu'elle est près de moi, j'ai envie de me pencher vers elle pour la respirer, de déposer mes lèvres contre la peau de son cou. Mes mains fourmillent à l'idée de l'effleurer et mon sexe est au garde-à-vous quand elle est dans les parages.

Cela faisait longtemps que je n'avais pas ressenti de pulsions sexuelles aussi fortes pour une femme. Et il faut que ce soit justement celle qui m'est interdite.

Mon téléphone vibre soudainement et m'annonce un SMS. J'ouvre le message et le lis.

[Je passerais bien la journée
entière dans cette suite
tellement elle est
sublime ! Bonne route !]

En pièce jointe, une photo d'elle prise en selfie, avec la vue de sa chambre sur la ville dans son dos.

Elle semble réellement contente et moi, je souris comme un con, en restant bloqué sur ses lèvres pleines et charnues.

Eh merde ! Cette femme a vraiment le don de me mettre la tête à l'envers. Et même si je ne devrais pas ressentir ça, j'adore !

17

Romy

Assise sur mon lit, je contemple la ville à mes pieds. Que c'est beau ! Je pourrais rester ici, au frais, pendant des heures. La climatisation est définitivement ma meilleure amie dans ce pays.

Mon téléphone émet alors un bip. J'ouvre le message et découvre une photo de l'index de Matis, qui me désigne l'écran de son PC portable. Je zoome et découvre un fichier de recettes, dont celle du fameux sabayon, surlignée.

Je souris bêtement, ravie qu'il prenne le temps de me répondre, et lui envoie un autre texto dans la foulée.

[Je veux bien faire le cobaye
si tu te décides ! 😉
J'adore le sabayon…
PS : je te conseille d'écouter
celle-là pour l'entrée !]

J'envoie un lien en me marrant et sa réponse ne se fait pas attendre.

[Last Christmas de Wham!,
sérieux ? Je veux bien être
ouvert, mais là, c'est un peu
trop me demander. Ha ha !]

Je pouffe toute seule, je me doutais qu'il réagirait comme ça.

[Lol, c'était trop tentant pardon ! 😆
Essaie plutôt cette playlist…]

[Je te l'ai dit, sans toi pour
me mettre dans les bonnes
dispositions, pas sûr que cela
m'aide à grand-chose.
Mais merci quand même, Romy]

[De rien… bon courage à toi !
Bises 😘]

– Eh merde !

Je lui ai envoyé un bonhomme qui fait un bisou cœur ! Réflexe dès que j'envoie « bises » à quelqu'un ! N'importe quoi… Et pourquoi pas un cœur tout court tant que l'on y est ?

Il ne répond pas… Bon, j'espère qu'il ne me prend pas pour une ado attardée sur ce coup-là… Et re-merde !

Bip.

J'ouvre fébrilement le SMS entrant.

[😘]

Youhou !!!

J'entame une danse de la joie, toute seule, en me fichant totalement d'avoir l'air ridicule ou puérile !

Je suis surtout soulagée qu'il ait la délicatesse de me répondre de la même façon.

Plus je passe du temps avec lui, plus il m'est difficile

de réfréner mes fantasmes à son égard. Bref. Je décide de ne pas penser aux choses qui fâchent et, tout à coup, je sais exactement ce que je veux faire de ma journée !

C'est parti pour une virée shopping dans les rues de Rome !

***

Nous nous sommes envoyé plusieurs SMS tout au long de l'après-midi et j'ai adoré ces échanges. Il m'a annoncé que les négociations s'étaient bien passées et qu'il avait fait affaire avec ce producteur dont il garde une très bonne impression.

Une fois rentrée, j'ai à peine eu le temps de prendre ma douche, de me maquiller et de m'habiller. Et ce, dans le but de descendre dîner au restaurant de l'hôtel, comme me l'a proposé Matis par texto.

Sergio m'a confirmé qu'il s'agissait bien d'un restaurant étoilé. Un établissement si chic que je n'avais aucune tenue dans mes bagages qui pouvait convenir.

Heureusement, cet après-midi, j'ai aperçu une très belle robe noire dans une vitrine, et suis alors entrée dans le magasin. Je l'ai essayée et j'ai craqué pour son décolleté en V qui met parfaitement en valeur ma poitrine généreuse. Les bretelles sont en dentelle et l'ourlet quasi transparent de la jupe est en guipure. Arrivant à mi-cuisses, elle est sexy sans être vulgaire.

J'ai envoyé une photo à Maja, qui m'a menacée de mort si je ne la prenais pas, alors je ne me suis pas fait prier longtemps. Même si mon banquier risque d'avoir une crise cardiaque en découvrant cette folie.

J'avais heureusement emporté une paire de sandales

dorées à talons, qui s'accordent totalement à cette nouvelle tenue. Un léger maquillage, une crème parfumée appliquée sur ma peau dorée, un chignon haut coiffé décoiffé et le tour était joué.

Matis passe la porte de la suite à ce moment-là.

– Tu es magnifique ! me dit-il dans un souffle.

Voilà.

Si j'avais le moindre doute concernant cet achat, à cet instant je n'en ai plus du tout, quand je vois la façon dont il me regarde. C'est comme s'il me découvrait pour la première fois. Ses yeux me détaillent et moi, je me sens belle et je m'embrase tout bonnement. On ne m'avait jamais regardée de la sorte et mon corps réagit au quart de tour. Je me consume, totalement hypnotisée par ce regard appréciateur qu'il pose sur moi. Il relève alors les yeux, et je ne peux m'empêcher de passer une langue gourmande sur ma lèvre, que je mordille ensuite, comme pour me convaincre que je ne rêve pas. Ses pupilles suivent cette direction et s'attardent une seconde sur ma bouche, mais soudain, il serre les dents, détourne le regard et m'annonce qu'il va aller se doucher pour ne pas nous mettre en retard.

Merde ! C'était quoi, ça ?

Je sais reconnaître le désir dans les yeux d'un homme et, clairement, même si j'ai du mal à y croire, c'est à nouveau ce que j'ai cru déceler dans les siens.

Se pourrait-il que lui aussi ait eu envie de moi un quart de seconde ?

Quand il sort à son tour de la salle de bains, son parfum embaume l'atmosphère et j'ai du mal à faire abstraction de mon trouble.

Ce soir, je ne voudrais être ni Romy, l'amie de Maja, ni la petite fille qu'il a connue. Je voudrais simplement être une femme qui déguste un magnifique repas gastronomique avec un très bel homme, qui ne serait pas le père de son amie, mais juste son cavalier.

Juste le temps d'un dîner, faire table rase de nos interdits, pour simplement profiter du moment présent. Que nous ne soyons que deux adultes avec de nombreux points communs, qui aiment la cuisine et discutent facilement ensemble.

Voilà, c'est ce que je veux. Un repas avec lui, et ne penser à rien d'autre.

Sans dire un mot, il m'offre son bras et ensemble nous descendons dîner.

Moi aussi je me tais, trop occupée à essayer de calmer le remue-ménage que cet homme fait naître au creux de mon ventre… *et de mes reins*.

18

Matis

Pablo Danza, le chef du Palazzo, est l'une de mes connaissances. Il vient nous saluer pour nous présenter son dessert, qu'un serveur dépose devant nous.

– Pomme d'amour enrobée d'une crème à l'amaretto, sublimée par un nectar de miel, et sa compotée de poires-amandes, déclame-t-il.

Pablo me serre la main avec enthousiasme avant de se tourner vers Romy pour lui faire un baise-main.

– *Chi è questa magnifica donna, Matis ?*[1]

– Romy, mon amie, le renseigné-je, également en italien.

Je ne précise pas qu'elle est surtout l'amie de ma fille, car je connais Pablo et je sais qu'il est un dragueur invétéré. C'est un célibataire dans l'âme et je préfère donc instiller le doute pour qu'il ne la mette pas mal à l'aise avec une drague lourdingue. Enfin, c'est ce dont j'essaie de me persuader, la vérité étant qu'il est surtout hors de question qu'il envisage la moindre ouverture avec elle.

La Française me sonde de son regard magnétique, certainement étonnée de la façon dont je l'ai présentée, mais je feins l'indifférence en amenant Pablo sur un tout autre sujet. Nous parlons de sa carte, mais nous sommes

1. « Qui est cette magnifique femme, Matis ? »

rapidement interrompus par un souci en cuisine. Il s'excuse et fonce vers les deux portes battantes qui mènent à son royaume… sans oublier de lancer un regard charmeur à mon invitée.

Note à moi-même : ce mec n'a aucun principe. Il ne sait même pas si elle est ma copine, et pourtant il n'hésite pas à lui faire du gringue.

Connard…

Une chose que je ne peux pas lui dénier, c'est qu'il a bon goût : Romy est divine et plus belle que jamais ce soir. Et elle n'a pas du tout semblé réceptive au jeu de séduction du chef. Elle ne lui a pas rendu son sourire, et s'est même empressée de détourner les yeux pour les plonger de nouveau dans les miens.

Dans ta gueule, Pablo !

Je sais que c'est totalement puéril, surtout que Romy n'est pas ma compagne, mais c'est plus fort que moi. Je suis ravi de sa réaction et de la douce sensation qu'elle provoque en moi. Elle a ce drôle de don de m'inviter dans sa bulle et de me donner l'impression d'être seul au monde avec elle.

Je passe un excellent moment. J'avoue être sous le charme. Je voudrais que ça ne s'arrête jamais. J'apprécie sa présence au-delà du raisonnable. Pour la première fois depuis longtemps, j'ai la sensation d'être enfin moi, à nouveau.

Plusieurs fois, mes yeux dévient discrètement sur son décolleté. Il est profond, sans être provocant, et incroyablement attirant. J'ai beau essayer de toutes mes forces de ne pas m'y attarder, mon regard est irrémédiablement captivé par sa poitrine.

Contre mon gré, cette vision fait réagir mon sexe systématiquement. Résultat, je bande comme un damné depuis le début du repas. J'ai même arrêté d'essayer de me raisonner, car j'ai bien compris que c'était peine perdue. Cette femme m'attire. Il va juste falloir réussir à ne pas laisser transparaître les idées qui me traversent l'esprit.

Ce qui n'est pas chose aisée, surtout quand, spontanément, elle lèche avec gourmandise sa petite cuillère après l'avoir plongée dans la crème de son dessert. Ce geste anodin envoie directement une décharge dans mon sexe, toujours tendu comme un arc.

Nous dégustons ensuite un macchiato, puis nous prenons congé pour rejoindre la suite. Dans l'ascenseur, je parle pour me focaliser sur autre chose que son parfum délicat et ses jambes élancées, bronzées et parfaitement mises en valeur par ses chaussures à talons.

– Alors, où souhaites-tu aller demain, Romy ?

– À vrai dire, j'aimerais me rendre à la fontaine de Trevi, mais je crois que je vais te laisser me surprendre, vu que je ne connais Rome que de nom, contrairement à toi, j'imagine.

– J'ai étudié ici pendant deux ans, donc, en effet, cette ville n'a que très peu de secrets pour moi. Mais qu'as-tu visité aujourd'hui ?

Nous pénétrons dans la suite, où l'air frais de la climatisation nous accueille agréablement.

– À vrai dire, Maja m'a menacée de me bannir à vie si jamais je ne suivais pas le parcours « spécial shopping » qu'elle m'avait concocté ce matin, en attendant Marco.

– Je reconnais bien là ma fille ! Du coup, tu as trouvé ton bonheur ?

– Oui. Mon banquier va me haïr, je pense ! Mais mon plus gros achat a été cette robe.

Je ne peux m'empêcher de baisser les yeux sur cette dernière.

– Tu as bien fait. Et si tu veux mon avis, c'est toi qui sublimes cette tenue, *bella*.

Elle se met à rosir sous mon compliment et mordille nerveusement sa lèvre. Je crois bien que cette petite manie me fait un effet dingue. Mon sexe se remet à durcir. Je choisis donc d'écourter notre tête-à-tête. Cette femme est comme un bonbon pour un diabétique et je meurs d'envie d'y goûter, alors autant ne pas tenter le diable.

– Bon, eh bien, je pense que je vais bosser un peu, si ça ne t'ennuie pas.

Polie, comme à son habitude, elle hoche la tête, même si je crois déceler du regret dans ses yeux.

– Bien sûr. Merci encore pour le repas, et pour tout, Matis.

– Je t'en prie. Merci à toi de m'avoir fait passer l'une des meilleures soirées de ces derniers mois, avoué-je.

Elle me sourit et je me détourne volontairement. Ma gaule est douloureuse. Cette femme m'envoûte, mais elle m'est interdite. Point.

Mais, putain, c'est fou comme le désir semble décuplé quand on sait qu'on n'a pas le droit de l'assouvir !

***

Déjà deux heures et demie que je suis dessus. J'ai super bien avancé. Il faut croire que la frustration sexuelle agit dans le bon sens sur ma créativité culinaire ! Ça y est ! Il me tarde de me mettre derrière les fourneaux pour tester tout ça. Je sens que mon esprit est libéré de cette pression, et ça fait du bien.

Dans la suite, il n'y a pas un seul bruit, si ce n'est celui de la clim, malgré laquelle j'ai toujours chaud. Je me lève donc du lit, sur lequel j'ai bossé et où traînent des esquisses d'idées de dressage à l'assiette. Je me dirige vers le salon, aux lumières éteintes, où je trouve une bouteille d'eau mise à disposition dans le frigo.

C'est alors que la porte de la chambre de Romy s'ouvre. Je la vois apparaître, lunettes de vue sur le nez, portant simplement une petite nuisette qui ne descend qu'à mi-cuisses et dont le décolleté nargue mon regard.

Quand elle m'aperçoit dans la pénombre, elle sursaute et pousse un petit cri.

– Oh, pardon, je t'ai fait peur ! Désolé. J'étais juste en train de boire de l'eau, me justifié-je alors qu'elle pose sa main sur son cœur.

– Oh, la vache ! T'inquiète, c'est juste que j'ai failli avoir une crise cardiaque ! Je ne m'attendais pas à te trouver là…

– Pareil. Tu ne dors toujours pas ?

– Non, je… En fait, ton idée d'anticiper ta carte de l'hiver m'a donné envie de faire pareil concernant ce que nous allons proposer à nos clients durant cette saison. Je sais que Léon serait ravi que j'avance sur ce point, qu'il repousse toujours jusqu'au dernier moment.

– Et tu as trouvé ?

– J'ai décliné trois bûches, mais il me manque un dessert typique, que j'aimerais bien définir pour le revisiter à la mode bretonne.

– Trois bûches ? Dis donc, tu n'as pas chômé !

– Et toi ?

– J'ai avancé. Il ne me reste plus qu'une entrée et un dessert à définir aussi.

– Génial ! Et tout ça sans ce bon vieux George Michael ? Je suis bluffée !

Je pouffe.

– Ouais, sans lui, m'dame ! Mais là, je crois que j'ai

tellement cogité que je n'arriverai pas à solutionner le reste cette nuit.

– Tu vas dormir tout de suite ?

– Heu, je ne sais pas. Pourquoi ?

– Surtout, ne te sens pas obligé, mais ça m'intéresserait beaucoup de voir comment tu arrives à définir un dessert parce que je sèche. Et comme je me suis mis en tête de faire la surprise à mon patron, tant que je n'aurai pas trouvé, je me connais, je vais tourner et me retourner dans mon lit…

– Je… oui, enfin, si ça peut t'aider, pourquoi pas. Mais…

Merde ! Comment lui dire sans la blesser que, si elle ne se change pas, je risque de lui sauter dessus, comme un animal sauvage sur sa proie ?

– Laisse tomber. J'abuse, pardon ! Tu dois être crevé. T'inquiète, on verra ça à un autre moment.

Et moi, comme un con, je m'entends lui répondre tout ce que ma raison me crie justement d'éviter :

– Non ! OK. Pas de souci. Viens dans ma chambre, si tu veux, j'ai fait quelques croquis…

– Oh ? Super ! Je prends, moi aussi, une bouteille et je te rejoins.

Je retourne dans ma chambre avec la désagréable impression d'avoir oublié un truc… Lui demander de se changer, peut-être ? Bordel, oui, c'est ça ! Je dois être masochiste et inconscient, ça n'est pas possible autrement…

19

Romy

Ça fait des heures que je ressasse, et pas seulement parce que je ne trouve pas d'idées de desserts. Non. J'avoue que mon corps est complètement survolté, depuis cette bonne soirée passée au restaurant. J'ai su, en me couchant, que je serais incapable de trouver le sommeil.

Il faut dire que j'ai du mal à cerner Matis. Mon esprit tourne en boucle et dérive invariablement vers ce drôle de moment où j'ai eu la sensation qu'il me regardait comme une femme. Quand il m'a découverte dans ma robe, j'ai cru déceler du désir dans ses yeux. Ils m'ont détaillée et ont été comme une douce caresse sur mon corps. Une caresse capable de me faire frissonner sans aucun contact.

Alors, depuis, je cogite. Je me dis que j'ai dû rêver. La preuve : il a délibérément interrompu notre soirée pour bosser. Néanmoins, quand je l'ai trouvé en train de boire au goulot, j'ai eu la sensation qu'il me déshabillait de nouveau des yeux. Serait-il possible qu'un homme tel que lui soit attiré par moi ? J'en doute sérieusement.

Mais, bordel, ce qu'il est sexy ! Pieds nus, un pantalon de pyjama tombant bas sur ses hanches, et son torse nu, musclé et légèrement poilu… si viril ! Jamais un homme ne m'a paru aussi attirant que lui ce soir.

Je bois une gorgée d'eau et inspire profondément. Mon

ventre se tord à l'idée de le retrouver dans sa chambre. J'ai lancé les hostilités, à moi d'assurer. Et ce, malgré le fait que je me sente attirée par lui comme jamais.

Je passe alors un peu timidement le pas de la porte. Il est debout, près de son lit, l'air assez nerveux.

Tu m'étonnes !

La meilleure amie de sa fille s'invite en petite tenue dans sa chambre. Quelle cruche je fais ! Je viens seulement de me rendre compte que je ne porte qu'une minuscule nuisette et que ma tenue doit certainement le mettre mal à l'aise.

Je m'apprête à faire demi-tour pour aller enfiler autre chose, mais son regard me cloue sur place. Il semble bloquer un instant sur mes courbes, et moi, pour la première fois de ma vie, je me sens plus désirable et sexy que jamais. Puis ses iris s'ancrent dans les miens. Je ne peux rien faire d'autre qu'espérer quelque chose qui n'arrivera jamais. À tel point que je ne bouge plus, une douce chaleur se répandant de mon ventre à mon entrejambe.

Pourtant, à nouveau, il rompt ce contact visuel en toussotant et m'invite d'un geste à m'asseoir au bord de son lit tandis qu'il se positionne le plus loin possible de moi. Bordel ! Cet homme est une énigme à lui tout seul et j'adorerais percer son mystère.

– Alors, voilà, commence-t-il en tournant le PC dans ma direction. J'ai d'abord décidé que je voulais mettre un velouté à l'honneur. J'ai listé les différents légumes de saison et j'ai tranché pour un velouté de châtaignes dissimulé sous un crumble de noix et d'épices.

– Intéressant…

– Oui. J'ai envie d'ajouter une touche de mystère, de provoquer l'envie de percer la carapace pour découvrir ce qui se cache à l'intérieur, m'explique-t-il avec passion.

Moi, j'interprète ses paroles à ma sauce, perdue dans mon propre délire.

Parce que j'aimerais beaucoup qu'il perce ma carapace pour découvrir ce qui se cache en dessous…

– Et pour ce qui est des desserts, par exemple, je pense proposer, en plus du sabayon, un granité de champagne à la rose pour terminer sur une touche plus fraîche et plus florale.

– Mmmh, champagne et rose ? Sympa, comme association, en effet.

– Oui, pour le goût, bien entendu, mais aussi pour la couleur rose pâle. Je souhaite conserver une certaine harmonie chromatique dans mon menu, et cette couleur m'inspire en ce moment. Elle est on ne peut plus féminine, selon moi. Elle nous ramène à une tendance femme-enfant, et ses nuances ont ce côté séducteur, sans tomber dans l'excès d'un fuchsia, beaucoup plus agressif et provocant, tu vois ?

Ses yeux se posent un quart de seconde sur mes lèvres, à tel point que j'ai l'espoir fou que ces dernières l'inspirent au-delà d'un dessert.

– Je vois, oui…

En réalité, je ne vois rien du tout. La voix rauque de cet homme a un pouvoir inédit qui me fait tirer la sonnette d'alarme. Je me lève prestement de son lit et feins de bâiller.

– Heu, désolée, mais je suis K.O. Merci beaucoup, Matis. Je vais suivre tes conseils avisés, mais là, il est temps que je dorme, je crois.

Lui aussi se lève et me raccompagne jusqu'au salon.

– Alors, bonne nuit ? dis-je du bout des lèvres, préférant écourter mon supplice et avant de faire une connerie.

– Bonne nuit, *bella*. Moi aussi, je vais me coucher, sinon…

Sinon quoi ?

Il toussote à nouveau, mal à l'aise, et je doute tout à coup…

Mais… et si je ne rêvais pas ? Se pourrait-il que…

Il se dirige subitement vers sa chambre. Mon cœur bat à tout rompre à cause de ce non-dit qui en révèle pourtant trop. J'ai besoin d'en avoir le cœur net.

J'attrape alors sa main au vol. Il se retourne, étonné.

– Sinon quoi, Matis ?

– Romy, oublie ça. Je suis, moi aussi, très fatigué et…

Je ne le laisse pas terminer sa phrase. Prise d'une audace que je ne me connaissais pas, j'ose… Je pose mon index sur sa bouche. Puis, du bout des doigts, je caresse les poils de sa barbe naissante et dessine avec légèreté le contour de son visage. Il ne stoppe aucun de mes gestes. Ses paupières sont closes, ses sourcils, froncés.

Je passe donc mon pouce sur la ride du lion qui s'est formée entre ses deux yeux, qu'il rouvre.

– *Bella mia, mi fai impazzire. Cosa mi stai facendo fare ?*[1]

L'air sérieux comme jamais, il murmure ces phrases dont je comprends globalement le sens. Je ne respire plus. Mon cœur s'emballe. Cette proximité tactile me bouleverse. À aucun moment de ma vie, je n'ai autant ressenti ce besoin de toucher quelqu'un. Toutes mes terminaisons nerveuses semblent être en feu. J'en veux plus, tellement plus que c'en est presque douloureux. J'ai conscience de l'allumer, mais c'est plus fort que moi.

Ma bouche s'entrouvre, mais aucun son n'en sort.

1. « Ma belle, tu me rends dingue. Qu'est-ce que tu me fais faire ? »

Intérieurement, je le supplie de me délivrer. Ses yeux descendent plus au sud de mon visage. Lui aussi pose une main sur ma joue. À ce contact, je ne parviens pas à retenir un frisson, qui parcourt délicieusement mon corps. Impossible de réfléchir ou de me retenir. Je ne rêve que d'une chose : goûter à ses lèvres.

– *Oh, merda*, souffle-t-il avant d'avancer son visage vers le mien.

Je ferme alors les yeux et ses lèvres frôlent les miennes en une caresse des plus infimes.

Mais nous sursautons à l'unisson lorsque la sonnerie de mon téléphone se fait entendre : « Bip, bip, c'est moi, Sis ! Qui ? Mais ta *best* ! Allez, décroche ! Décroche, décroche, décroche ! » Maja a encore dû l'enregistrer derrière mon dos, car je la découvre en même temps que Matis, dont les yeux s'écarquillent. Il semble prendre soudainement conscience de notre position.

Et là, c'est la claque du retour à la réalité. Il n'ose même plus me regarder dans les yeux et s'écarte de moi d'un bon mètre, suscitant ainsi un manque terriblement frustrant de mon côté.

Ne t'excuse pas. Surtout, ne t'excuse pas, prié-je intérieurement.

– *Mi dispiace.*[2] Je… je suis désolé, Romy. Tu devrais… répondre à… Je… dois… Je suis navré… Je n'aurais pas dû… *Buonanotte.*

Et il me laisse plantée là, le cœur battant à mille à l'heure et un feu me consumant plus que jamais. Tout se mélange en moi. Ma tête et mon corps semblent en total désaccord. Désir et culpabilité se battent dans un duel acharné.

2. « Je suis désolé. »

Mon portable se remet à « sonner », et c'est en mode automatique, tel un robot, que je décroche.

– Hey, Sis ! Toujours debout ? Alors, tu as enfin trouvé *the* dessert ?

Il y a une demi-heure, j'ai échangé des textos avec elle. Et je n'en reviens pas de ce qui vient de se passer avec son père. Et dire que tout a failli déraper en moins de deux minutes ! Je me force à inspirer en entendant la voix de Maja. Bordel ! Qu'est-ce qu'on aurait fait si elle n'avait pas téléphoné ? Je ne peux pas y réfléchir maintenant, alors je réunis toutes mes facultés pour paraître le plus neutre possible.

– Heu… oui ? Quoi ? arrivé-je à articuler difficilement.

– Tu as trouvé ton dessert ? répète-t-elle.

Oh, oui… Et quel délicieux dessert ! pensé-je en posant mes doigts sur mes lèvres, qui ont pourtant à peine frôlé celles de Matis.

– Oui…

– Oh, ben cool, alors ! Moi qui pensais t'aider, c'est top ! Je vais pouvoir rejoindre Marco. Il dort comme un bienheureux. Le pauvre, je crois que je l'ai exténué !

Je me force à ricaner faiblement.

– Oh, toi, tu es crevée ! Allez, au lit, Romy ! *Buonanotte !* Oh ! Et je me désigne évidemment comme cobaye officiel pour ta future recette, Sis !

– Marché conclu, Cookie. Bisous.

– *Love you !*

Elle n'attend même pas que je lui réponde et raccroche, toute guillerette. Quelque chose me dit qu'elle a passé la soirée que j'aurais aimé avoir… avec son père.

Pfff…

Je m'oblige à souffler et à inspirer profondément pour essayer de déloger la boule qui a élu domicile dans ma gorge. Je retourne ensuite au salon et regarde la porte de la chambre de Matis. Je me fais violence pour ne pas aller le rejoindre, malgré ces sentiments de frustration et d'urgence que je n'ai jamais ressentis aussi douloureusement qu'en cet instant.

Après tout, il a été clair : il regrette. Et moi, je ne me suis jamais sentie aussi mal. Bien sûr, je culpabilise par rapport à Maja. Je m'en veux d'avoir occulté ma meilleure amie le temps de ces quelques délicieux instants volés avec son père. Pourtant, une chose est sûre : j'ai éprouvé, dans chaque cellule de mon corps, à quel point nous étions connectés et avions tous les deux besoin de ce contact physique.

Alors, oui, je comprends ce qu'il a exprimé : je ressens exactement la même chose. Mais j'ai pourtant la conviction intérieure que nos regrets sont simplement de circonstance face à l'interdit de notre situation.

Une chose est certaine : de mon côté, c'est le regret de ne pas pouvoir poursuivre ce que nous avons commencé qui l'emporte sur ma culpabilité…

20

Matis

Quand mon réveil sonne, je l'éteins prestement. Je suis déjà bien réveillé, pour la simple et bonne raison que je n'ai quasiment pas fermé l'œil de la nuit. Le PC toujours sur mes genoux, j'ai peaufiné et terminé ma carte de l'hiver. J'ai éprouvé le besoin de me plonger dans le travail pour éviter à mon cerveau de rester bloqué sur ce qui s'est passé avec Romy.

Félicitations, mon vieux ! Là, tu as fait un carton plein. Un peu plus, et tu commettais une énorme connerie !

Je ne sais même pas comment j'ai pu me laisser aller de la sorte. Une première, pour moi, qui suis un maniaque du contrôle. Hier, cette femme a allumé un incroyable brasier en moi. Jamais je n'avais ressenti un désir aussi puissant et ce, au point d'en oublier qui nous étions, et surtout ce qui nous séparait.

C'est comme si mon corps avait été totalement déconnecté de ma raison. Je me demande jusqu'où cela aurait pu aller si la sonnerie merdique de Maja ne nous avait pas interrompus.

Je frissonne en pensant à ma fille. Il faut clairement que je passe à autre chose. Je suis son père, bordel ! Et j'ai embrassé sa meilleure amie ! Si elle l'apprend, je n'imagine même pas le carnage ! Et à raison, car agir ainsi défie toutes les lois de la morale. Romy m'est totalement interdite, et je dois m'en tenir à cela. Point à la ligne.

J'ai bien perçu cette attraction animale entre nous. Je suis donc à peu près rassuré sur le fait qu'elle le désirait tout autant que moi. Néanmoins, après avoir retourné le problème dans tous les sens, j'ai pris ma décision. Cette situation est bien trop compliquée et il vaut mieux y mettre un terme avant que tout cela n'aille plus loin. Pourtant je crève d'envie de recommencer… Est-ce que cela fait de moi un connard ?

Bordel, je suis censé être le plus mature, non ? Alors, oui : je peux le faire !

Après être passé sous la douche, je pénètre dans le salon de la suite et y trouve Romy, elle aussi déjà prête, positionnée près de la grande baie, en pleine observation de la ville.

Elle m'entend et se retourne en m'offrant un sourire timide. Merde, je n'ai tellement pas envie qu'elle soit gênée de la situation !

– Bien dormi ?

– Heu… pas tellement, j'avoue. Et toi ?

– Pareil… Écoute, Romy, je crois qu'il vaut mieux que nous parlions tout de suite de ce qu'il s'est passé hier soir. Maja est ma fille, et toi, tu es… Bref, tu sais tout ça, mais je… suis désolé. J'aurais dû m'interdire de me laisser aller ainsi. J'ai été faible et j'ai totalement succombé à… Enfin, je suis navré. Ça ne se reproduira plus, ne t'inquiète pas.

– Tu n'as pas à endosser toute la responsabilité de ce que nous avons fait hier, Matis. Je te signale que je suis quand même majeure et vaccinée, et que je sais prendre mes propres décisions depuis bien longtemps déjà. D'ailleurs…

– D'ailleurs ?

– Écoute, si tu ne m'avais pas plu, je peux t'assurer que je ne t'aurais pas laissé tenter quoi que ce soit. Quand je suis fermée, le mec peut toujours ramer.

– OK. J'imagine que tu as raison et que *nous* avons fauté, tous les deux.

– Exactement. Je sais ce que je veux et ce que je ne veux pas. Moi non plus, je ne suis pas zen par rapport à Maja. Elle est ma meilleure amie, et tu es son père. C'est un fait. On ne peut pas en faire abstraction. Mais, bien que j'aie l'horrible sensation de la trahir, de ne pas être une bonne amie, malgré tout, je ne regrette pas ce qu'il s'est passé. Tu n'as peut-être pas envie d'entendre ça, mais c'est la vérité, Matis. Tu m'attires, et même si je sais que rien ne sera jamais possible entre nous, je chérirai le souvenir de ce baiser avorté pendant longtemps. Alors, s'il te plaît, ne t'excuse plus jamais pour ça, d'accord ?

Merde ! Cette nana est décidément surprenante.

Au lieu de minimiser les choses, de se mentir et de se trouver des excuses, comme j'essaie de le faire depuis des heures, elle, elle assume totalement. Je ne suis finalement pas le plus mature des deux, visiblement.

Un coup à la porte nous interrompt. Je vais ouvrir et invite le garçon d'étage à déposer notre petit déjeuner sur la table du salon. Je lui glisse un pourboire avant qu'il ne parte et me retourne vers Romy, qui n'a pas bougé d'un cil.

Une fois encore, je sais ce qui m'attire chez elle. J'ai beau lutter de toutes mes forces, je fonds devant cette femme à la personnalité si douce et forte à la fois, et surtout j'ai bien du mal à rester de marbre face à son corps de déesse.

Elle est simplement vêtue d'un débardeur en soie et d'un short mettant ses longues jambes en valeur. Je prends conscience de la difficulté qu'il va y avoir à tirer un trait sur cette attirance déplacée.

Je me tiens bêtement près du canapé et lui dis :

– Je ne savais pas vraiment ce que tu voudrais, alors j'ai commandé un peu de tout.

– Tant qu'il y a un litre de café, tout me va, plaisante-t-elle, son sourire n'atteignant pourtant pas ses yeux.

– Alors, nous sommes sauvés, déclaré-je en désignant la cafetière pleine.

Et alors que je pensais qu'elle allait me suivre dans ma discussion, volontairement légère, elle me demande :

– Et toi, Matis ? Est-ce que tu regrettes ?

Elle me prend au dépourvu. Je ne sais que répondre à cela. Ses yeux sondent les miens.

– Je suis le père de Maja et tu es sa meilleure amie, alors, comme tu l'as dit, c'est un fait dont nous ne pouvons pas faire abstraction…

Je suis face à elle et, encore une fois, je dois me faire violence pour ne pas la prendre dans mes bras. Néanmoins, j'éprouve le besoin de la rassurer et d'assumer.

– Je pourrais me contenter de te rappeler pourquoi tout cela est impossible, mais tu as été franche avec moi et je te dois la vérité. Oui, je hais cette situation, cette impasse, synonyme de frustrations. Donc, pour être totalement honnête, et même s'il ne sert à rien de le dire, la seule chose que je regrette, c'est que tout cela ne soit pas plus simple, *bella*.

Elle ne répond pas. Elle hoche la tête et, spontanément, se blottit contre mon torse. Ses bras entourent ma taille et elle murmure un « merci » contre ma poitrine. Je l'enlace à mon tour et me contente de respirer son odeur pour ce qui, je le devine, sera notre dernière étreinte. Je suis si bien que je ne sais combien de temps nous restons dans cette position.

Les pensées se bousculent dans ma tête, car, même si nous avons mis les choses à plat, il n'empêche que la connexion que je ressens entre nous est bien réelle, et même plus forte que celle que j'ai pu partager avec d'autres partenaires. Je dois avouer que cet interdit exacerbe ma curiosité et ma soif d'outrepasser mes limites. Résister à cette douce tentation est une véritable torture.

Les mots s'échappent de ma bouche malgré moi :

– *Sei una donna eccezionale. Non capisco perché il destino a volte possa essere così crudele. Grazie a te, bella.*[1]

1. « Tu es une femme exceptionnelle. Je ne comprends pas pourquoi le destin peut parfois se montrer si cruel. Merci à toi, ma belle. »

21

Romy

C'est si bon de sentir son corps contre le mien…

Je savoure ce moment, et lui ne semble pas non plus pressé d'y renoncer. Pourtant, quand il dépose finalement un baiser chaste sur le sommet de mon crâne, je sais qu'il est temps de mettre fin à cette étreinte si agréable. Je me recule donc à regret.

– Tu as les yeux violets, déclare-t-il soudain, l'air grave, comme si cette constatation était problématique, ce qui me prend un peu au dépourvu.

– Heu… bleus. Mais, comme ceux de ma mère, selon la lumière, ils peuvent prendre des reflets mauves, oui. Pourquoi ?

– Juste comme ça. Ce matin, ils sont plus violets que jamais, en effet, me dit-il en serrant les mâchoires, comme si ce fait représentait une torture pour lui.

Alors, comme s'il avait besoin de s'occuper les mains, il sert un café et me le tend gentiment. Je souris pour le remercier, mais l'atmosphère a changé du tout au tout, et j'en suis triste. Les mains autour de ma tasse fumante, je reste plantée là, debout près du canapé, comme une idiote, le cœur battant à tout rompre. Une envie de pleurer submerge tout mon être.

Même s'il se passait quelque chose entre nous, ce ne serait qu'éphémère. Succomber serait facile, mais cela vaut-il le coup de mettre en péril ma relation avec ma meilleure amie ? Et puis ne risquerais-je pas de tomber éperdument amoureuse de celui qui semble en tout point correspondre à ce que j'attends d'un homme ? Devoir le quitter serait alors difficile, mais sa vie est ici, et la mienne, en Bretagne.

Lorsqu'il a fini de se servir, il vient se positionner devant la fenêtre. Je devine à sa posture raide qu'il est tendu. Je déteste ça. Je voudrais que rien ne vienne entacher cette journée qu'il nous reste à passer à Rome. Alors, spontanément, je me rapproche de lui. Alors que je ne suis plus qu'à quelques centimètres, je ne bouge plus. Je suis incapable d'amorcer le moindre geste ou d'opérer un demi-tour.

J'ai l'impression d'être la déesse Thémis avec sa balance : d'un côté, mon cœur, et de l'autre, ma raison, qui pour l'instant vacille un coup à droite, un coup à gauche, peinant à trouver un juste équilibre…

Les épaules de Matis s'affaissent. Je sais qu'il ressent ma présence de la même façon que moi, la sienne. Il soupire doucement. Je suis consciente que je ne lui facilite pas la tâche, mais c'est plus fort que moi. Pour la seconde fois en quelques heures, je laisse mon corps prendre le pas sur la sagesse et pose une main sur son épaule.

Il opère lentement un demi-tour et se positionne face à moi. Ses yeux s'ancrent dans les miens. Moi, je reste là, figée, le cœur battant à tout rompre, incapable de prononcer un seul mot pour justifier mon attitude. Tout s'embrouille dans ma tête.

On a dit stop. Je devrais m'en tenir à cela. Néanmoins, je m'entends lui suggérer quelque chose bien loin de mes principes habituels.

– Et si… une fois. Juste… une fois.

Pitoyable ? Désespérée ? Peut-être, mais je m'en fiche. Au pire, il me dira non.

Il hésite quelques secondes, ses yeux sondant les miens.

– Je ne crois pas que ce soit une bonne idée, *bella*, lâche-t-il finalement.

Il se détourne et dirige de nouveau son attention sur la ville.

OK. Ça, c'est fait. Game over. C'est clairement la lose totale ! Voire le moment le plus gênant de ma vie !

Je hoche la tête le plus dignement possible – même s'il ne me regarde plus – et recule pour regagner ma chambre afin de m'y cacher, telle une petite souris.

Une boule se forme dans ma gorge, à tel point que j'ai du mal à déglutir. Je serre les dents pour ne pas craquer.

Mais qu'est-ce qu'il m'a pris ?

Je pose machinalement ma tasse sur une console et je me concentre de toutes mes forces pour reprendre la main sur mes émotions quand j'entends ma porte s'ouvrir. Je me retourne et lis alors un tel désir dans les yeux de Matis que, sans qu'il ait besoin de prononcer un mot, j'ai la certitude qu'il a changé d'avis. Sa respiration saccadée, comme s'il était essoufflé, trahit son agitation intérieure.

Il s'approche d'un pas déterminé et, en frôlant mes lèvres des siennes, me glisse :

– *E merda ! Non posso dire di no a questa proposta allettante, bella.*[1]

Il m'embrasse dans le cou. Doucement, sensuellement.

– Une fois, rien qu'une fois, répète-t-il d'une voix grave.

Nul besoin de répondre. De toute façon, il ne m'en laisse pas l'occasion. Sa bouche fonce sur la mienne,

---

1. « Eh merde ! Je suis incapable de dire non à cette proposition tentante, ma belle. »

comme si sa vie en dépendait. Il me surplombe tel un prédateur, et moi, proie consentante, je m'offre à lui.

Je serais bien incapable d'être raisonnable tant mon corps me supplie de lui donner ce qu'il attend si cruellement depuis hier, voire depuis le moment où j'ai posé les yeux sur lui, à l'aéroport.

Une seule petite fois. Juste lui, moi, et ce *nous* contre lequel nous décidons de ne plus lutter le temps d'un moment volé.

Les dés en sont jetés.

22

Matis

Il n'aura fallu qu'une seconde pour balayer toutes les bonnes résolutions que je m'étais répétées en boucle depuis cette nuit. Mais mon désir pour elle est bien trop puissant pour que j'envisage une seule minute de ne pas y céder. Comment résister à une telle proposition ?

Je la guide vers son lit. Elle se laisse doucement tomber sur le matelas et s'allonge. Je la surplombe, les bras positionnés de chaque côté de son visage, et je goûte enfin avec délectation à ses lèvres délicieuses. Ma langue se fraie un chemin afin de taquiner la sienne, qui ne se fait pas prier pour lui rendre ses caresses.

Je ne veux plus laisser un seul petit centimètre me séparer de son corps, de sa peau veloutée. Mon bandage au doigt me fait d'ailleurs royalement chier à cet instant. Je désire tout ressentir, et plus encore. Je veux la caresser, bien entendu, mais aussi la goûter, la respirer, l'entendre gémir. Bref, je souhaite utiliser toute la palette de mes cinq sens !

Je sais que je devrais faire durer le plaisir, mais j'en suis tout bonnement incapable. Je suis en transe, totalement possédé par un désir qui me dépasse. Et elle me le rend bien. Elle gémit, et ce son me rend fou. J'aime les femmes expressives.

Sa langue m'allume en retour et taquine la mienne

dans un ballet des plus érotiques. Je romps presque à regret ce moment, mais je suis trop impatient de découvrir son corps. Je dépose alors une myriade de baisers le long de son cou.

– *Hai un profumo delizioso.*[1]

Elle se redresse légèrement, le temps, pour moi, de faire passer son débardeur en soie par-dessus sa tête. Aucun soutien-gorge pour constituer un obstacle entre moi et sa poitrine ronde.

– *Perfetto.*

Ma main gauche s'empare de son sein avec gourmandise. Je ne résiste pas à l'envie de faire connaissance avec son téton déjà dressé. Je le lèche, le mordille, le suce, avant d'infliger le même traitement au deuxième. Romy soupire et ronronne en bougeant son bassin contre ma queue. Et moi, j'ai l'impression d'être redevenu cet adolescent impatient et passionné que j'étais.

Je me redresse légèrement et entreprends de lui enlever son short. De l'index gauche, je suis la fermeture à glissière, puis je la fais descendre lentement. La peau qui apparaît, en bas de son ventre, me tente tellement que je ne résiste pas à l'envie d'y poser mes lèvres. J'attrape ses fesses d'une main et fais glisser le morceau de tissu le long de ses magnifiques jambes. Son souffle s'accélère. Elle halète, anticipant le plaisir que je vais lui donner. Ma queue me fait mal tellement je la désire… Ses yeux violets me crient leur besoin, leur envie de moi. Là, maintenant, tout de suite. Et ça me rend complètement fou.

La découverte de sa culotte sexy, en dentelle noire, ne m'aide en rien à calmer ma fougue, mais je veux lui

1. « Tu sens délicieusement bon. »

donner le plus de plaisir possible. Ses mots reviennent chanter à mes oreilles : « Une seule fois. » Impossible, donc, de vivre ce moment à moins de mille pour cent. Non, je veux profiter un maximum de cet instant volé et unique.

Doucement, je fais voyager le sous-vêtement le long de ses jambes élancées et découvre son sexe parfaitement lisse.

Putain… Tout ce que j'aime !

Puis je me concentre sur le point névralgique de son plaisir. Je stimule son clitoris du bout du majeur et je constate à quel point elle est trempée. J'introduis alors un doigt en elle. Elle remue son bassin pour m'encourager à aller plus loin, plus fort. Bordel ! La regarder se tortiller sous mes doigts est une épreuve pour mon self-control.

Tout en l'embrassant d'une façon tout à fait indécente, j'enfonce deux doigts en elle. Elle se cambre en gémissant.

– Matis, j'ai envie de toi… J'ai besoin de… plus, souffle-t-elle.

Elle se redresse légèrement et fait passer mon tee-shirt par-dessus ma tête. Sa bouche dépose des baisers sur mon torse alors qu'elle déboutonne mon pantalon à la hâte. Ses doigts frôlent mon sexe, qui bande comme jamais, et je n'ai qu'une obsession : la posséder sur-le-champ.

Je devrais faire durer le plaisir des préliminaires, mais sa supplique fait écho à mon propre désir de fusionner avec elle le plus vite possible.

– Dans mon sac, des préservatifs, là…

J'en attrape un et baisse mon pantalon avec mon boxer. Romy est offerte à moi, ses cheveux en bataille étalés de part et d'autre de son visage et son corps si sexy n'attendant que moi.

J'installe la protection sur ma verge, sous son regard brûlant. Ma queue dans la main, je la frotte contre son sexe trempé. De mon autre main, je lui caresse les seins, et soudain, c'en est trop.

Alors, je m'enfonce doucement en elle. Elle mordille sa lèvre inférieure. Je m'immobilise quelques secondes. Mon sang pulse dans mon pénis, mais je souhaite qu'elle soit la maîtresse du jeu. La nature m'a plutôt gâté, et je ne veux pas qu'elle se sente mal. Alors, je me mets en pause, j'attends, mais rapidement, elle approche ses lèvres des miennes, en se redressant légèrement, resserrant ainsi ses muscles intimes autour de mon sexe. Je lâche un gémissement rauque de plaisir, qui semble l'encourager, car elle sourit et passe la langue sur sa lèvre supérieure, arborant ainsi une expression on ne peut plus coquine.

Elle remue son bassin dans un déhanchement insupportablement excitant. Puis elle se rallonge pour me permettre de la pénétrer plus profondément. Je caresse ses beaux seins ronds, pour lesquels je développe une vénération certaine. C'est une première pour moi. Bizarrement, je n'ai connu que des femmes ayant de petits seins. Or, je me rends compte que j'adore particulièrement le galbe des siens.

Romy remue de plus belle sous mes assauts, et alors qu'elle s'agrippe aux draps défaits du lit, je ne me retiens plus. Je la pénètre plus fort et profondément. Elle gémit lascivement et je laisse échapper des grognements de plaisir.

Cette vision d'elle totalement offerte à moi, soumise, me rend fou. Elle halète et ses yeux violets me supplient de la délivrer. Sa langue caresse langoureusement ses lèvres, que je capture avec ma bouche.

Ma queue pulse violemment en elle et elle m'offre une version d'elle des plus sublimes alors qu'elle crie mon prénom dans la jouissance.

– Matiiis, ouiiiii !

Synchronicité assez rare, pour une première fois, et qui démontre, dans une conclusion en apothéose, notre alchimie sexuelle évidente.

Putain ! Je suis au paradis et je voudrais ne jamais me réveiller !

23

Romy

Les yeux clos, je peine à retrouver une respiration moins saccadée. J'ai la sensation d'être totalement en apesanteur. Jamais je n'ai joui aussi puissamment. Je voudrais rester dans cet état de béatitude encore quelques secondes avant de revenir sur terre. Je ne parviens pas à arrêter de sourire et je m'en fous.

Mes jambes sont toujours enroulées aux siennes et les battements de mon cœur s'accordent finalement aux siens, reprenant peu à peu un rythme normal. Il se décale, sans toutefois me lâcher, et remonte le drap sur nos deux corps.

J'ouvre enfin les yeux et découvre son visage positionné en face du mien. Il écarte délicatement une mèche de mes cheveux à l'aide de son pouce et la glisse derrière mon oreille, puis il caresse ma joue et me demande :

– Est-ce que tout va bien ?

– Mieux que bien, ça existe ?

Il me répond en faisant apparaître cette adorable fossette au creux de sa joue. Ses doigts caressent paresseusement mon bras, et je me rends compte que j'adore sa tendresse. Aucun de mes amants ne s'est jamais inquiété ainsi de mon bien-être, juste après m'avoir fait l'amour, et je crois que je pourrais y prendre goût. Surtout quand il ajoute :

– Tu es… à part, *bella*.

Il me dévore du regard, et je me sens enfin belle dans les yeux de quelqu'un.

Son côté tactile m'encourage. À mon tour, je tends la main vers sa tempe, que j'effleure du bout des doigts. Je descends ensuite le long de sa joue pour venir frôler sa clavicule. Sur son pectoral droit, je dessine le contour d'un tatouage que je découvre seulement maintenant et qui englobe son épaule. C'est un dessin mêlant style tribal et mandala. Je suis fascinée par la délicatesse des traits qui, paradoxalement, prodigue une impression de puissance à l'ensemble.

– C'est magnifique !

– Je l'ai fait faire il y a quelques mois. Il signifie beaucoup de choses pour moi.

Je n'ose pas lui en demander davantage de peur de paraître intrusive.

– Tu sais que, moi aussi, j'en ai un ? Même si j'avoue que je fais un peu petite joueuse si je le compare au tien.

Il hausse un sourcil. Moi, je suis ravie, car je sens bien que j'ai piqué sa curiosité. Je me positionne alors sur le ventre et j'attends sans esquisser le moindre mouvement, silencieuse.

Je sens qu'il descend le drap jusqu'à la naissance de mes fesses et je souris, car je me doute qu'il fait de même.

– Magnifique cupcake !

Je pouffe. Il se redresse et ses doigts effleurent ma peau.

– Il me fallait quelque chose pour symboliser ma passion pour la pâtisserie, donc…

– C'est mignon. Mais surtout, il est très réaliste, on en mangerait…

J'ignore volontairement les picotements que ses mots provoquent dans mon bas-ventre et lui donne des explications.

– C'est Fred, un tatoueur breton, qui me l'a dessiné. L'effet réaliste et gourmand est voulu. J'ai préparé mon cupcake préféré, et Fred l'a reproduit en 3D, en utilisant les couleurs quasi exactes de l'original.

– Ce mec est clairement doué.

– Tu n'imagines pas le nombre de fois où Maja m'a tannée pour que je lui en prépare ! Enfin si, c'est assez simple, vu que c'est à peu près à chaque fois qu'elle me voit en maillot, pouffé-je, me rendant compte trop tard de ce que je viens de dire.

La tête posée sur l'oreiller, j'attends, le cœur battant, espérant ne pas avoir gâché l'ambiance en parlant de celle qui nous lie et nous sépare à la fois.

– Eh bien, moi, il me donne surtout envie d'y goûter, reprend Matis en déposant un baiser sur mon épaule.

Sa langue prend ensuite le relais, en trace les contours. Je m'enflamme en une seconde chrono. Je retiens ma respiration alors que ses lèvres déposent à présent des baisers le long de ma colonne vertébrale, descendant avec une lenteur insupportable vers mes fesses. Bordel ! J'ignorais qu'il était possible de désirer un homme un peu plus à chaque fois.

Un soupir m'échappe. Le drap s'évapore et Matis fait courir ses mains sur mes jambes, sans arrêter d'embrasser ma peau. Je suis incapable de bouger, de me retourner ou de prononcer un seul mot. Je le veux, lui, et juste lui, encore et encore, et ce, même si je sais déjà que ça sera compliqué de dire adieu à ces moments d'intimité quand il le faudra. La raison voudrait que… Pourtant, alors qu'il se positionne au bout du lit et que ses lèvres vénèrent mes chevilles, l'arrière de mes genoux, mes cuisses, je ne peux que gémir et accueillir cette nouvelle vague de désir.

Je suffoque. Une fois ne suffira pas. Deux fois non plus, je le crains. Je suis dans la merde… Mais là, tout de suite, je m'en fiche. Pire, j'en redemande et je valide !

Après tout, c'est vrai, quoi : une fois de plus ou de moins, qu'est-ce que ça change ?

24

Matis

Je ne cherche même pas à résister à mon envie d'elle. Cette femme est la tentation incarnée.

Alors qu'elle est toujours allongée sur le ventre, ma langue se promène de ses cuisses jusqu'au galbe de ses fesses. Le gémissement qu'elle ne retient pas termine de m'encourager à céder une nouvelle fois à l'appel de son corps sublime.

Visiblement, nous sommes sur la même longueur d'onde : elle aussi semble partante pour un deuxième round. Rien n'est plus agréable que d'être raccord avec sa partenaire. Surtout que je suis loin d'être rassasié d'elle tant son corps m'inspire des idées toutes plus délicieuses les unes que les autres.

J'écarte doucement les cuisses de la jolie Française, puis mon index explore les replis de son sexe, à nouveau trempé.

– Mmmh, oui…

La faire gémir est plus puissant que n'importe quel aphrodisiaque. Quand je la pénètre d'un doigt, elle se cambre et me supplie :

– S'il te plaît, Matis, oui…

– *Impaziente…*

Je dépose un baiser sur sa fesse, que je mordille, ce qui lui fait soulever le bassin. Je trace alors une ligne imaginaire de sa fesse à sa cuisse. C'est trop bon. Je meurs d'envie de la goûter, mais je me contente d'explorer l'intérieur du haut de ses jambes divinement douces.

– Mmmh…

Elle remue le bassin pour essayer de me guider silencieusement. Alors, je ne me fais pas prier et la positionne sur le dos. Elle m'offre un sourire sexy, que je capture avec ma bouche, puis je dévale ses seins, son ventre, jusqu'à enfin atteindre mon Graal.

Ma bouche se fraie alors directement un chemin entre ses lèvres trempées de désir. Elle se cambre de plus belle, offerte aux assauts de mes coups de langue. Je la lèche, la découvre, la marque de ma salive. Je veux qu'elle se souvienne de ce moment, et je ne veux rien oublier, moi non plus.

J'enfonce deux doigts en elle. Elle se redresse pour me regarder, comme subjuguée. Elle passe la main dans mes cheveux, et moi, sans la quitter du regard, je lèche son bouton gonflé de désir, encore et encore. Et soudain, je sens qu'un orgasme la terrasse quand elle se contracte autour de mes doigts en criant mon prénom.

Putain ! Je pourrais jouir juste en la regardant prendre son pied. Cette femme est hypnotisante.

Le souffle court, je remonte un peu plus haut sur le lit et l'embrasse. Elle a un moment d'hésitation, mais finalement taquine ma langue en retour, goûtant ainsi à sa propre saveur. Je bande comme un damné, mais je la laisse reprendre ses esprits alors qu'elle se love contre mon corps, sa cuisse se positionnant sur ma jambe.

Sa main caresse les poils de mon torse et descend plus bas, bien plus bas, jusqu'à trouver mon sexe dressé. Elle l'effleure, et c'est un doux supplice. Elle ne va pas droit au but. Au contraire, elle me soumet à la torture délicieuse de l'attente. Elle passe son pouce sur l'extrémité de ma verge et étale, avec une lenteur absolue, la goutte de liquide qui perle au bout de mon gland. Elle me frôle plus qu'elle ne me touche, et moi, je bous. J'en veux plus.

Ses gestes ne sont pas affirmés, mais ils me font un effet dingue. Sa douceur, sa beauté, tout me rend fou.

– *È divino, bella.*[1]

Elle plante son regard dans le mien et me sourit d'un air si coquin qu'il me fait totalement craquer. Elle prend tout son temps pour couvrir mon ventre de légers baisers. Elle vénère la ligne de mes poils sous mon nombril. Tout comme moi, quelques instants plus tôt, elle semble suivre une direction bien précise, dont j'attends avec fièvre la ligne d'arrivée.

Ses lèvres frôlent l'intérieur de mes cuisses. Quand elle assène un premier coup de langue sur mon gland, ma queue tressaute, et c'est à mon tour de la supplier.

– *Consegnami, Romy.*[2]

Sa langue lèche alors mon sexe sur toute sa longueur. Elle l'engloutit, et j'ai l'impression d'être au paradis. Elle me suce à sa façon : doucement, fébrilement, délicieusement.

Elle a la même expression quand elle savoure une sucrerie. Comme ce tiramisu dégusté l'autre jour, chez Nicco, et qui lui a arraché tant de gémissements approbateurs. Elle a les yeux légèrement plissés et cet air gourmand… L'observer me précipite un peu plus au bord d'un doux abîme, où il est pourtant hors de question de plonger sans elle.

Je lui intime de s'arrêter et elle obéit. Elle passe une langue aguicheuse sur ses lèvres gonflées de m'avoir

1. « C'est divin, ma belle. »
2. « Délivre-moi, Romy. »

sucé, et je les prends d'autorité. Nos langues se retrouvent et dansent un ballet insatiable.

À présent positionnée au-dessus de moi, Romy remue et frôle langoureusement ma queue, qui répond avec ardeur à ses caresses.

– Matis, j'ai envie de toi… J'ai besoin de te sentir en moi, me souffle-t-elle.

Je nous décale légèrement sur le lit et attrape un nouveau préservatif dans son sac, que j'enfile rapidement. Romy s'est allongée sur le dos et je la domine une nouvelle fois de mon corps.

Mon pénis, que je tiens dans la main, se frotte contre son sexe trempé. Je m'enfonce alors doucement en elle, mais cette fois elle me montre ce qu'elle veut. Elle bouge son bassin d'une façon délicieuse et se rallonge pour me permettre de la pénétrer plus profondément. Je caresse ses beaux seins ronds, pleins et fermes.

Romy remue de plus belle sous mes assauts et je ne me retiens plus. Je la pénètre avec plus d'ardeur. Elle gémit sensuellement, et moi, je grogne de plaisir en faisant coulisser ma queue en elle de plus en plus fort. Nos corps claquent l'un contre l'autre. Je suis obligé de fermer les yeux pour essayer de contenir ma jouissance, qui menace de me terrasser.

– Oh, ouiii… Matiiiiis…

Je soulève les paupières et je sens soudain son corps se tendre alors qu'elle crie mon prénom pour la deuxième fois en cette matinée surréaliste. Alors, j'explose à mon tour et jouis en enfouissant ma tête au creux de son cou.

– Mmmh, *siiii*, Romy.

Santa merda ![3]

---

3. « Putain de merde ! »

Notre alchimie est juste étourdissante. J'ai l'impression de redécouvrir le sexe. C'est comme si chaque atome de mon corps voulait ne faire qu'un avec son corps. À tel point que je me demande, d'ailleurs, si j'ai vraiment déjà vécu ce sentiment de plénitude incroyable…

25

Romy

Je me suis endormie. Eh merde ! Moi qui reproche ça tout le temps à mes amants, voilà que je fais la même chose.

La lose !

Il faut dire que cette deuxième fois a été encore plus intense que la première et m'a littéralement fait perdre toute notion de la réalité. Black-out total au paradis. Mais la question est : combien de temps ai-je dormi ?

J'ai peur de soulever ne serait-ce qu'une paupière. Je glisse alors ma main discrètement sur le matelas, à ma droite. Rien. La place est vide. J'ouvre les yeux, me redresse vivement et constate que je suis en effet seule dans ce grand lit. Ma montre m'indique qu'il n'est même pas dix heures, ce qui me laisse penser que je ne me suis assoupie que quelques minutes.

Ouf !

Je tends l'oreille : de l'eau coule dans la salle de bains. Je laisse retomber ma tête sur l'oreiller moelleux et ne peux empêcher un sourire d'éclore sur mes lèvres. J'envisage même de me lever, nue comme un ver, et de le rejoindre sous la douche afin de poursuivre ce que nous faisons si bien. Mais je me ravise, pas assez sûre de moi sur ce coup-là.

Des images de nos ébats me reviennent en mémoire,

et j'en rougis de plaisir. Mais l'eau est coupée et mon cœur fait une embardée. Comment réagir à présent ? Je n'ai jamais eu de coup d'un soir, et c'est la première fois que je suis confrontée à ce fameux moment de « l'après ».

Je n'ai pas le temps de me poser plus de questions que déjà Matis pénètre dans la chambre, une simple serviette nouée autour de ses hanches et les cheveux mouillés.

Oh. My. God. So sexy !

– Oh, mince ! Tu es réveillée ? J'espère que je n'ai pas fait trop de bruit.

– Non, non, je me suis juste assoupie quelques instants. D'ailleurs, c'est une chose que je n'aime pas beaucoup, en général…

– Moi aussi, j'ai failli sombrer. C'est pour ça que j'ai filé sous la douche, m'avoue-t-il en venant s'asseoir près de moi.

Un ange passe. Je lui confesse :

– Je ne suis pas une adepte du *one-shot*, Matis, alors désolée si je suis maladroite, mais je ne sais pas trop comment réagir, à vrai dire…

– Comment ça ? Avec moi ?

– Oui. C'est assez… perturbant, tout ça.

– Je sais, *bella*. Moi non plus, je ne suis pas coutumier du fait, mais peut-être que nous pourrions simplement, je ne sais pas… juste nous dire les choses. Par exemple, comment vois-tu la suite de la journée ?

Dans ce lit, toi en moi, le plus souvent possible ?

Merde ! Je me sens rougir face à mes pensées. Lui semble lire en moi, car il me sourit d'un air coquin, ce qui ne m'aide pas à trouver une réponse plus adéquate.

Il attrape alors ma main, la retourne et, délicatement, dépose un baiser à l'intérieur de mon poignet.

– Je ne serais pas contre l'idée de rester dans cette

chambre, mais ça serait dommage de ne pas visiter Rome. Et nous devons rendre la suite avant midi, de toute façon…

Je peine à réfléchir, surtout qu'il a emprisonné ma main dans la sienne. Or, avec lui, tout frôlement est un appel à la débauche. Je ferme donc les yeux et m'enjoins d'écouter ma raison. Mais, quand je sens ses lèvres se poser sur ma joue, puis dévier dans mon cou, je sais que je suis foutue.

Je rouvre les paupières et lui murmure au creux de l'oreille :

– Deux heures avant de rendre la chambre… et ça nous laisse l'après-midi pour visiter, non ?

Il me répond d'une voix rauque :

– As-tu seulement un défaut, Romy Vasseur ?

Il se relève et laisse tomber sa serviette, se dévoilant alors entièrement nu face à moi. Bordel ! Ce mec est un apollon. J'aime particulièrement la force qui émane de son corps musclé sans excès. Son torse puissant me séduit tout particulièrement, ainsi que ses poils, symbole de la virilité pure qui émane de lui. Mes yeux descendent et détaillent sa peau bronzée, puis se posent sur son ventre, aux abdominaux dessinés, avant de s'attarder sur sa verge, à nouveau fièrement dressée pour moi. Cet homme est increvable.

Il vient s'allonger au-dessus de moi, me surplombant, ses deux mains de part et d'autre de ma tête. J'adore cette position, mais j'éprouve tout à coup l'envie d'inverser un peu les rôles.

Je le fais donc basculer sur le dos et dépose quelques baisers, que je rends volontairement très voluptueux, dans son cou. Ma langue se fraie ensuite un chemin vers la toison de son torse, dessine les contours de ses tablettes de chocolat, pendant que lui grogne par anticipation.

Je tente de photographier chaque parcelle de sa peau, de mémoriser son odeur, sa douceur. Enfin, je me glisse plus bas pour goûter encore à son sexe épais. Je le lèche lentement sur toute sa longueur. Je prends mon temps avant de l'engloutir et d'amorcer de longs et lents va-et-vient dans ma bouche.

Il gémit, et cela m'encourage à être plus audacieuse. J'ai envie de le rendre dingue à mon tour. Je le prends plus profondément. Il soulève le bassin, posant sur moi un regard brûlant. Ma main le caresse doucement, lascivement, et quand je le vois plisser les yeux et mordre sa lèvre en grognant de plaisir, je m'enflamme. Il ne me touche pas, et pourtant je suis en feu. J'ai besoin de soulager le désir qui étreint mon bas-ventre. Alors, je me décale et pose ma main sur mon propre sexe trempé. Lui n'en perd pas une miette et bande de plus belle.

– *Oh, bella, sì, accarezzati*[1], murmure-t-il en se redressant sur ses coudes.

Je le suce et me masturbe comme si cela était tout à fait banal, alors que c'est la première fois que je le fais devant quelqu'un. Mais la pression est si forte et sa demande si claire que je ne résiste plus et concentre mes caresses sur mon clitoris gonflé.

Je veux le faire jouir dans ma bouche. Je n'en ai jamais eu envie auparavant, mais ce besoin me paraît presque vital aujourd'hui. Ce moment est d'une sensualité affolante. Je me sens plus désirable que jamais.

Tout à coup, il me prévient :

– Attention, *bella*. Arrête, je ne vais pas tenir longtemps comme ça…

Alors, mes yeux plongés dans les siens, je continue

1. « Oh, ma belle, oui, caresse-toi. »

mon petit manège sous son regard hésitant. Moi, je n'ai aucun doute.

– *Bella*... me prévient-il à nouveau.

Je ne tiens compte de rien d'autre que de sa queue tendue et de mes doigts, qui s'activent en moi désormais.

– *Sei meravigliosamente sexy, mia bella.*[2]

Ces mots, cet accent, cette langue et ce ton suppliant et si grave ont raison de moi. J'accentue mes caresses. Quand une nouvelle vague de jouissance me libère, je sens au même instant sa semence se déverser sur ma langue et dans ma gorge. Ce geste est d'une telle intimité qu'il me terrasse dans le bon sens du terme.

Je remonte finalement langoureusement le long de son corps et il m'accueille au creux de ses bras. Je voudrais ne plus jamais bouger de là.

Sa main au doigt bandé caresse mes cheveux, et moi, je me sens... heureuse.

– C'était si... waouh ! Je n'ai jamais vécu une telle... symbiose, ne puis-je m'empêcher de dire.

Parfois, depuis mes épisodes d'aphonie, les mots sortent d'eux-mêmes sans que je puisse les retenir. C'est exactement ce qui vient de se produire.

Je sens qu'il sourit, mais il reste silencieux. Peut-être que ça n'est pas son cas. Après tout, je suppose qu'il a beaucoup plus d'expérience en la matière. Je me raidis légèrement, ayant l'impression d'être inexpérimentée et idiote, tout à coup.

Il resserre sa prise autour de mon corps et me dit d'une voix résignée :

– *Neanche io, bella, neanche io.*[3]

J'ai compris, mais son ton sombre me fait doucement

2. « Tu es merveilleusement sexy, ma belle. »
3. « Moi non plus, ma belle, moi non plus. »

reprendre pied dans la réalité. Pourtant, je ne suis pas prête à sonner la fin de cette histoire.

– Je meurs de faim ! déclaré-je d'un ton que je veux détaché tout en me libérant, à regret, de son étreinte.

J'enfile à la hâte son tee-shirt, qui gisait par terre.

– Et moi donc ! Je compte bien avaler tout le plateau du petit déjeuner, affirme-t-il, en souriant, avant d'enfiler son boxer.

– Aucune chance, dis-je en m'élançant alors vers le salon.

Il me rattrape évidemment sans aucune difficulté et nous nous retrouvons sur le canapé, à rire comme deux idiots, une viennoiserie dans la main et un verre de jus d'orange dans l'autre.

– C'est si facile et naturel entre nous que c'en est déconcertant, dis-je en pensant à voix haute.

– Je sais.

Le téléphone de la suite nous fait sursauter et met fin à ces confidences.

Matis va répondre et raccroche trente secondes plus tard.

– C'était Sergio, qui nous informe que la suite est louée pour ce soir et que le service de nettoyage ne va donc pas tarder.

Alors, voilà, fin de cet interlude grandiose. J'ai la gorge serrée, mais tente de ne rien laisser paraître. Matis m'annonce qu'il va reprendre une douche. Après avoir hésité, je choisis de le rejoindre.

Il est de dos quand je pénètre dans la salle de bains, les mains posées à plat contre la faïence. L'eau dévale sur sa tête, qu'il garde baissée. Quand je fais coulisser la paroi de la cabine, il se retourne. Sans un mot, je me blottis contre son corps. Je me laisse bercer par ses bras forts, qui m'entourent.

Il relève alors mon visage vers le sien. L'eau qui ruisselle sur mes joues n'est plus celle de la douche, et je prie pour qu'il ne s'en aperçoive pas. Mais il fronce les sourcils et me serre à nouveau contre lui en murmurant dans mes cheveux :

– *Lo so, provo la stessa frustrazione di fronte a questa fine inevitabile.*[4]

Le fait qu'il éprouve cette même impuissance nous lie malheureusement un peu plus. Nous partagerons désormais ce secret incroyable. Mais c'est moi qui ai proposé ce deal, alors je dois assumer de le voir se terminer.

Je me force à sourire et me détache de lui. Je passe une main sur sa joue et dépose un dernier baiser sur sa bouche avant de sortir de la douche.

Matis me plaît. Son corps, sa personnalité, nos conversations, et cette alchimie qui existe entre nous, tout cela me perturbe, car je sais, au fond de moi, que je n'aurais pas franchi le pas s'il n'y avait qu'une attraction sexuelle.

Il faut que je sois honnête avec moi-même : Matis est devenu bien plus qu'un fantasme. Il correspond même à tout ce que j'aime chez un compagnon, même s'il est évident qu'il ne le saura jamais. Ce dur retour à la réalité me laisse un goût amer, bien plus que je ne le pensais… Suis-je amoureuse ? Je n'en sais rien, car je ne l'ai jamais vraiment été. Cependant, le seul mot qui me vient à l'esprit, quand je pense à Matis, est « inoubliable ».

4. « Je sais, je ressens la même frustration face à cette fin inéluctable. »

26

Romy

Après avoir bataillé une bonne heure pour parvenir à nous faufiler au bord de la fontaine de Trevi, je tourne le dos au monument et, concentrée, je formule intérieurement le vœu de Léon. Je pourrais m'arrêter là. Pourtant, j'attrape une nouvelle pièce dans mon sac, sous le regard intrigué de Matis. Cette fois, je ferme les yeux très fort et je la lance en croisant les doigts pour doubler mes chances.

Matis me prend ensuite la main. Après m'avoir aidée à sortir de cet amas de touristes, il passe son pouce sur ma paume et resserre ses doigts sur les miens.

L'ambiance entre nous est très bizarre depuis que nous avons quitté l'hôtel, qui aura été notre petite bulle jusqu'à midi. Nous déambulons, main dans la main, tout en étant conscients que la fin approche. Au départ de notre promenade, Matis a utilisé l'excuse des nombreux touristes présents et le fait de ne pas vouloir me perdre pour se saisir de ma main. Depuis, nous ne nous sommes plus lâchés.

Ni lui ni moi ne sommes revenus sur le sujet.

À quoi bon ?

Pour autant, il m'est très difficile de faire comme si de rien n'était. En plus, le fait que Matis éprouve le besoin de garder encore un peu ce contact physique entre nous me prouve que nous sommes, une nouvelle fois, sur la même longueur d'onde.

Passer de tout à rien est terriblement frustrant, et j'ai plus de difficultés à gérer que ce que j'imaginais. Car nous nous éloignons l'un de l'autre, et seul le contact de nos mains enlacées est le petit fil qui nous maintient amants pour quelques derniers instants encore. Avant de devoir oublier…

Nous décidons de nous asseoir en terrasse, les jambes douloureuses d'avoir fait du surplace aussi longtemps – et accessoirement, de mon côté, d'avoir fait autant l'amour en quelques heures, même si je me garde bien de le lui confesser !

Je déguste alors avec plaisir ma boisson fraîche.

– Béni soit ce jus d'orange !

– C'est clair, il fait encore plus chaud qu'hier, me répond Matis de façon laconique.

Eh merde ! On en est donc là, à parler de la pluie et du beau temps par peur d'aborder le sujet qui fâche ?

Mon cœur se serre. Je n'ai pas envie de cette relation neutre et sans saveur avec lui, maintenant que nous avons tant partagé ensemble.

Ses yeux se posent partout, sauf sur moi. Je vois bien qu'il ne sait pas plus que moi comment gérer tout ça. Il faut que je dise quelque chose, le premier truc qui me viendra en tête, afin de maintenir encore un peu ce lien entre nous et de faire disparaître les plis soucieux qu'il arbore depuis quelques minutes entre les sourcils.

OK, mais dire quoi ? N'importe quoi ! Vas-y, parle ! Mais parle ! m'intimé-je intérieurement.

– Je pourrais le boire cul sec ! Mais, en même temps,

c'est si bon qu'il ne faut pas que je l'avale si bite…

Oh, bordel ! What ? Mais comment ai-je pu dire ça ?!

Je sens mes joues s'empourprer, mais le mal est fait.

Putain de lapsus !

J'ose un coup d'œil vers Matis, qui s'empêche clairement de se marrer.

– Vas-y, je t'en prie, ne te retiens pas !

Il darde sur moi ses yeux rieurs et, incapable de se retenir plus longtemps, il s'esclaffe effectivement de bon cœur. Son rire est contagieux, et je rigole, moi aussi.

– Sérieux ? L'avaler si bite ? Ah, ah, ah !

Je me moque de ma bourde, et surtout, je suis ravie de constater que j'ai réussi, malgré moi, à le dérider un peu.

Il choque son verre contre le mien et je trinque volontiers avec lui.

– Que veux-tu faire maintenant, *bella* ?

– Je ne sais pas trop, à vrai dire. Que proposes-tu ?

Son regard me dit tout ce à quoi il pense en premier, et quand il m'offre un sourire magnifique et coquin, je fonds.

C'est à ce moment que Maja choisit de se manifester, par la fameuse sonnerie qui va avec. Je jette un regard à Matis, qui s'est figé, lui aussi. Je décroche.

– Salut, Cookie…

– *Buongiorno, Sis. Come va ?*

– Ça va, et toi ? demandé-je d'un ton le plus enjoué possible.

– Épuisée, si tu vois ce que je veux dire !

– Mmmh, mmmh.

– Ah, merde, mon *padre* est près de toi ?

– En effet.

– OK. Quand rentrez-vous, du coup ?

– Je ne sais pas exactement. Pourquoi ?

– C'est Paola qui demande si elle prépare à manger pour trois ou cinq personnes.

– Attends, je me renseigne. Matis, Paola veut savoir si elle cuisine pour trois ou cinq personnes ce soir.

– Cinq ?

Maja, qui a entendu son interrogation, m'indique :

– Mets le haut-parleur, Sis, ça sera plus simple.

Je m'exécute.

– C'est bon.

– OK. *Ciao, papà.*

– *Ciao, Maja.* Tout va bien ?

– Oui, nickel. C'est juste Paola qui demande…

– Oui, j'ai entendu, mais pourquoi cinq personnes ?

– Parce que mon cher parrain, et accessoirement ton meilleur ami, a envie de s'incruster avec sa femme, peut-être ?

– Tu devrais être contente. Tu adores Luigi, non ?

– Mais ce n'est pas comme si ça faisait un bail que je ne l'avais pas vu, étant donné qu'il s'est pointé matin, midi et soir pour vérifier que tout allait bien depuis que vous êtes partis. Il en a même profité pour dîner à la maison, hier, tant qu'à faire. Et lui et Amber nous ont tenu la jambe jusqu'à vingt-trois heures ! Et Dieu sait si nous avions en tête d'autres activités en duo bien plus amusantes…

– Je ne veux rien savoir, *mia figlia*[1] !

– Bref ! Ton meilleur pote a pris son rôle un peu trop au sérieux, si tu veux mon avis ! Mais, *papà*, j'en peux plus. Il est pire que toi ! Il est sur mon dos à bloc, et Marco a préféré fuir après le déjeuner, aujourd'hui, tu

1. « Ma fille ».

imagines ? Alors, j'espère bien que vous serez rentrés pour le dîner, car, si je dois encore supporter de voir Luigi et Amber se bécoter toute une soirée, je vais péter un plomb !

Matis regarde sa montre. Puis il hausse un sourcil à mon intention, et je hoche la tête.

– OK, *mia principessa*, on rentrera à temps.

– Oh, cool ! Sinon, c'était bien ?

– Très bien, répond-il en me regardant dans les yeux.

– Et toi, Romy, heureuse ? Tu as bien profité de la ville ?

– C'était super, oui, dis-je sans pouvoir rompre notre contact visuel.

Notre échange de regards est désormais teinté de cette tristesse de l'adieu imminent que nous devons faire à ce « nous ».

– Tant mieux ! Tu as pu lancer ta pièce pour Léon ?

– Oui, c'est fait. Mission accomplie.

– Cool ! Et sinon, tu n'as pas craqué pour un petit Romain, dis-moi ?

Pas pour un Romain, non...

– Eh non !

– Tu m'étonnes, avec mon père dans tes pattes, se moque-t-elle. T'inquiète, Fabio est plus motivé que jamais à te faire découvrir le charme à l'italienne, si tu vois ce que je veux dire.

Matis détourne le regard et prend alors la parole.

– Bon, si on veut être à l'heure pour le dîner, il vaut mieux qu'on ne traîne pas trop. On se dit à tout à l'heure, Maja ?

– Ça marche. Bonne route. Bisous, Sis. *Ciao, papà.*

– *Ciao.*

Parler à Maja aura eu le mérite de remettre les pendules à l'heure.

Matis m'informe qu'il envoie un SMS à James et se lève. Je l'imite et, en quelques minutes, nous rejoignons la voiture. Nous prenons place à l'arrière et nous quittons Rome dans un silence de plomb.

Je chérirai longtemps les souvenirs de cette ville, qui m'a offert de si beaux moments.

Malheureusement, ce qui se passe à Rome reste à Rome.

27

Matis

Paola s'est une nouvelle fois surpassée. Comme il fait extrêmement chaud, elle nous a concocté une *panzanella*[1], et tout le monde s'est régalé. Et la glace menthe-chocolat qu'elle vient de nous servir est tout aussi rafraîchissante et délicieuse.

– Et donc, où êtes-vous allés exactement ? s'enquiert Maja.

– Quand ton père s'est rendu à son rendez-vous pro, j'ai fait les boutiques. J'ai suivi tes indications et j'ai adoré la via del Corso[2], mais mon porte-monnaie, beaucoup moins ! lui explique Romy d'un ton détaché et naturel.

Je suis assez impressionné, car, depuis le début du dîner, nous avons répondu à leurs interrogations sur notre emploi du temps avec une facilité presque déconcertante. Nous avions un peu anticipé les questions à venir, et pour l'instant, tout va bien, aucune gaffe à l'horizon.

– Et vous êtes allés au Vatican ce matin ?

– Ce matin ?

– Oui. Tu m'as dit, hier soir, que tu voulais passer ta matinée là-bas, non ?

---

1. Salade toscane à base de pain, tomates, oignons, concombres et basilic.
2. L'une des rues commerçantes de Rome.

– Alors oui, mais non, parce que…

– Parce que j'ai eu une panne d'oreiller. J'ai bossé sur ma carte de l'hiver toute la nuit et Romy n'a pas osé me réveiller. Du coup, elle est plutôt allée visiter le Colisée.

Nous avons convenu qu'étant donné que la chambre d'hôtel a une vue directe sur le monument, il serait plus facile pour Romy de le décrire.

– Super matinée : le Colisée, quoi ! Youhou ! se moque Maja.

– J'ai adoré cette matinée, figure-toi. Je ne suis pas près de l'oublier ! glisse alors Romy sans me regarder, personne ne pouvant comprendre son allusion.

Bêtement, j'adore ça, mais moins ce qui suit.

– Toi et ta passion pour les vieux trucs, alors ! insiste Maja.

J'observe Romy, qui se mord la lèvre pour ne pas pouffer. Quand elle croise mon regard, j'arque un sourcil et elle ricane discrètement.

Pas si vieux, bordel…

Mon meilleur ami me demande alors :

– Tu as réussi à avancer sur la carte ?

– Ouais, je l'ai quasi bouclée. Je vais réunir le staff, en début de semaine prochaine, pour les premiers tests.

– Nickel. Et RAS avec le producteur ? Tu valides sans réserve ?

– Il est très pro. Son bétail et sa ferme sont hyper clean. Franchement, je pense qu'on ne perdra rien au change. Et en plus, au niveau du…

– Hum, hum, on avait dit qu'on ne parlait pas boulot à table, nous gronde gentiment Amber en faisant les gros yeux à son amoureux.

– C'est vrai, désolé, *amore mio*, s'excuse Luigi en déposant un baiser sur sa joue.

– Si on ne les arrête pas, ils peuvent monopoliser la conversation sur ce sujet pendant des heures, explique Amber à Romy sur le ton de la confidence.

Cette dernière lui sourit.

– Mais, toi aussi, tu as bossé : sur le planning de fin d'année de Léon, non ? l'interroge Maja.

– Oui, et j'ai bien avancé également.

– Cool ! Tu vas faire des essais avant de partir d'ici, hein ? Hein ? Dis oui !

– Oui ! rigole Romy, comme nous tous autour de la table.

– Merci, mais ne te sens pas obligée surtout, hein ? Oh ! Et l'hôtel ? Canon, t'as vu ?

– C'était superbe. J'ai halluciné, j'avoue, répond la jolie Française. Le vrai charme à l'italienne…

– Tu m'étonnes ! On y va à chaque fois que nous passons à Rome. Sergio est adorable, non ?

– Il est super, oui.

– Tu as testé la douche multi-jets de la suite ? Franchement, perso, je pourrais y rester des heures !

– Je confirme, j'en garderai un excellent souvenir aussi, lui répond Romy, camouflant au mieux son air triste, que je perçois néanmoins.

Ce moment sous la douche avec elle restera aussi un souvenir mémorable de mon côté. Un moment empli de tendresse, de sensualité, que je n'oublierai pas de sitôt. Une image s'impose à mon esprit, celle de sa peau si douce contre la mienne, de l'eau ruisselant sur ses seins aux tétons érigés rien que pour moi.

Dio !

Ma queue se réveille instantanément. Romy plonge ses yeux dans les miens, quelques secondes seulement, mais cela suffit à faire accélérer mon rythme cardiaque.

Elle pense à la même chose que moi, je le sais.

– Et toi, Maja ? Tu as bien profité avec ton amoureux ? l'interroge gentiment Amber.

– Oui, mais si je n'avais pas eu un chaperon dans les pattes H24, ça aurait été encore mieux, mais bon…

– Un chaperon ?

– Ah, parce que tu ne sais pas ? Eh bien, ton cher petit ami est quand même passé ici au moins trois fois, hier, avant que vous ne veniez dîner !

– Sérieux ? Luigi ? lui demande Amber en écarquillant les yeux.

– Ben quoi ? On n'est jamais trop prudent. Elle est jeune, et avec ces lettres de menaces à la con, je me suis dit qu'elle aimerait peut-être que son parrain préféré soit dans les parages !

– Dans les parages, OK. Mais là, j'ai eu l'impression de passer deux jours à trois.

– Oh, n'exagère pas, quand même ! Et puis… j'ai bien fait de revenir en début d'après-midi, aujourd'hui, finalement, non ?

Elle lui lance alors un regard noir tout sauf discret. J'interviens :

– Pourquoi ? Qu'est-ce qu'il se passe ?

– Rien, Mat… *papà*.

– Maja… l'encourage Luigi.

– Bon, OK ! C'est juste que j'ai reçu un colis, ce midi, et que Luigi était « encore » là quand Soan l'a ouvert. Et… disons que…

– Luigi ! *Cosa sta succedendo ?*[3] demandé-je d'une voix sourde, ma langue natale reprenant encore le dessus.

– Il y avait un rat mort et décapité dedans.

---

3. « Que se passe-t-il ? »

Je vois Romy blêmir. Amber pose une main sur sa bouche pour étouffer un hoquet de surprise. Mais c'est la tête décomposée de ma fille qui me rend malade.

– Mais où l'avez-vous trouvé ?

– Sur la boîte aux lettres, tout simplement, mais le type qui l'a déposé là est malin, car on ne l'aperçoit pas du tout, malgré les caméras de surveillance du portail.

– Putain ! L'agence qui a installé le système de protection va entendre parler du pays.

Le visage fermé de Maja est tellement inhabituel que je sens qu'elle ne me dit pas tout.

– Et quoi d'autre ?

– Comment ça ?

– Maja, je te connais : quoi d'autre ?

– Pfff, un mot, du même genre que d'habitude. Je l'ai donné à Soan, qui l'a ensuite porté au flic chargé de l'enquête.

– Et qu'est-ce qu'il disait ?

Romy saisit la main de ma fille avec compassion. Le regard qu'échange Luigi avec Maja ne me dit rien qui vaille.

– Ça disait en gros : « Profite, p'tite conne, c'est pour bientôt ! Tic-tac, tic-tac… »

Putain…

Je me lève et fais les cent pas. Je passe nerveusement la main dans mes cheveux. Je déteste cette sensation d'impuissance qui m'assaille à chaque fois que ce taré entre en contact avec ma fille.

– Soan a demandé à renforcer les équipes autour de la maison, me briefe alors Luigi.

– Et on peut savoir pourquoi vous ne m'en parlez que maintenant ?

Un ange passe, et c'est Maja qui me répond :

– Luigi et moi étions d'accord. Je vous ai appelés dans la foulée, mais il était hors de question que vous rentriez avec la boule au ventre sur la route du retour. Du coup, j'ai fait en sorte que vous soyez là ce soir, sans toutefois vous alarmer.

Je bous de l'intérieur, mais je sais que j'aurais réagi de la même façon si les rôles avaient été inversés. Je pose alors la main sur l'épaule de mon ami.

– Merci d'avoir été là, mais la prochaine fois, je veux être mis au courant dans la minute. Il est hors de question de ne pas me prévenir immédiatement. Dorénavant, ne pensez pas pour moi !

– OK, promis, me répond-il en tapotant ma main. Mais tu peux souffler, tout est sous contrôle maintenant. Le lieutenant de police est passé et a embarqué le carton et le papier pour essayer d'y relever des empreintes. On a posté deux hommes supplémentaires devant la baraque.

– Demain, je vais au commissariat à la première heure. Ils vont se bouger et prendre cette histoire au sérieux, je vous le dis ! Il s'agit de ma fille, et il est hors de question que ce fou l'atteigne, ou même continue à l'emmerder sans en subir les conséquences. Je verrai également avec le service de sécurité pour rendre les alentours de la maison encore plus impénétrables. Maja, je refuse que tu sortes seule, maintenant. J'espère que tu en as bien profité, car les virées sont désormais terminées !

– *Papà*…

– Pas de *papà* qui tienne ! C'est comme ça, et c'est non négociable. Point final.

Étonnamment, Maja ne râle pas plus, signe flagrant que cet avertissement l'a ébranlée plus que les autres. Sous ses airs de personnage farfelu, je sais à quel point ces menaces lui pourrissent la vie et la terrorisent.

Un soir, juste une fois, elle a craqué et m'a montré comment elle vivait tout ça, à savoir : mal. Très mal. Juste quelques heures, le temps de partager sa haine et son effroi, elle est restée blottie dans mes bras, comme quand elle était petite et qu'elle avait fait un cauchemar. Mais, le lendemain, elle a remis son masque de bonne vivante. C'en était terminé de sa baisse de régime.

Maja est loin d'être celle qu'elle veut montrer, je le sais maintenant. Souvent, même si elle fait la forte et cache sa peur derrière ses plaisanteries à deux balles, elle est avant tout une jeune femme traumatisée, apeurée et sur le qui-vive.

J'observe mes proches. Je suis heureux d'être si bien entouré. Nous sommes tous unis face à ce malade, et il me tarde qu'il soit enfin arrêté et mis derrière les barreaux. De toute façon, mon esprit refuse catégoriquement l'idée qu'il puisse un jour mettre ses menaces à exécution.

Luigi et Amber s'en vont. Sur le pas de la porte, je les embrasse pour les remercier de leur présence.

– Si tu as besoin de quoi que ce soit, je suis là, mon frère.

– Je sais, Luigi.

– Tu nous tiens au courant, hein ? me demande Amber en me serrant dans ses bras.

– Bien sûr. Merci pour tout, les amis.

Quand je rejoins Maja et Romy, dans la salle à manger, une sonnerie Messenger retentit.

– Oh, oh, voilà l'artillerie lourde ! Elle doit avoir lu mon dernier message lui expliquant la situation, m'annonce Maja en m'offrant un sourire compatissant.

J'avise mon téléphone et grimace : Janet, sa mère.

J'ai à peine le temps de décrocher qu'elle hurle à travers l'écran :

– *MATIS ! COSA STA SUCCEDENDO A CASA TUA ?!*[4]

En effet, ça va être sportif…

– *Buonasera, tesoro. Come stai ?*[5]

4. « Matis ! Qu'est-ce qu'il se passe dans ta maison ?! »
5. « Bonsoir, trésor. Comment vas-tu ? »

LETTRE 2

P'tite conne,

Tu ne vois rien, et moi, je vois tout.

Tel le félin qui guette patiemment sa proie avant de lui sauter dessus pour la saigner.

Ce rat n'a rien vu venir, et quand le moment viendra, ça sera ton tour.

« Plus la patience est grande et
plus grande est la vengeance. »

Eh bien, j'en ai assez, d'attendre !

Profite, p'tite conne, c'est pour bientôt.

Tic-tac, tic-tac…

28

Romy

L'atterrissage est difficile, et le retour à la réalité cauchemardesque. Je prends sur moi pour ne pas craquer. Pourtant, je sens bien que mes nerfs commencent à lâcher. Ce moment hors du temps à Rome, avec Matis, m'a presque fait oublier qu'une telle menace pesait sur ma meilleure amie.

Je l'observe du coin de l'œil. Assise près de son père, sur le canapé, elle discute en visio avec sa mère. Cette dernière est très inquiète. Cela s'entend dans ses paroles, bien sûr, mais aussi dans sa voix, qui monte dans les aigus.

Janet Banks est une actrice belle et talentueuse qui multiplie les grands rôles et côtoie des stars incroyables. Mondialement connue, elle a pourtant su rester simple. Elle a toujours été très gentille avec moi et n'oublie jamais de m'envoyer un colis pour mon anniversaire. Une jolie attention renouvelée chaque année, depuis que Maja et moi sommes devenues amies, et qui me touche toujours autant.

Je ne peux nier l'amitié qui me lie à cette femme, mais ce soir, le fait de constater qu'elle détient encore une place prépondérante dans la vie de Matis m'agace prodigieusement.

Depuis quand on appelle son ex-femme « trésor » ?

Nous ne nous sommes pourtant rien promis, et c'est

d'ailleurs moi qui ai posé les bases de notre « incartade ». Mais je suis obligée d'admettre que tout cela n'est pas qu'une histoire de sexe à mes yeux. Mes pensées et ma jalousie me font honte. Pourtant, c'est la triste vérité. Et me voilà installée dans un fauteuil pour les laisser parler entre eux.

Matis a su trouver les mots, et son ex-femme a recouvré un ton un peu plus calme. Maja a posé la tête sur l'épaule de son père, qui lui-même a passé son bras autour d'elle. C'est rare qu'elle se laisse aller à ce genre de geste tendre avec Matis. Je souris de les voir si complices, malgré la situation critique qui les y a menés.

Malgré cela, si je dois être totalement honnête, j'ai le cœur serré de réaliser que je ne ferai jamais partie de la vie de Matis autrement qu'en étant la meilleure amie de Maja. J'essaie de me persuader que ce que nous avons fait n'entraînera aucune conséquence dans ma vie, mais je me rends bien compte que je me voile la face.

Certes, il y a eu, au départ, cette attirance incroyable entre nous, mais je pensais sincèrement qu'une fois assouvi, ce fantasme resterait gentiment rangé, comme un bon souvenir, dans un coin de ma tête. Or, il n'en est rien. Regardons la vérité en face : je craque même totalement pour lui !

Le sevrage est plus compliqué que prévu. Je n'ai qu'à regarder ses mains, sa bouche, ses yeux pour que nos baisers, nos caresses, nos étreintes, nos fous rires me reviennent en mémoire et que je sente mon ventre se tordre de ne pouvoir le toucher ou me blottir contre lui.

Ils plaisantent à présent tous les trois, et je me sens tout à coup de trop. Je me lève discrètement, mais Maja m'interpelle :

– Où vas-tu, Sis ?

– Je vais vous laisser. J'ai tellement travaillé cette nuit que je compte aller me coucher…

– Je te rejoins dans cinq minutes.

– Bonne nuit, Romy, me crie Janet à travers le Smartphone.

Je me déplace de façon à la voir, me positionnant derrière Maja et Matis.

– Merci, Janet. Bonne nuit à toi aussi !

– Il est vingt-trois heures trente pour toi, ma chérie, mais moi, je suis au Québec. Donc, ici, il n'est que dix-sept heures trente. Mais bientôt, nous nous verrons. Je compte bien venir m'assurer que tout va bien pour mon bébé…

– *Mamma*, tu n'es pas…

– J'y tiens, mon cœur. Si *papà* est d'accord, je viendrai passer le week-end prochain avec vous. Matis ?

– Tu es toujours la bienvenue ici, tu le sais. D'ailleurs, on ne sera pas trop de deux pour faire entrer dans le crâne de notre fille que, dès qu'il y a un problème, il faut m'en parler tout de suite.

– Cela va sans dire ! On va avoir une petite discussion tous ensemble, je crois. Merci de m'accueillir, Mat.

– De rien. La maison t'est grande ouverte, *tesoro*.

Et voilà, deuxième coup au cœur…

Cette soirée a été un fiasco. Entre les menaces qui pèsent sur Maja, l'appel de Janet et le fait de constater que l'ancien couple a gardé une intimité et une complicité évidentes, tout me rend jalouse alors que je n'en ai pas le droit. Il vaut mieux que j'aille me coucher. Mon esprit part dans tous les sens et je n'aime pas cela.

Je me retourne et capte le regard de Matis. Ce même regard si profond et doux qu'il a posé sur moi durant ces dernières heures magiques. Il articule silencieusement un « bonne nuit, *bella* », mais je fuis rapidement.

Impossible de lui répondre. Mon regard suffirait à l'alerter, et tout ce à quoi je pense se lirait sur mon visage. Or, je ne veux pas le lui imposer.

Je passe ensuite sous la douche, puis me glisse sous les draps. Maja entre doucement, quelques minutes plus tard, elle aussi en tenue de nuit.

– Et maintenant, je vais avoir ma mère sur le dos. Si, ça, ce n'est pas le pire de tout dans cette histoire…

Je sais que cette dérision est son moyen de dédramatiser. Je me contente de soulever les draps, et elle s'installe, en me tournant le dos, en chien de fusil, comme quand nous étions petites et que nous étions tristes, effrayées ou assaillies par nos angoisses, agissant l'une pour l'autre comme un attrape-rêve.

Cela fait des années que nous n'avons pas dormi ensemble, mais il faut croire que les bonnes habitudes reviennent au galop.

– Je t'aime, Sis.

– Tout va bien se passer, n'aie pas peur. Moi aussi, je t'aime, Cookie.

– Sis ? Que se passe-t-il ? Tu as l'air triste.

Elle se tourne vers moi, ses beaux yeux noirs me sondant. Je ne peux décemment pas lui dire que son père me manque, alors je lui mens. Enfin, pas vraiment, car il est vrai que je m'inquiète énormément pour sa sécurité.

– Je veux que tu me promettes de faire attention et de ne plus t'amuser à semer ton garde du corps, OK ? Les menaces sont de plus en plus flippantes, Cookie.

Elle prend ma main et entremêle nos doigts.

– T'inquiète, je l'ai bien compris, et je te promets que je serai très prudente dorénavant.

Je hoche la tête et, dans un soupir, je tends le bras et éteins la lampe de chevet.

Je m'efforce de ne rien lui montrer afin de l'apaiser au mieux, de lui permettre d'éloigner ses démons pour cette nuit, alors que les miens ne sont pas près de me laisser en paix. Je le ressens au plus profond de moi.

29

Romy

Mes lunettes de soleil vissées sur le nez, je paresse au bord de la piscine. Il règne une chaleur écrasante, en ce début d'après-midi, et je fais des allers-retours de l'eau à mon transat pour ne pas me consumer sur place.

Voilà déjà trois jours que nous sommes rentrés. Les journées se suivent et se ressemblent plus ou moins. Matis a fait en sorte de prendre toutes les mesures possibles pour assurer la sécurité autour de sa villa. J'ai la sensation d'être au sein d'une forteresse imprenable tant il a mis le paquet pour rendre le périmètre plus que sûr. Caméras, fouille obligatoire et contrôle d'identité de tous les visiteurs : rien n'a été laissé au hasard.

Il a même réussi le tour de force de faire bouger les fesses de la police, qui, apparemment, effectue des rondes régulières autour de la maison. Vu la colère qu'il véhiculait, je pense que le commissaire a pris très au sérieux ses « doléances ».

Maja me rejoint près de la piscine et me colle un baiser sur la tempe. Elle est devenue beaucoup plus tactile ces derniers jours, que ce soit avec moi ou avec son père. Même Luigi a droit à des câlins à chaque fois qu'il passe le pas de la porte. Ce dernier nous rejoint d'ailleurs sur la terrasse et me claque la bise.

Il a été convenu qu'il viendrait chercher Maja aujourd'hui

pour la conduire à un rendez-vous médical, en compagnie de Soan, bien entendu. Hier soir, quand Maja a annoncé qu'elle avait pris rendez-vous chez un médecin, Matis s'est immédiatement affolé. Il est à cran, et je le soupçonne de ne pas avoir beaucoup fermé l'œil depuis notre retour. Ma meilleure amie lui a expliqué qu'il s'agissait d'un simple contrôle de routine par rapport à un traitement qu'elle prenait, mais il n'en est rien.

Elle m'a surtout avoué qu'elle avait de petits soucis urinaires depuis ces journées à, je cite, « baiser comme des lapins dans tous les recoins de la maison. » Et elle a ajouté : « D'ailleurs, si mon père le demande, le pied du transat de la terrasse s'est cassé comme ça, sans raison apparente. C'est bizarre, hein ? »

Quel personnage ! Quoi qu'il en soit, Matis n'y a vu que du feu et a demandé à Luigi de l'accompagner, ayant lui-même accumulé un retard important au restaurant depuis sa coupure au doigt.

Maja et son parrain me saluent donc et s'en vont. C'est la première fois que j'ai un peu de temps devant moi, en tête-à-tête avec moi-même. J'en profite alors pour appeler mon père en visio et lui raconter, dans les grandes lignes, mon séjour depuis mon arrivée. Je téléphone ensuite à mon grand-père, qui, fidèle à lui-même, me narre les derniers potins du village. Il me confie son envie de se ranger des voitures et de se concentrer sur une seule femme, qui lui plaît plus qu'aucune autre : « Si, si, j'te jure ! » Si j'avais mis cinq euros dans une boîte à chaque fois que j'ai entendu cette phrase, je serais déjà riche !

Je souris en l'écoutant parler. Ils me manquent, tous les deux. Je crois que je ressens un peu le mal du pays, tout à coup. Je coupe donc court à la conversation pour ne rien laisser paraître et lui promets de le rappeler très vite. Je raccroche avec une boule dans la gorge. Il faut dire que je me sens un peu seule.

Depuis Rome, je n'ai pu parler à personne de ce qui me turlupine, et surtout pas à Maja, qui pourtant est la gardienne de tous mes secrets. Ne pas pouvoir partager ce pan de ma vie avec elle me fait mal au cœur et culpabiliser un peu plus. Je n'arrête pas de me demander comment elle réagirait, mais je la connais par cœur et je dois me rendre à l'évidence : elle ne l'acceptera jamais.

D'ailleurs, qui l'accepterait ? Maja possède l'esprit le plus ouvert qui soit, mais n'importe quelle femme serait blessée que sa meilleure amie couche avec son père, non ? Moi la première.

Je ne peux évidemment pas me confier au principal intéressé. En plus, il a d'autres chats à fouetter et il n'arrête pas de courir du matin au soir. Il part tôt, à l'aube, et ne rentre qu'à la fin de son service. Mais peu importe, car les choses ont été établies ainsi. Inutile de remettre ça sur le tapis. Je vais devoir faire avec.

Pourquoi est-ce que je n'arrive pas à passer à autre chose, moi ?

Peut-être parce que, quand nous nous retrouvons juste tous les deux, la pièce se charge en électricité. Parce que nos regards échangés en cachette sont profonds et semblent crier tout ce qui ne peut être dit à voix haute.

Hier, quand Maja est allée aux toilettes, j'ai entrepris de débarrasser nos cafés de la table basse, et lui a eu la même idée. Nos doigts se sont alors frôlés. Ce simple contact a éveillé en moi un désir qui m'a terrassée. Nous sommes restés les yeux dans les yeux, nos visages tout près l'un de l'autre, nos respirations bloquées, sans bouger ni tenter quoi que ce soit. Son regard est finalement lentement descendu sur mes lèvres, mais, quand le bruit de la chasse d'eau s'est fait entendre, je me suis éloignée à regret, le cœur battant à tout rompre.

Je rêvasse encore de longues minutes, mais il fait si chaud que je rentre me mettre au frais. Paola vient me dire au revoir. Elle m'informe que la salade est au frigo pour ce soir et qu'elle m'a laissé le soin de faire le dessert, comme je le lui ai demandé. C'est ma façon de chouchouter un peu ma gourmande de meilleure amie.

La cuisine une fois à moi, je m'attelle donc à la préparation d'un vacherin. J'ai une bonne heure devant moi avant leur retour de chez le médecin, alors je me plonge dans ce que je sais faire de mieux : je pâtisse, et ainsi j'oublie tout.

Ma meringue au four, j'équeute les fraises quand la porte d'entrée s'ouvre. Je suspends mon geste et tends l'oreille. La maison a beau être sécurisée, nous sommes tous sur le qui-vive depuis cette histoire de rat mort.

Matis franchit finalement la porte battante de la cuisine et je relâche l'air que je retenais dans mes poumons.

– Salut, se contente-t-il de me dire, l'air mal à l'aise.

– Salut. Déjà rentré ?

Il hoche la tête, mais ne répond pas.

– Quelque chose ne va pas, Matis ?

Ses cernes et ses traits tirés trahissent sa fatigue.

– À vrai dire, avec tout ce qui se passe, j'avoue que c'est un peu le bordel là-dedans, m'avoue-t-il en désignant tristement sa tempe.

Je déteste le voir si mal, alors je dépose mon petit couteau, m'approche de lui et pose une main compatissante sur son avant-bras en cherchant les mots justes.

– Tu as fait tout ce qu'il faut. Maja est en sécurité ici et je suis certaine que…

Il ne me laisse pas terminer ma phrase : sans préavis,

il me serre fort contre lui. Je suis étonnée de sa réaction, mais je me blottis néanmoins entre ses bras en savourant ce moment volé. Je ne porte toujours qu'un minuscule maillot de bain et je sens rapidement une érection déformer son pantalon.

– Je… savais que tu serais seule ici. Je ne pensais qu'à ça, m'avoue-t-il, murmurant dans mes cheveux. Je sais que c'est n'importe quoi, mais j'avais envie, besoin de te voir, de retrouver juste une minute ce qu'on avait laissé à Rome, *bella*.

Ses mots sont tellement l'écho de ce que je ressens que je resserre mon étreinte. Les papillons dans mon ventre s'en donnent à cœur joie et je ne bouge plus d'un millimètre, de peur de briser cet instant suspendu.

Soudain, sa main écarte délicatement mes cheveux et se pose sur ma nuque. Il approche son visage et ses lèvres effleurent les miennes.

– *Mi manchi, bella*[1], murmure-t-il d'une voix rauque.

Nos yeux se sondent une seconde, comme pour se reconnecter. Quand il écrase sa bouche sur la mienne, je ne retiens pas le gémissement qui m'échappe.

Puis tout s'accélère. Plus rien d'autre ne compte que lui et moi dans cette cuisine. Il m'assoit sur le plan de travail et j'entoure sa taille de mes jambes. Nos gestes sont brouillons, saccadés devant l'urgence de ces retrouvailles impromptues. Tandis que sa langue longe voluptueusement mon cou, il m'allonge un peu plus en posant sa main sur ma poitrine. Il taquine l'un de mes mamelons à travers le minuscule bout de tissu. Impatient, il l'arrache. Je gémis de plus belle alors qu'il mordille à tour de rôle mes pointes dressées d'excitation.

1. « Tu me manques, bella. »

Il fait rapidement descendre ma culotte de maillot, qui vole à l'autre bout de la pièce, et se penche pour promener sa langue sur mon sexe, déjà trempé de désir.

Je me tortille sous ses assauts avides, écarte les bras pour m'agripper à la surface dure du mieux que je peux par anticipation, et mordille nerveusement ma lèvre inférieure, impatiente, à nouveau, de ne faire plus qu'un avec lui.

Il enlève alors son pantalon et attrape un préservatif dans l'une de ses poches. Béni soit cet homme ! Il faut croire qu'il espérait que tout se finisse comme ça.

Il enfile la capote à la hâte sur son membre déjà dur. Après avoir plongé son regard dans le mien, il me positionne au bord de la surface en marbre avant de me pénétrer centimètre après centimètre. Mais cette douce torture ne dure pas longtemps, car je me redresse, m'agrippe à sa nuque et amorce alors un ballet de nos deux corps des plus endiablés.

Je m'envole, perds pied avec la réalité et savoure ce moment. Il me pilonne, et j'en redemande. Encore et encore. Je voudrais que ça dure des heures, mais mon corps en décide autrement : j'explose en plein vol dans une jouissance incroyable.

Matis me rejoint quelques secondes plus tard. Je l'observe perdre pied à son tour. Il est magnifique. Il se dégage de lui une sensualité puissante et virile.

Nos corps toujours soudés l'un à l'autre, nous essayons de reprendre notre respiration. Ses gestes sont d'une douceur absolue quand il s'écarte finalement et me porte pour me remettre sur mes jambes.

Sa main caresse mes cheveux en bataille. Ses doigts kidnappent une mèche, avec laquelle il joue en me dévorant des yeux. Puis il dépose un baiser sur mes lèvres, sans urgence, cette fois. Mes mains passent sous son tee-shirt, qu'il n'a pas pris le temps d'ôter, et je caresse son dos musclé.

Notre câlin s'éternise. Ni lui ni moi ne semblons prêts à briser ce moment à nous. Je ne me suis jamais sentie autant à ma place qu'en cet instant et je relègue volontairement dans un coin de mon esprit les conséquences que cette prise de conscience va engendrer dans ma vie.

C'est la sonnerie du minuteur qui nous sort de cette douce et si tendre torpeur.

– Merde, ma meringue ! Ça veut dire que Maja et Luigi ne vont pas tarder à…

Au même moment, le bruit d'une voiture sur le gravier se fait entendre. Je sors ma plaque de pâtisserie du four, cours récupérer mon bas de maillot, l'enfile en riant nerveusement et tente d'ajuster mon haut, qui malheureusement est déchiré.

Matis réagit. Il enlève son tee-shirt, par chance neutre, me le donne et rit doucement avec moi. Il se dépêche ensuite de jeter le préservatif dans la poubelle pour effacer les preuves.

– Pas vu, pas pris…

– C'était moins une ! File !

Il dépose un dernier baiser coquin sur mes lèvres et court jusqu'à sa chambre.

Moi, j'ai à peine le temps de bidouiller un nœud féminin à l'avant du tee-shirt que, quelques secondes plus tard, Maja et Luigi débarquent dans la cuisine comme deux boulets de canon affamés.

Ils se jettent sur la meringue encore brûlante et ne font même pas cas de ma drôle de tenue ni de mes joues un peu trop roses.

Ouf !

J'écoute ma meilleure amie débattre et se disputer avec Luigi au sujet du match de foot d'hier. Puis j'en profite pour m'éclipser et aller enfiler une robe.

Mon cœur a du mal à reprendre un rythme normal. D'un côté, je n'ose imaginer la catastrophe si nous nous étions fait surprendre ainsi, et je culpabilise de plus belle en sachant clairement que je trahis ma meilleure amie. Mais de l'autre, je crois que c'était l'expérience la plus excitante de ma vie. La peur de se faire surprendre a quelque chose de grisant. L'interdit attise le désir, c'est une évidence. Comment résister à cet homme qui semble avoir envie de moi autant que je le désire ?

Quand je descends, parrain et filleule sont sur la terrasse. Je m'apprête à les rejoindre quand Matis sort de sa chambre. Il vient de prendre une douche, s'est changé et sent divinement bon. Je regarde dehors, mais ils ne nous ont pas remarqués.

– C'était magique, comme toujours, me chuchote Matis à l'oreille. Tu es le soleil de ces dernières journées si sombres, *bella*.

Bordel ! Pouvait-il me dire une chose plus romantique ? Je cherche mes mots, car je crains de ne pas savoir doser ce qui pourrait sortir de ma bouche tant cet homme m'inspire des sentiments trop forts.

Il n'attend pas de réponse. Il passe lascivement ses doigts sur ma robe, juste au niveau de la chute de mes reins, et susurre à mon oreille :

– Juste pour que tout soit clair, je n'arrive pas à oublier Rome, *bella*. Tu es mon addiction. Je sais que c'est mal, mais c'est comme ça. Je crève de ne pas pouvoir te toucher, te faire l'amour, t'embrasser au gré de mes envies.

Ses mots rallument un brasier en moi, mais surtout raniment mon cœur, mis en sourdine depuis des jours.

Alors, je ne réfléchis pas.

– Ce qu'il se passe en Italie reste en Italie ?

Son sourire canaille me confirme qu'il attendait ce feu vert de ma part. Ses yeux se mettent à pétiller et il me glisse à l'oreille :

– Je ne ferme jamais la porte de ma chambre, la nuit, *bella*.

Luigi entre à cet instant et Matis se recule lentement, sans cesser de me sourire. Son meilleur ami nous regarde à tour de rôle, avant d'interpeller Matis.

– Ben, tu es là, toi ?

– Oui. J'ai donné mes directives à Pedro et à Andy. Ils s'occuperont de briefer la brigade pour ce soir. J'avais besoin d'une pause, de prendre l'air…

– Quoi ? Toi, une pause ? Prendre l'air ? Non, mais je suis tombé dans la quatrième dimension ou quoi ? Quoi qu'il en soit, allons-y, sinon ça va vite être le bordel avec ces deux-là ! Pedro et Andy ? Sérieux ? Mais qu'est-ce qu'il t'a pris de laisser la boutique à ces deux malades ? Salut, Romy. À plus !

– Salut, Luigi. Bon courage !

– Merci ! Il va en falloir, je le sens. Allez, au boulot, frérot.

Il enjoint à Matis de le suivre.

– J'arrive. Je vais juste dire au revoir à Maja.

Luigi lève les yeux au ciel en marmonnant quelque chose à propos d'un « papa poule » et sort de la maison en râlant.

Je rejoins le père et la fille sur la terrasse. Matis embrasse Maja sur la joue et fait de même avec moi. C'est assez inhabituel, mais mon amie ne semble pas étonnée. Il me lance un clin d'œil discret et part retrouver Luigi.

Et moi, je reste là, allongée sur le transat, près de celui de mon amie.

Elle me raconte que le médecin lui a diagnostiqué une cystite, la maladie des jeunes mariés, paraît-il.

– Jeunes mariés mon cul, ouais ! Pros de la baise, là, je dis oui ! s'esclaffe-t-elle.

Puis elle m'explique qu'elle s'est déjà lassée de Marco, qui semble un peu trop s'accrocher à son goût.

– Tu te rends compte ? Il m'a appelée quatre fois depuis hier. Un vrai boulet ! Je pensais avoir été claire dès le début, avec lui, mais non. Il faut croire que mon corps de déesse a encore fait des ravages sur ce coup-là ! Lui aussi m'avait pourtant assuré ne pas vouloir de truc sérieux, mais à l'allure où ça va, il me demande ma main dans une semaine, le type, ah, ah, ah ! Pfff, c'est chiant quand ça se termine comme ça. En général, quand le mec est OK sur le principe, c'est top, tu vois, mais là, Marco, je n'aurais jamais pensé qu'il s'accrocherait comme une moule à son rocher. Ça fait chier. C'est le deuxième qui s'attache plus que prévu et qui ne comprend pas les mots *just for fun*. Avec le dernier, j'ai limite hésité à aller chez les flics pour m'en débarrasser, tu t'en souviens ?

Je hoche la tête et souris, l'écoutant d'une oreille distraite, ne pouvant m'empêcher de cogiter. Je suis consciente que c'est mal, que Matis et moi, on ne devrait pas, que je suis la pire meilleure amie au monde. Pourtant, malgré cette culpabilité et ces doutes, je sais déjà que rien ne pourra m'empêcher de rejoindre son père cette nuit.

Je sais aussi que je vais droit dans le mur, mais j'y vais quand même…

Et je refuse d'écouter ma petite voix, qui me serine : *C'est du grand n'importe quoi ! Tu risques de perdre ta meilleure amie ! Allô ? Y a quelqu'un ? Et, franchement, arrête de sourire, on dirait une débile !*

30

Romy

Voilà trois jours que le calme a retrouvé peu à peu sa place dans la maison. Pour preuve, Maja a déjà envie de mettre son nez dehors et élabore toutes sortes de stratagèmes pour y parvenir. Néanmoins, je la connais et je sais que, si elle voulait réellement mettre ses plans à exécution, elle aurait déjà filé en douce. Rien ne l'arrête quand elle a une idée derrière la tête.

Nous passons nos journées à lézarder toutes les deux au soleil, Yago couché non loin de nous, sous le magnifique olivier du jardin. Maja dessine et y prend un plaisir fou, je le vois bien. Elle a décidé de créer le même type de livre illustré que celui qu'elle m'a offert à Noël, mais pour sa mère, cette fois. Elle est donc plongée à fond dans ses photos souvenirs.

De mon côté, je lui concocte plein de petites douceurs, et j'en profite pour peaufiner et mettre en forme les idées de pâtisseries que j'ai imaginées à Rome. J'ai eu Léon en visio plusieurs fois et il est ravi de cette initiative. Il m'a remerciée, sans oublier toutefois de m'ordonner de lever le pied en me rappelant que les vacances sont faites pour profiter du soleil. Mais, moi, j'ai besoin de m'occuper les mains pour me vider l'esprit. Trop de choses tournent en rond dans ma caboche.

Je m'inquiète, bien entendu, pour ma meilleure amie.

Pour l'instant, elle ne risque rien, mais qu'en sera-t-il à la fin des vacances ? Je lui ai déjà demandé si elle repartirait comme prévu aux États-Unis, à la mi-août. Elle m'a répondu que oui, qu'elle n'allait sûrement pas laisser un connard l'empêcher de vivre sa vie. Elle m'a promis de garder Soan près d'elle. Mais bon, il nous reste encore quinze jours à passer ici et j'essaie d'éviter de la stresser avec mes angoisses de copine surprotectrice.

Et puis il y a lui. Lui qui occupe le reste de mes pensées. Lui qui s'infiltre dans mon esprit dès que celui-ci se met en pause ne serait-ce qu'une petite seconde.

Trois nuits. Trois nuits que, sur la pointe des pieds, je descends l'escalier de la maison pour aller le rejoindre dans sa chambre. La première fois, j'ai cru que mon cœur allait bondir de ma cage thoracique tant il battait fort. Je craignais que Maja ne surgisse de nulle part et je me retournais toutes les dix secondes pendant le court trajet de ma chambre à celle de son père. Mais il n'a fallu que ses yeux brûlants posés sur moi et une porte verrouillée de l'intérieur pour me faire tout oublier.

Chaque nuit est magique. Inoubliable, intense. Nous laissons, bien entendu, parler nos corps, mais une fois que nous sommes rassasiés, nos âmes se livrent systématiquement l'une à l'autre. Je lui ai confié mes secrets, mes peurs, et lui m'a offert le plus beau des cadeaux en s'ouvrant à moi de la même façon.

Il a notamment évoqué à nouveau cette « malédiction de la route », comme il dit. À savoir la mort de ses parents, puis l'accident dont il avait été victime et qui avait fait un mort. Il m'a confié ses cauchemars récurrents depuis, sa culpabilité et son impossibilité d'en parler à quiconque, si ce n'est à moi… ce qui, je dois l'avouer, m'a fait extrêmement plaisir. Qu'il me juge assez digne de confiance pour enfin se livrer m'a égoïstement beaucoup flattée.

Au fil de nos nuits, plus nous nous confions l'un à l'autre, plus un lien invisible semble se tisser entre nous. Je ne sais pas si lui ressent la même chose, mais sa tendresse, ses baisers et ses caresses semblent trahir les mots qu'il ne prononce pas.

Ou peut-être est-ce moi qui me berce de douces illusions.

Une curiosité malsaine m'incite aussi à lui poser quelques questions sur sa relation avec Janet, mais il reste très discret sur ce sujet.

Tant mieux ? Tant pis ?

Le problème, c'est que cette dernière arrive aujourd'hui, et je ne sais absolument pas à quoi m'attendre. Ils se sont appelés à plusieurs reprises en visio et, à chaque fois, ils semblaient toujours très proches et vraiment complices.

Ce matin, je me pelotonne contre Matis, une dernière fois, avant de rejoindre ma chambre, la mort dans l'âme, sur la pointe des pieds. Nous avons convenu de ne pas nous retrouver ce week-end, tant que Janet sera là, car elle occupera une chambre d'amis près de celle de Matis et risquerait donc de nous entendre.

C'est donc résignée que je me glisse entre mes draps frais. Cinq heures du matin. Heureusement que Maja est une vraie marmotte ! Ça me laisse six bonnes heures pour récupérer un peu.

Pauvre Matis ! Lui doit attaquer à neuf heures, et vu le retard de sommeil accumulé, il va en baver, c'est certain.

Je m'endors en priant pour que ces trois journées passent le plus vite possible afin que je puisse retrouver celui qui hante mes jours et mes nuits.

31

Matis

Janet est arrivée depuis deux jours, et c'est déjà un joyeux bazar dans ma maison. Plus de doute possible : Maja tient de sa mère son côté volcanique et exubérant. C'est une évidence, et ça empire avec l'âge !

Hier, elles se sont mis en tête de confectionner entièrement le repas de ce soir, donnant même sa journée à Paola. Si je ne m'inquiète pas pour le dessert, vu que Romy nous régale systématiquement, il en va tout autrement pour ce qui précède : j'émets de sérieux doutes.

Janet n'a jamais été un as des casseroles, et Maja non plus – c'est le moins que l'on puisse dire ! Pourtant, mon ex a déclaré qu'elle s'occuperait de tout pour sa dernière soirée ici. Et moi, seul homme dans ma maison – et accessoirement chef cuisinier –, je n'ai pas eu mon mot à dire. Bon, je lui laisse le bénéfice du doute. Peut-être a-t-elle même appris à cuire des œufs sur le plat depuis notre séparation.

Ironique, moi ? Nan… réaliste !

Heureusement, Janet a tenu à inviter Luigi et Amber, ce qui m'évitera cette sensation d'être à nouveau la seule cible masculine à représenter, je cite, « tous ces hommes qui ne savent pas, ne comprennent rien, ne veulent jamais… blablabla ». Eh oui, Janet est une féministe engagée et ne s'en cache pas !

James est venu nous chercher au restaurant, Luigi et

moi. Amber a été conviée dès le début d'après-midi à la maison pour passer un moment entre filles et préparer le « festin » de ce soir.

Quand je pousse la porte d'entrée, les rires tonitruants de Janet et de Maja nous accueillent. Luigi hausse un sourcil en me regardant.

– Ça ne me dit rien qui vaille, si tu veux mon avis.

– Bien d'accord, mais courage…

– Fuyons ?

– Non. Allons plutôt jeter un coup d'œil discret, et nous aviserons, annoncé-je en tapotant son épaule dans un geste d'encouragement.

Plus nous approchons de la cuisine, plus je le sens mal. Une odeur de brûlé vient taquiner mes narines.

Quand je pousse la porte, j'hallucine. J'ai l'impression que ma pièce, d'ordinaire bien rangée et conviviale, a subi le passage d'un ouragan de catégorie 5. Plus rien n'est à sa place. Je ne vois même plus la couleur de mon plan de travail tant ce dernier est encombré. C'est un véritable champ de bataille. Casseroles, poêles, légumes, sucre, farine et œufs cassés se côtoient. Mon côté chef pointilleux, maniaque, ordonné et exigeant en prend un sacré coup dans l'aile.

Janet et Maja sont mortes de rire. Romy et Amber, quant à elles, arborent un air plutôt gêné en nous voyant.

– Mais qu'est-ce qu'il s'est passé ici ? demandé-je, atterré par le spectacle.

La mère et la fille sursautent de concert, ne nous ayant pas entendus arriver.

– Bordel… souffle Luigi en posant la main sur son front, aussi sidéré que moi.

– Oh ? Déjà rentrés ? se contente de demander mon ex, un air angélique sur le visage.

– Il est dix-neuf heures…

– Oh ? Bon… nous avons une bonne et une mauvaise nouvelle.

Je lève les yeux au ciel et me contrains à rester calme tandis qu'elle enchaîne :

– La bonne, c'est que Amber nous a concocté, en entrée, un délicieux carpaccio de bresaola[1], roquette et parmesan, et que Romy a confectionné l'un de ses desserts maison : une tarte tonton !

Je mords l'intérieur de ma joue pour ne pas pouffer et lui signifier qu'on dit « Tatin ». Je devine donc déjà quelle est la mauvaise nouvelle.

Voyant que j'attends, elle poursuit :

– Maja et moi, nous nous sommes lancées dans la préparation du plat de résistance. Malheureusement, nous avons dû faire face à des imprévus de taille…

– Lesquels ?

– Ben, déjà, on ne sait pas cuisiner ! lâche-t-elle en gardant difficilement son sérieux. On ne peut pas être parfaites en tout, figure-toi. Et d'ailleurs, pourquoi, en tant que femmes, devrions-nous être derrière les fourneaux pour vous satisfaire, vous, les hommes ? Tu peux me le dire, hein ?

Elle relève la tête en signe de défi.

– Peut-être parce que c'est toi et Maja qui m'avez supplié, toute la soirée d'hier, de vous laisser faire le repas de ce soir. Vous avez même donné sa journée à Paola pour aller au bout de votre délire. Et tu as l'air d'oublier que mon métier est de passer des heures et des heures derrière les fourneaux, donc ton petit acte de féminisme à deux balles, tu te le gardes, ma jolie !

1. La bresaola est une spécialité de charcuterie italienne produite en Lombardie, près de la Suisse. Elle est réalisée à partir de viande de bœuf aromatisée, salée et séchée.

– Eh bien, justement, tu me connais parfaitement, Mat ! Alors, peut-on savoir pourquoi tu n'as rien fait pour m'empêcher d'aller au bout de cette idée ridicule ?

Janet ou la mauvaise foi incarnée !

Elle pouffe. Je lève de nouveau les yeux au ciel et elle s'avance pour s'imposer entre mes bras. Je fais un pas en arrière afin de mettre de la distance entre nous, déjà parce qu'elle a saccagé ma cuisine et que, comme d'habitude, ce genre de détail n'a aucune importance à ses yeux, mais aussi par rapport à la présence de Romy. Certes, nous ne sommes pas à proprement parler en couple, mais cela serait lui manquer de respect que d'entrer dans le jeu de Janet.

– Désolée, Mat. J'avais oublié que j'étais nulle en popote et que c'était toi, le dieu de la bouffe, ici ! On pourrait sortir dîner, non ? minaude-t-elle.

– Sûrement pas. Ta flatterie ne mènera à rien, et en plus je tiens à goûter l'entrée d'Amber et la tarte *Tatin* de Romy.

– C'est clair, moi aussi, confirme Luigi en allant embrasser sa douce, qui se blottit contre lui.

– Je propose que, toi et Maja, vous nettoyiez la cuisine. Et quand l'endroit sera à nouveau opérationnel, je m'occuperai du plat principal. Deal ? proposé-je.

– Deal, marmonne Janet en boudant.

– Mais nooon, pas deal, maman ! la supplie Maja.

– Ouais, c'est vrai. Bon… et si on rappelait Paola ? Peut-être que…

– C'est hors de question ! C'est votre bordel, alors vous assumez et vous nettoyez pendant que, nous, on va boire un verre sur la terrasse.

– Oh, mais non ! On vient aussi et on fera ça après, promis, *papà* !

– Niet ! Tu ranges avec ta mère, et vous nous rejoignez ensuite dehors. C'est non négociable !

Janet est une boudeuse, et Maja excelle également dans ce domaine, mais elles n'insistent pas. Elles savent que je ne lâcherai rien. Mère et fille sont habituées à tout avoir en claquant des doigts, mais ici, chez moi, hors de question d'agir ainsi.

Je déteste cette facette de Janet, et c'est en partie ce qui a contribué à la fin de notre mariage. Nous n'avons pas du tout les mêmes valeurs à ce niveau-là, et je fais tout pour que Maja ne prenne pas goût à cette facilité systématique.

– On peut les aider, intervient Romy, ça ira plus vite…

– Oui, à quatre, ça sera fait en moins d'un quart d'heure. Allez déboucher les bouteilles, on se charge du reste, insiste Amber.

– Non ! Les filles, vous venez avec nous. On va laisser Maja et sa mère ranger leur bordel. Elles n'ont eu besoin de personne pour mettre le foutoir !

Maja intervient :

– *Papà*, c'est abusé, là…

– Tu veux que je te fasse confiance, mais quand je vois cela, désolé, je considère que tu es loin d'être mûre, ma fille. Ce n'est peut-être qu'un détail pour toi, mais c'est pourtant révélateur de tout ce que je ne supporte pas sous mon toit.

Mon ex-femme lève les yeux au ciel comme une ado et je ne peux m'empêcher de lui dire :

– Janet, tu pourrais aussi expliquer à ta fille qu'il y a des choses importantes dans la vie, comme, je ne sais pas, moi, prendre enfin les menaces qui la guettent au sérieux. Ou bien, tout simplement, assumer quand on a merdé.

Apparemment, mon coup de gueule vient de sidérer tout le monde, mais j'en ai assez d'être le seul adulte de notre trio. Il est temps qu'elles grandissent !

– Allez vous asseoir, mesdames. J'apporte les verres et les boissons.

Quand je me retourne, je surprends la mère et la fille qui tirent la langue dans mon dos.

Sérieux ?

Cinq ans d'âge mental. C'est ce genre de détail qui me conforte dans l'idée que notre séparation était la meilleure chose à faire. Je me rends compte que rien n'a changé depuis. Janet est une grande rêveuse devant l'Éternel quand je suis un homme qui a besoin de tout maîtriser pour se sentir bien.

Je ne peux m'empêcher de la comparer à Romy. Cette dernière a l'âge de notre fille, mais recèle en elle plus de jugeote et de maturité que mon ex-femme. En plus, il est évident que nous avons bien plus de points communs que Janet et moi n'en avons jamais eu… sans parler de cette osmose sexuelle qui ne cesse de croître au gré de nos rencontres nocturnes. Moments que j'attends avec impatience toute la journée. Savoir que, ce soir, elle ne viendra pas me rejoindre me fout encore plus de mauvais poil.

Si seulement la mère de Maja pouvait partir plus vite que prévu ! Je retrouverais le sourire et ma bonne humeur, c'est certain…

32

Romy

J'ai passé une excellente journée, même si Janet, avec sa joie de vivre extraordinaire, s'est révélée aussi très épuisante ! Je ne comprends pas comment Matis et elle ont pu être en couple. Ils sont si différents ! Certes, elle est magnifique, mais après deux jours, elle m'agace prodigieusement. Et je ne suis pas la seule à le penser, vu les regards discrets d'Amber à mon intention.

En revanche, j'ai pas mal de points communs avec cette dernière. Je l'apprécie beaucoup. Amber aussi adore cuisiner. Elle est très gentille et à l'écoute. Elle m'a posé plein de questions sur ma vie, et j'ai trouvé ça très prévenant et sympathique de sa part, même si, personnellement, je n'aurais pas osé la bombarder d'autant d'interrogations diverses et variées. Une fois qu'elle est lancée, c'est une vraie pipelette.

La tchatche à l'italienne, je suppose !

Nous avons formé un super binôme, à l'opposé de celui de Janet et Maja, qui n'ont fait qu'accumuler les bêtises. Elles n'ont rien voulu entendre de nos conseils, alors, au bout d'un moment, on a lâché l'affaire. Ne supportant pas nos suggestions, elles nous ont sommées de les laisser « créer » tranquillement.

Nous sommes donc volontiers sorties une heure pour prendre le soleil. Amber a continué sur sa lancée et m'a demandé si j'avais aimé Rome. Je lui ai donc raconté le peu que j'en avais vu. Nous venions de rentrer quand les hommes sont arrivés, deux minutes plus tard. J'ai cru que Matis allait faire un infarctus en découvrant l'état de sa cuisine. Il faut dire qu'elles n'y sont pas allées de main morte !

Après que la mère et la fille ont rendu aux lieux leur propreté d'origine, nous avons bu l'apéritif, puis nous avons dîné dans une très bonne ambiance. Ma tarte *tonton* n'a pas fait long feu… Sacrée Janet !

Cette dernière revient s'asseoir alors qu'elle s'était éloignée pour prendre un appel de Mickael, son agent.

– J'ai une super nouvelle ! Mick a pu modifier mon emploi du temps, et je suis donc attendue à Milan, dès demain, pour trois jours, au lieu de devoir retourner aux States tout de suite, comme prévu.

– Sérieux ? Mais c'est génial ! Ça veut dire qu'on va passer un peu plus de temps ensemble ! s'exclame Maja.

– Ouiiii !

Les deux femmes se serrent dans les bras. Matis intervient :

– Comment ça ?

– Ben, on en a discuté, toutes les deux, et Maja viendra avec moi à Milan pour qu'on se voie un peu plus longtemps. C'est cool, non ?

– Heu, OK, mais que comptez-vous faire là-bas ?

– J'ai une série d'interviews à donner dans un hôtel pour la sortie de mon prochain film. En attendant, Maja pourrait en profiter pour faire visiter la ville à Romy ?

Matis tourne la tête vers moi. Je pense qu'il devine, à mon air étonné, que je n'étais pas au courant.

– Et vous n'avez pas oublié un détail, non ?

– Lequel ? demande Janet.

– Les lettres de menaces, peut-être ?

– Oui, mais on a pensé à tout ! On pourrait partir de nuit, comme ça personne ne saurait que Maja a quitté ta villa. Et, bien entendu, Soan et mon propre garde du corps seraient de la partie.

Matis fronce les sourcils. Je le comprends : j'aurais peur, à sa place, dans les circonstances actuelles.

– *Papà*, je ne ferai pas n'importe quoi. Juste une promenade dans la ville, un peu de shopping et des visites incognito pour faire découvrir Milan à Romy… et Soan sera toujours derrière moi. Promis ! Et comme dit maman, ce taré ne se doutera pas que je suis partie pour trois jours, vu qu'on voyagera avec la voiture de maman durant la nuit, moi allongée à l'arrière.

– Je ne sais pas, Maja, et puis Romy a peut-être son mot à dire. Si je ne m'abuse, ce sont ses vacances, à elle aussi, non ?

Je suis touchée qu'il pense à me mettre dans l'équation. Il hésite et c'est normal, je comprends. Mais je dois admettre que je ne vois pas comment quelqu'un pourrait apprendre qu'on s'est absentées durant trois jours, surtout en s'éclipsant de nuit. Et puis j'aimerais beaucoup découvrir Milan.

Je n'ai pas le temps de répondre qu'Amber, qui semble être de mon avis, intervient dans ce sens :

– Milan est une ville magnifique, confirme-t-elle. J'y ai vécu longtemps. Tu l'aimerais beaucoup, Romy.

– Oh, génial ! Mais viens aussi avec nous, Amber. Plus on est de folles, plus on rit ! Et si tu connais des endroits sympas, c'est encore mieux ! s'enthousiasme Janet.

– Avec plaisir ! J'en serais ravie ! s'exclame Amber, l'air plus réjoui que jamais.

– Oh, Sis, tu as aussi cette église dont tu m'as parlé,

tu sais, celle qui héberge *La Cène* de Léonard de Vinci ! insiste Maja.

– En plus, toi qui sembles avoir aimé ton shopping à Rome, tu adorerais Milan, renchérit Janet.

– Je suis d'accord, mais ce n'est pas moi qu'il faut convaincre, les filles ! dis-je en souriant et en tournant la tête vers le seul qui émet encore des doutes sur ce projet.

Matis regarde Luigi, qui, l'air sérieux, lui propose :

– Et si on s'arrangeait pour les rejoindre ? Ça te rassurerait ? On pourrait bosser exceptionnellement demain soir et les y retrouver dans la nuit en demandant à l'équipe d'assurer notre service du lundi, quitte à rentrer mardi matin pour le service du midi.

– Mmmh, oui, en effet, c'est jouable. Mais seulement si vous rentrez le même jour, en fin de journée, déclare-t-il en regardant Maja, l'air sérieux.

– Promis !

– Janet ?

– Quoi ?

– Promets-moi que vous ne prolongerez pas ce séjour inutilement.

– Promis ! Croix de bois, croix de fer, si je mens, je vais en enfer, assure-t-elle.

Je capte le regard agacé de Matis face à la repartie immature de son ex-femme. Et vu la tête de Luigi, il est évident qu'ils sont deux à être désabusés.

– Alors, soit. Vous partirez durant la nuit et on vous rejoindra après notre service, demain soir.

– Vers quelle heure serez-vous à Milan ? leur demande Amber.

– On pourrait tout boucler et partir avant les desserts, peut-être ? suggère Luigi.

– Bonne idée. Alors, je dirais qu'on pourrait être là aux

alentours de vingt-deux heures trente, répond Matis à Amber, qui hoche la tête.

– Génial ! Milan, nous voilà ! s'exclame Maja, toute guillerette. Romy, tu viens ? On va faire nos valises.

– Nous allons y aller aussi, ajoute Luigi. Comment fait-on, Amber ? Tu rejoins les filles ici, cette nuit ?

– Non, intervient Janet. Si des paparazzis sont postés devant l'entrée, la voiture d'Amber pourrait attirer l'attention sur le fait que je ne pars pas toute seule. Et on se ferait griller avec leurs flashs à la con. Il vaut mieux que je m'assoie devant, avec mon garde du corps, et que Romy, Soan et Maja se cachent tant bien que mal à l'arrière sur quelques kilomètres, plutôt, non ?

– Oui, c'est vrai, mais si je vous rejoignais à l'hôtel, tout simplement ? propose Amber. J'adore conduire, et comme je ne suis pas connue, ça se ferait ni vu ni connu.

– Bonne idée. Si ça ne t'ennuie pas, c'est mieux comme ça, en effet, confirme Matis. Merci, Amber.

Janet donne les coordonnées de l'hôtel à Amber. Brusquement, l'excitation me gagne. Milan, quand même ! Je ne pensais pas, en venant ici, que je visiterais autant de villes mythiques. Je souris bêtement, et ça ne s'arrange pas quand, profitant du fait que tout le monde est occupé, Matis m'offre un sourire complice assorti d'un clin d'œil discret.

Quand je me couche, ce soir-là, j'ai du mal à trouver le sommeil. Nous partons vers cinq heures, mais je suis tellement excitée à l'idée de ce voyage que je tourne et me retourne dans mon lit.

Je décide d'aller boire un verre d'eau. Sur la pointe des pieds, je descends l'escalier quand des chuchotements attirent mon attention. Je me baisse, regarde à travers la rampe et découvre Matis et Janet, assis confortablement sur le canapé. Ils contemplent visiblement la boîte de vieilles photos que Maja a laissée traîner.

Je sais que je devrais remonter, mais une curiosité malsaine me pousse à rester là, dissimulée dans l'obscurité que m'offre ma cachette.

– Toutes ces années sont passées si vite, dit Janet, de façon nostalgique, en posant sa tête sur l'épaule de Matis.

– C'est clair. Notre bébé a bien grandi. Un peu trop vite à mon goût, même. Et savoir qu'un malade veut s'en prendre à elle me rend fou d'inquiétude.

Janet pose sa main sur la sienne, comme pour le tranquilliser.

– J'ai toute confiance en toi. Je sais que tu vas la protéger.

Il la regarde et penche légèrement la tête.

– C'est certain ! Mais toi, que comptes-tu faire ?

Elle pouffe doucement.

– Ce que je fais le mieux : l'aider à oublier cette situation stressante et la rendre joyeuse.

Il se renfrogne et passe à autre chose. J'ai l'impression qu'il se modère afin de ne pas être désagréable. Elle lui désigne alors une photo en souriant.

– Regarde-nous. Tu te rends compte que Maja a le même âge que nous sur cette photo ?

Il soupire et répond avec une légèreté feinte, il me semble.

– Oui. J'étais déjà pas mal à cet âge-là.

Elle ricane discrètement.

– Tu es toujours aussi beau maintenant, si ce n'est plus, Mat.

– Je te retourne le compliment, mais tu devrais aller te coucher. Tu te lèves tôt, et à nos âges, on a besoin de plus de sommeil pour récupérer.

– Parle pour toi, vieux croûton ! se moque-t-elle en lui mettant un petit coup de poing dans l'épaule tandis qu'il rit, lui aussi.

– OK, tu as raison. Le vieux que je suis va aller se coucher, dit-il en amorçant le geste de se lever.

Mais elle le retient, et mon cœur s'emballe quand elle lui lance sérieusement :

– Ce dont nous avons parlé, il y a cinq minutes, va dans ce sens, Mat. Ça serait une folie, certes, mais tu sais aussi bien que moi que, parfois, il faut se rendre à l'évidence et céder à ses envies.

Elle le drague ou je rêve ? Ma main au feu qu'elle lui a proposé de reprendre là où ils se sont arrêtés.

Il pose sa main sur la joue de l'actrice et, tendrement, dépose un baiser sur sa tempe.

– La nuit porte conseil, Ja'.

Elle se blottit alors spontanément contre son torse, et moi, j'ai envie de hurler. Si j'ignorais ce qu'était la jalousie, désormais, je le sais, et surtout je la subis de tout mon être : mon cœur tambourine, mon ventre se tord, et je ne sais pas comment je me retiens d'aller les voir et de…

Et de quoi, d'ailleurs ?

Il n'est même pas mon mec officiel. C'est même tout le contraire, alors quoi ? J'ai droit à une piqûre de rappel quand il resserre ses bras autour d'elle.

– Bonne nuit, Janet.

– Bonne nuit, *tesoro*.

Il ne s'attarde pourtant pas. Moi, j'expire l'air que je retenais sans en avoir conscience. Il regagne sa chambre, mais elle, elle reste à regarder les photos disposées sur la table. Et moi ? Je retourne, ni vu ni connu, dans mon lit.

J'ai envie de pleurer. Car, soyons clairs, je ne ferai jamais le poids face à cette femme sûre d'elle et avec qui il a tant partagé. Elle est belle, talentueuse, et si effectivement elle souhaite remettre le couvert avec lui, comme je le suppose, il n'y aura plus rien pour les en empêcher, vu que, moi, je serai de toute façon bientôt de retour dans ma Bretagne. Donc, CQFD.

Moi qui n'arrivais pas à dormir, jusqu'à présent, je suis désormais convaincue que je ne fermerai pas l'œil de la nuit. Qui a dit que la curiosité était un vilain défaut ?

Moi, mais un défaut qui fait douloureusement prendre conscience de la réalité des choses, parfois…

33

Quelqu'un
Italie

Ça y est.

Le moment est arrivé.

Je n'en peux plus d'attendre…

L'heure est venue de passer à l'action.

Enfin.

Je tourne et me retourne entre mes draps, et je ne peux empêcher ce sourire de prendre racine sur mes lèvres.

Finalement, je me lève sans l'aide de mon réveil.

Un passage dans mon bureau, une tasse d'espresso à la main, et je m'attelle à la rédaction de la dernière lettre pour la p'tite conne.

Le jeu du chat et de la souris doit cesser.

Le père a rapatrié sa fille chérie en Italie : c'est ce que je voulais.

Il est temps, désormais, d'anéantir la chair de sa chair…

Aujourd'hui, je vais mettre mon plan à exécution, et une femme va mourir.

C'est décidé, c'est la dernière fois qu'elle verra le soleil se lever.

Je vais enfin me libérer. Nous libérer…

34

Romy

Nous arrivons vers huit heures du matin à Milan. Nous sommes restés cachés tous les trois – Maja, Soan et moi – à l'arrière du véhicule pendant près d'une demi-heure. Le garde du corps de Janet a finalement décrété que personne ne nous suivait. Nous avons donc pu adopter une position assise plus confortable.

La chaleur du petit matin est très agréable. Je ne sais plus où regarder tant cette ville est splendide. Les bâtiments sont tous d'une beauté saisissante.

Après avoir laissé la voiture dans un parking souterrain, nous pénétrons dans un hôtel encore plus luxueux que celui dans lequel j'ai séjourné à Rome. Je suis subjuguée par l'intérieur mêlant vieilles pierres et modernisme tout en proposant un décor aménagé avec goût. Les hauts plafonds sont impressionnants et le mobilier, superbe.

Janet est accueillie en grande pompe par le personnel. Un employé modèle nous conduit jusqu'à la suite que nous allons toutes partager pendant ces trois prochains jours.

Je me fais à nouveau la réflexion que tout ceci est vraiment très éloigné de mon monde. Moi, petite pâtissière de mon village, je n'aurais jamais cru pouvoir descendre dans un tel établissement. D'ailleurs, je ne me sens pas vraiment à l'aise, ici, où tout n'est que faste et démesure.

Non pas que je rejette cette chance qui m'est donnée, bien au contraire. Je savoure chaque minute ici. Néanmoins, je ne retrouve pas, dans ces lieux, l'esprit de l'hôtel de Rome, Sergio et sa gentillesse y étant certainement pour beaucoup. Et puis peut-être que je ne m'y sens pas légitime, surtout…

Je découvre la suite, des étoiles plein les yeux, et constate que Maja et Janet sont très à l'aise. Forcément, elles ont l'habitude de ce monde de privilégiés, et y ont d'ailleurs sûrement plus leur place que moi.

– Cette vue est incroyable ! dis-je à Maja, déjà allongée sur le lit king size de sa chambre.

Elle se relève d'un bond et se poste près de moi.

– Ouais, et tu sais quoi ? Ça me donne grave envie de la dessiner, tiens ! Oh ! Je pourrais même dessiner chaque vue des chambres d'hôtel qui se succèdent dans mon métier pour en faire un portfolio, non ?

– Super idée ! Comme ça, tu me feras voyager avec toi quand tu me montreras tes croquis ! Ou, mieux, tu pourrais en faire un livre, pourquoi pas ?

Mon amie m'offre un sourire radieux, mais ne répond pas. Elle a l'air presque intimidé, tout à coup. Et moi, je suis ravie de constater qu'elle s'adonne de plus en plus à cette activité qu'elle aime tant.

Le téléphone sonne. Janet le décroche en mode haut-parleur et un employé de l'hôtel lui annonce :

– Bonjour, madame Banks. Je suis navré de vous importuner, mais une certaine Amber Whitaker assure que vous l'attendez.

Janet répond immédiatement.

– Effectivement, vous pouvez la laisser monter. Et d'ailleurs, inscrivez son nom sur la liste de mes invités, s'il vous plaît.

– Bien, madame Banks. Au revoir.

– Waouh ! On dirait qu'ici aussi, c'est une forteresse ! m'exclamé-je spontanément.

– Tu n'imagines pas le nombre de fans qui se font passer pour des « amis », ma chérie, m'explique Janet. Il a donc été établi par mon staff que chaque personne devrait montrer patte blanche pour monter jusqu'ici. Surtout en ce moment, où il est hors de question de relâcher notre vigilance.

Sa réponse me rassure sur le fait qu'elle prend enfin au sérieux les menaces adressées à sa fille. Et ce, même si elle a donné les deux soirées à venir à son garde du corps, vu que Soan ne nous lâchera pas d'une semelle le soir et que, durant la journée, elle ne pourra pas quitter l'établissement à cause des interviews qu'elle va devoir enchaîner.

Nous en profitons pour nous asseoir et nous servir un cappuccino.

Amber entre finalement dans la suite après que Soan lui a ouvert la porte. Elle aussi observe les lieux tout comme je l'ai fait. Je sais qu'elle et Luigi semblent aisés, mais j'ai pourtant la sensation qu'elle est impressionnée par tout ce faste.

– Je ne m'habituerai jamais à tout ce luxe, me murmure-t-elle avec un sourire après s'être jointe à nous.

– Pareil, dis-je en lui faisant un clin d'œil complice.

Maja ne perd pas de temps pour nous mettre l'eau à la bouche avec un programme de shopping digne de *Pretty Woman*.

Une heure plus tard, après avoir laissé Janet à ses journalistes, nous partons donc en virée entre filles. J'ai l'impression de vivre réellement la dolce vita. Nous enchaînons les boutiques et le temps passe à une vitesse folle.

Amber est dans son élément et nous fait découvrir des magasins géniaux. Pour ma part, j'ai décidé de consacrer cette journée à l'achat de souvenirs pour mes proches et pour moi-même. J'ai déjà dégoté une robe, un rouge à lèvres et des ustensiles de cuisine, comme cette râpe à parmesan qui me plaît énormément. Maja en rigole encore.

– Comment peut-on avoir l'idée de rapporter un truc pareil comme souvenir de cette ville où règne plutôt l'élégance ? Tu me surprendras toujours, Sis.

– Oui, ben, pour moi, il n'y a rien de plus classe qu'un peu de parmesan râpé sur des pâtes cuites al dente !

– Certes ! confirme la gourmande qui sommeille en elle.

– Quoi qu'il en soit, pour ma dernière étape, je veux absolument dégoter un vin précis qui plaira énormément à mon grand-père.

– Lequel ? s'enquiert Amber.

– J'aimerais trouver un barolo riserva Monfortino 2004.

– C'est du chinois pour moi, mais j'ai un ami qui saura à coup sûr te permettre de dénicher ton Graal, si tu veux ! me propose-t-elle.

– Oh, non ! Vous êtes sûres qu'on ne pourrait pas plutôt aller chez Armani pour acheter un superbe ensemble à papy Rémy ?

– D'une, ça n'est pas dans mes moyens. De deux, il te tuerait s'il t'entendait le traiter de papy en public. Et de trois, je suis certaine que ça lui ferait bien moins plaisir qu'une bouteille millésimée.

– Cet homme est mon mentor, Sis ! Tu ne me feras pas croire que lui acheter un costume pour draguer les vieilles minettes de ton village ne lui ferait pas plaisir !

– Pas faux ! Mais ma main à couper qu'il voterait quand même pour la bouteille !

– Pfff ! Vous allez dire que je fais ma gosse pourrie

gâtée, mais franchement, faire le tour des caves, ça me saoule grave ! Et sans boire, en plus !

– Enfant pourrie gâtée ? Toi ? Naaaan, me moqué-je en riant avec Amber.

– Et pourquoi n'irais-tu pas terminer ton shopping pendant que je conduis Romy chez mon ami caviste ? propose cette dernière. Il habite à la périphérie de la ville. On pourrait se retrouver à l'hôtel juste après.

Maja la serre dans ses bras et la remercie comme si elle venait de lui éviter la pire torture qui existe.

Toujours dans la demi-mesure…

– Bénie sois-tu, Amber ! Mais, franchement, perso, j'ai ma dose. Je crois que je vais aller me poser avec mes crayons dans la suite.

Nous décidons finalement de raccompagner Maja jusqu'à l'hôtel. Ma meilleure amie monte dans l'ascenseur avec Soan sur ses talons.

Amber en profite pour récupérer sa voiture, garée aussi dans le parking souterrain, et nous partons donc toutes les deux pour une virée œnologique.

Elle s'arrête un peu plus loin, sur le bas-côté, et me prévient qu'elle en a pour deux minutes : elle doit acheter un truc à boire dans une épicerie, car elle a très soif.

Quand elle revient, c'est avec deux bouteilles bien fraîches de jus d'orange.

– Oh, merci ! J'ai trop soif, moi aussi ! la remercié-je sincèrement.

– Je t'en prie, me répond-elle avant de redémarrer.

Je bois une longue gorgée de ce nectar, qui me désaltère parfaitement.

Nous quittons le centre et je me laisse bercer par le trajet. Le soleil, le ronronnement du moteur et le fait de ne pas avoir fermé l'œil de la nuit, tout cela me plonge dans une douce léthargie. Je bâille à m'en décrocher la mâchoire.

– Oh, pardon ! m'excusé-je.

– Ne t'inquiète pas. On est bientôt arrivées, mais si tu veux faire un petit somme, ne te gêne pas pour moi.

– Non, non, ça va aller…

Mais je bâille de plus belle, ce qui fait sourire Amber, qui allume la radio.

– Oh, j'adore ce morceau !

– Pareil, me répond-elle en hochant la tête.

Et c'est vrai : j'ai toujours aimé « Intro » de The xx. Cette batterie, ces loops… Je ferme les yeux pour mieux apprécier ce rythme agréablement répétitif.

Je visualise la mer, les vagues, un bateau, et Matis, qui me rejoint…

Bon, OK, cinq petites minutes de sieste ne me feront pas de mal, en effet…

35

Matis

Après notre trajet en voiture, c'est en nous marrant comme deux ados attardés que nous entrons dans le hall de l'hôtel.

Je suis d'excellente humeur. Finalement, cette idée de rejoindre les femmes ici est une bonne chose. Mon restaurant est entre de bonnes mains. En vérité, il me tarde de revoir Romy. J'ai réservé une suite au même étage que celle de Janet, et James dormira dans la seconde chambre. Mais, surtout, j'espère bien que ma jolie Française me rejoindra pendant la nuit.

Luigi, qui a, lui aussi, réservé une chambre pour lui et sa dulcinée, n'a pas arrêté de me harceler de questions pendant tout le trajet. J'aurais mieux fait de garder ça pour moi, mais, l'autre jour, quand il m'a surpris à la maison, en pleine journée, il a tout de suite compris que quelque chose ne collait pas.

J'ai essayé de maintenir ma version des faits, mais ce mec est comme mon frère et me connaît par cœur. Alors, il m'a travaillé au corps et j'ai lâché le morceau. Je lui ai avoué que j'entretenais une relation cachée avec Romy. Depuis, il est comme un fou. Il veut tout savoir et me pose des questions auxquelles je suis moi-même sincèrement incapable de répondre.

– C'est juste une histoire de cul ? Tu as des sentiments ?

Tu voudrais que ça dure ? Tu feras quoi quand elle partira ? Et si tu en parlais à Maja ?

– Dans l'ordre. Pour être honnête, non. Je crois. Dans d'autres circonstances, oui. Je n'en ai pas la moindre idée. Jamais de la vie.

– Putain… En fait, Lulu avait raison, finalement.

– Qui ?

– Mais Lulu, la vieille dame défoncée sur la plage de Saint-Barth, voyons !

– Lulu… Je l'avais presque oubliée, celle-là.

– Ben, pas moi, et elle avait bon sur toute la ligne, quoi que tu en penses ! La langue tirée sur le tee-shirt, les yeux violets, les points communs… et quoi d'autre, déjà ?

– Je ne sais plus. Un truc sur Lincoln, je crois. Mais, je te le répète, je me fous des prédictions de cette bonne femme. Je suis trop cartésien pour croire à ces conneries. On dira qu'elle a eu du bol, voilà tout !

– Tu es la mauvaise foi incarnée, mon pote !

Un liftier nous accompagne dans l'ascenseur et met fin à notre discussion. Il nous arrête au dernier étage. James pénètre dans notre suite après nous avoir salués. Moi, je vais frapper à la porte d'en face. C'est Soan qui m'ouvre. La suite est étonnamment calme.

– Bonjour, Soan. Où est Maja ?

– Dans sa chambre, monsieur.

– Merci.

Luigi sur mes talons, je frappe doucement à la porte que m'a désignée le garde du corps et la voix de ma fille m'invite à entrer.

Elle est assise en tailleur, sur son lit, et griffonne dans un carnet.

– *Papà ?* Parrain ? Déjà là ? Mais quelle heure est-il ?

– Vingt-deux heures trente. Pourquoi ?

– Oh, la vache ! Ça veut dire que je dessine depuis la fin de l'après-midi et que j'ai même oublié de dîner ! Une première !

– Je confirme ! Où sont les autres ?

– Maman avait un dîner de prévu avec l'équipe de son dernier film, au resto de l'hôtel, et…

Elle laisse sa phrase en suspens, car on entend du bruit dans la pièce principale.

Janet vient de rentrer et enlève, avec un plaisir non dissimulé, ses talons vertigineux de dix centimètres.

– Déjà là, les beaux gosses ?

– Ouais. Où sont Amber et Romy ? intervient Luigi.

– Je ne sais pas. Maja ?

Je me retourne vers ma fille qui, sortie de sa chambre, regarde son téléphone, les sourcils froncés.

– Bizarre. Elles devaient en avoir pour une heure trente tout au plus. Elles ont dû être retardées, j'imagine…

– Alors pourquoi fais-tu cette tête ? ne puis-je m'empêcher de demander.

– Parce que ça n'est pas dans les habitudes de Romy de ne pas me répondre. Or, là, c'est le cas.

– Amber, non plus, ne répond pas, s'inquiète Luigi en remettant son Smartphone dans sa poche.

Des coups frappés à la porte retentissent et nous soupirons tous de soulagement. Mais Soan l'ouvre non pas sur les filles, mais sur un employé, qui nous dit que l'hôtel a reçu une lettre à remettre en main propre à Maja Milano.

Ma fille s'avance et arrache le papier des mains de l'homme, qui s'éclipse rapidement. Son visage devient alors livide et elle s'assoit au ralenti sur le canapé.

Ses mains tremblent quand elle me tend la feuille. Plus un son ne résonne dans la pièce. Nous retenons tous notre souffle.

Et pour cause…

LETTRE 3

Bonsoir, p'tite conne,

Tu as vraiment une chance qui frise l'insolence.

Ton tour vient de passer, car, pour l'heure, je vais plutôt m'occuper de ces deux charmantes jeunes femmes que j'ai suivies en voiture et qui n'ont pas de putain de garde du corps… elles !

Elles seront bientôt dans le même état que le rat que je t'ai offert l'autre jour.

Tu t'en souviens, p'tite conne ?

36

Matis

Assis près de ma fille, qui s'agrippe à ma main comme à une bouée de sauvetage, j'essaie de réfléchir à toute vitesse. J'ai le cœur qui bat à une allure infernale. Je n'arrive pas à réfléchir correctement tant la peur vient me plonger dans un état second.

– C'est quoi, ce bordel ? s'énerve Luigi.

Il tend la feuille de papier à Janet, qui étouffe un hoquet de surprise en découvrant le message anonyme.

Je me redresse et mon esprit logique tente d'assembler les pièces du puzzle.

Il faut aller vite. Très vite.

– Maja, où devaient aller Romy et Amber ?

Ma fille inspire difficilement et m'explique :

– Romy voulait rapporter une bouteille millésimée pour son grand-père et Amber a dit qu'elle savait où la trouver.

– Où ?

– Chez un caviste qu'elle connaît bien.

Je me tourne vers Luigi, qui hausse les épaules en passant nerveusement la main dans ses cheveux.

– Amber a vécu ici pendant des années. Je ne suis pas du tout surpris qu'elle ait de bons plans.

Je hoche la tête et fais la première chose qui s'impose. Je sors mon Smartphone et compose le 113, qui me met rapidement en relation avec un agent de police. Je lui fais un topo rapide de la situation.

– Depuis combien de temps sont-elles supposées avoir disparu ? me demande l'agent au bout du fil.

– Elles ne sont pas « supposées », comme vous dites, mais bel et bien en danger !

– De nombreuses familles rédigent de fausses lettres de menaces, pensant que ça va accélérer l'ouverture d'une enquête, vous savez, et…

– Me traiteriez-vous de menteur ? m'insurgé-je en haussant le ton.

– Je ne mets pas votre parole en doute. Néanmoins, ces deux jeunes femmes sont majeures, et nous ne lancerons donc aucune recherche avant le délai légal, qui est de vingt-quatre heures, monsieur Milano.

– Vous vous foutez de moi ? Mais qui sait ce qui peut se passer en vingt-quatre heures, bordel ? hurlé-je dans le téléphone.

– Calmez-vous, monsieur Milano. Je comprends que…

– Vous ne comprenez rien du tout ! Sinon, vous seriez déjà ici pour prendre notre déposition et commencer les recherches. L'une des disparues est une ressortissante française. Peut-être devrais-je appeler l'ambassade pour leur exposer le problème et leur dire que le pays où elle passe ses vacances n'en a rien à faire de sa disparition.

– Bien sûr que non, mais…

– Non ? Alors, pour commencer, voyez avec la police de Forte dei Marmi. Demandez à parler à l'officier Russo. Nous avons déjà porté plainte pour ces lettres de menaces, et lui connaît le dossier sur le bout des doigts.

– Nous savons ce que nous avons à faire, monsieur Milano. Mais si vous pouviez me laisser parler… J'allais vous dire que, certes, nous ne lancerons les recherches que demain, mais, pour ce soir, je vous envoie immédiatement un officier de police, qui va recueillir toutes les informations qu'il jugera nécessaires.

– Son nom ?

– Je vous demande pardon ?

– Ma fille est harcelée par un malade mental depuis des mois. Personne ne peut pénétrer dans cette suite sans mon accord ou celui de mon ex-femme, alors je veux le nom de votre officier.

– Il s'agit d'un enquêteur de la police judiciaire dont le nom est Mancini. Celio Mancini. Il sera à votre hôtel dans moins d'un quart d'heure.

– Dites-lui de demander la suite de Janet Banks.

– Banks ? La…

– Oui. Elle-même.

– Bien, je le lui transmettrai.

– Merci.

Je raccroche, les nerfs en pelote. Comme j'ai mis le haut-parleur, tout le monde sait ce qu'il en est. Je crois ne jamais avoir été dans un tel état de nervosité.

Maja pleure à chaudes larmes et sa mère la berce dans ses bras. Elles me lancent toutes les deux un regard suppliant, que je ne peux pas apaiser pour l'instant.

J'appelle ensuite la réception pour ajouter le nom de Mancini sur la liste privée de Janet. Soudain, je réalise quelque chose.

– Janet, où est ton garde du corps ?

– Je… je lui ai donné sa soirée et celle de demain. Il a pris un avion pour rejoindre sa petite amie en Suisse, m'avoue-t-elle d'une petite voix navrée.

Eh merde ! Mauvais timing.

Pour autant, ça ne sert à rien d'envenimer les choses

avec des reproches, alors je garde mon calme et lui affirme :

– Ne t'inquiète pas. On ne sortira pas d'ici, de toute façon, et personne ne pourra venir jusqu'à cette suite, donc tout va bien. Soan, voulez-vous bien monter la garde devant la porte, s'il vous plaît ?

– Bien entendu, monsieur Milano.

– Merci beaucoup. S'il se passe quoi que ce soit, prévenez-moi, dis-je en l'accompagnant sur le palier.

– Bien, monsieur.

James sort alors de l'autre suite, un air interrogatif sur le visage. Je lui explique rapidement les faits et l'invite à nous rejoindre. J'ai une confiance absolue en cet homme. Surtout, plus qu'un chauffeur, il est un ami que je refuse de laisser de côté, vu le drame qui se joue actuellement.

Soudain, Luigi se lève d'un bond et dégaine son portable, l'air inspiré.

– Je sais que les parents d'Amber sont de la région. Ils sont déjà venus chez moi à deux reprises. Ils sont charmants. Je devrais essayer de les appeler, non ?

Je hoche la tête et il compose leur numéro. Il a les traits déformés par l'inquiétude. Il met lui aussi le haut-parleur afin que nous puissions entendre la conversation.

– Madame Whitaker ? Bonsoir. Pardon de vous ennuyer, c'est Luigi Barese, l'ami de…

– Mais bien sûr que nous savons qui vous êtes ! Bonsoir, Luigi. Comment allez-vous ?

– Heu… bien. Enfin, disons que je suis à Milan, où je devais retrouver Amber ce soir, mais elle n'est toujours pas là. Je m'inquiète sûrement pour rien, mais peut-être savez-vous où elle pourrait être.

– Oh, malheureusement non ! Vous savez, nous n'avons pas parlé à Amber ces derniers temps. Pensez-vous qu'elle ait des problèmes ?

– Oh, non, non, madame ! Je voulais juste vous poser la question, mais en aucun cas vous inquiéter. Si vous avez de ses nouvelles, pouvez-vous me rappeler à ce numéro ?

– Bien entendu, Luigi. Vous êtes donc à Milan ?

– Oui, à l'hôtel Five Seasons, madame.

– Très bien. Et… Luigi ?

– Oui, madame ?

– Pouvez-vous m'appeler quand elle reviendra, s'il vous plaît ?

– Mais bien entendu. Je le ferai dans la minute, c'est promis.

– Merci. Pour ça, et aussi de prendre soin de notre fille. Bonsoir, Luigi.

Il raccroche et, le visage pâle, se prend la tête entre les mains.

– S'il lui arrive quelque chose, je m'en voudrai toute ma vie.

Je pose une main compatissante sur son épaule et m'apprête à le consoler, mais on frappe de nouveau à la porte. Soan l'ouvre de l'extérieur et laisse entrer un officier de police, que Janet accueille.

Je m'éclipse une seconde et tente, une nouvelle fois, de joindre Romy sur son portable, mais toujours aucune réponse… Je bous littéralement de l'intérieur. Mon impuissance face à cette putain de situation me rend dingue.

James pose une main sur mon épaule et me fait sursauter bêtement. Je ne maîtrise pas énormément le langage des signes, alors, comme à chaque fois que nous devons communiquer, je sors mon portable et ouvre son message :

[Vous rappelez-vous
qu'avant l'arrivée de Mlle Maja,
cet été, vous m'aviez demandé
de placer un mouchard dans
notre berline ?]

– Oui.

Il pianote à toute vitesse la suite :

[Eh bien, j'ai aussi pris
l'initiative d'en placer
un dans la petite citadine
de Mlle Whitaker,
au cas où elles iraient
faire du shopping seules
ou autre chose.]

Je relève vivement les yeux vers lui.

– Sérieux ?

Il hoche gravement la tête.

– Vous êtes au top, James ! m'exclamé-je.

Il place un doigt sur sa bouche pour m'inciter à ne pas parler fort. Il se remet à pianoter sur son téléphone.

[On sait, tous les deux,
que ça n'est pas légal,
et cet inspecteur est là.
Alors, que fait-on ?
On lui en parle quand même ?]

Je me penche vers lui et lui chuchote :

– Le flic a été clair : ils ne déclencheront rien avant vingt-quatre heures, mais nous ne les avons peut-être pas…

[Alors, j'y vais et j'aviserai
sur place. J'ai vérifié,
la voiture d'Amber émet bien
le signal. Je peux m'y rendre.]

Je n'hésite pas longtemps et hoche la tête en murmurant :

– Soyez prudent. Envoyez-moi un SMS quand vous aurez repéré la voiture. J'appellerai alors les flics pour leur donner votre position. Et, surtout, ne vous mettez pas en danger, James, OK ?

Il acquiesce, puis s'apprête à rédiger sa réponse quand Janet nous interrompt.

– Le commandant Mancini veut que nous soyons tous là pour commencer.

Je lance un dernier regard à James et nous la suivons mécaniquement. J'aurais préféré agir et l'accompagner, mais c'est impossible, vu la situation actuelle.

J'explique au flic que James est mon chauffeur et qu'il rentre se coucher dans la suite au même étage. Il semble ne pas en faire grand cas.

Parfait…

Je m'assois sur le canapé, la mort dans l'âme. Allez, c'est parti pour le grand interrogatoire. Je sais qu'on doit en passer par là, que c'est la procédure, mais tout cela est tellement lent que j'en suis malade.

Faites qu'il n'arrive rien à Romy !

37

Matis

Mancini est resté deux bonnes heures avec nous. Nous lui avons fait un topo de l'historique des faits passés, des lettres de menaces, et il a emporté la dernière avec lui. Je l'ai mis en relation avec Russo. J'ai bon espoir que ce dernier accélère le déclenchement des recherches, vu les antécédents de l'enquête.

Je n'ai jamais vu Maja pleurer autant de toute sa vie. Elle s'en veut énormément, même si ça n'est pas sa faute. Mais elle ne veut rien entendre. Elle ne cesse de répéter que, s'il arrive malheur à l'une ou à l'autre, elle ne s'en relèvera pas. Et moi, je suis convaincu qu'il en sera de même pour moi aussi.

Mis à part les sanglots de ma fille, la suite est relativement calme. Nous chuchotons, comme si parler tout haut risquait d'aggraver la situation.

Soan est toujours posté devant la porte. Je lui apporte des tasses de café régulièrement. Nous carburons tous à ça, cette nuit. Aucun de nous n'envisage, évidemment, d'aller dormir.

Luigi fait les cent pas. Il n'arrive pas à se poser deux secondes et la peur de perdre celle qu'il aime est inscrite sur son visage. Moi, j'ai l'impression d'être en plein cauchemar. Je me pince régulièrement en espérant que je vais me réveiller dans mon lit.

Romy… Où es-tu, ma Romy ?

Je donnerais tout ce que j'ai pour qu'on la ramène saine et sauve dans cette chambre d'hôtel. Sauf que, contrairement à Luigi, je ne peux crier ma peur de la perdre. Parce que ce « nous » ne peut être exprimé dans cette pièce ni dans ces conditions. Pourtant, je suis mort de trouille à l'idée que ce taré lui fasse du mal, ou pire. Moi non plus, je ne m'en remettrais pas.

Voilà plus de deux heures que James est parti et je n'ai aucune nouvelle de sa part. Je commence à flipper sérieusement. Ce n'est pas son genre. Les yeux fermés, assis dans un fauteuil, j'essaie de calmer les battements anarchiques de mon cœur. Et c'est le visage de Romy qui apparaît derrière mes paupières closes.

Son sourire, ses yeux aux reflets violets, son cou gracile et sa peau, que je ne me lasse pas de goûter quand elle m'en offre l'occasion. J'entends sa voix, chaude, douce, envoûtante. Nos discussions passionnées, animées, drôles. Ses fous rires mémorables quand elle mentionne son grand-père, cet énergumène que j'ai presque déjà l'impression de connaître.

Putain ! Ça me fait tellement peur de ne peut-être plus avoir la chance de la voir, de lui parler, de la serrer dans mes bras, de lui dire tout ce dont je prends conscience maintenant !

J'ouvre soudainement des yeux écarquillés.

Bordel ! Je suis tombé amoureux de toi, ma petite Française.

Je me lève brusquement et me remets à faire les cent pas. Luigi me regarde et hoche la tête pour compatir. Il est le seul à savoir ce que je vis en secret avec Romy.

Putain, je l'aime !

Je manque d'oxygène, tout à coup. J'ouvre la fenêtre

pour inspirer l'air de la nuit et y reste une bonne heure durant. Puis je fais couler une quatrième tournée d'espressos.

Soudain, on frappe à la porte. Nous nous regardons tous, les nerfs à vif.

– Soan est là, détendez-vous, dis-je en essayant de cacher au mieux le tremblement dans ma voix rauque.

La porte s'ouvre. J'ouvre de grands yeux en découvrant Amber, en état de choc, sur le pas de la porte. Soan la soutient. Nous l'aidons à s'asseoir sur le canapé. Nous nous écartons pour laisser Luigi la câliner. Je jette un regard plein d'espoir à Soan, qui, malheureusement, secoue la tête. Elle est seule.

Le garde du corps reprend sa place devant la porte de notre suite. Maja n'a pas la même patience que nous autres. Elle s'assoit près d'Amber, lui prend la main et lui pose la question qui brûle aussi mes lèvres :

– Où est Romy, Amber ?

Cette dernière est visiblement choquée et peine à parler. Son chignon, d'ordinaire si soigné, est défait. Son mascara a coulé sur ses joues et son haut est légèrement déchiré au niveau de l'épaule gauche. Une griffure traverse sa joue.

Je ne tiens plus et prends le relais :

– Amber, sais-tu où est Romy ?

Elle secoue la tête et prononce alors tout bas :

– Je ne sais pas. Je… il… Je suis rentrée à pied… la nuit… Il m'a laissée…

– OK. Ça va aller, ma chérie. Je vais appeler les pompiers.

– Non ! Ça va le faire, je suis juste secouée, lance-t-elle à Luigi.

Il ne lui laisse pourtant pas le choix. Puis il dépose une couverture sur ses épaules et la positionne contre lui. Il s'efforce de l'apaiser pendant de longues minutes, mais il n'y parvient pas.

Puis tout s'enchaîne. Les pompiers prennent en charge Amber dans une chambre. Pendant ce temps, je préviens Mancini, qui arrive moins de dix minutes plus tard.

Quand Amber sort de la chambre, les pompiers nous rassurent et nous affirment que la vie de la jeune femme n'est pas en danger. Elle est surtout choquée, et il serait plus raisonnable de l'hospitaliser afin de vérifier ses constantes et de procéder à des examens plus poussés. Mais la principale intéressée s'y oppose farouchement et supplie Luigi de la laisser rester ici. Ce dernier accepte. Amber signe donc une décharge et nous nous asseyons tous dans le salon de la suite.

Mancini prend la parole, alors qu'aucun de nous n'ose le faire.

– Bonsoir, mademoiselle Whitaker. Je suis Celio Mancini, officier de police judiciaire. Êtes-vous en état de répondre à quelques questions, s'il vous plaît ?

Elle hoche la tête en nous lançant un regard qui ne me dit rien qui vaille.

– Que s'est-il passé depuis que vous et Mlle Vasseur êtes parties en voiture, vers seize heures trente ? demande-t-il en consultant ses notes dans un petit carnet rouge.

Je pose les coudes sur mes genoux, bien décidé à ne louper aucun des mots qu'elle va prononcer.

– Romy et moi avons décidé d'aller lui dégoter une bouteille spéciale pour l'offrir à son grand-père…

Maja hoche la tête pour confirmer.

– J'ai un ami caviste qui tient une petite boutique à Cesano Boscone.

– OK, je situe. Son nom et celui de son magasin ?

– Dito Ferri. Il tient le Palombi.

– C'est noté. Et ensuite ?

– Nous roulions, et Romy a eu envie de faire pipi. Nous nous sommes donc garées sur un parking pour accéder à des toilettes publiques. Mais, au moment de repartir, un homme est entré dans la voiture et a pointé un pistolet sur la tempe de Romy, raconte-t-elle d'une voix morne.

Maja pose les mains sur ses yeux, semblant redouter la suite autant que moi. Janet l'apaise du mieux qu'elle peut et Luigi me fait un signe discret d'encouragement. J'ai l'impression de tomber de dix étages.

– Bien. Prenez votre temps, mademoiselle Whitaker. Quel était le parking en question ?

– Celui de Boscoincittà[1], la réserve forestière, en périphérie de la ville.

– OK. Racontez-nous la suite et n'omettez aucun détail. C'est important.

– Il… il m'a ordonné de lui donner mes clés et m'a forcée à m'installer à l'arrière de la voiture. Il nous a ensuite mis des bandeaux sur les yeux et a pris ma place derrière le volant.

– Il n'y avait personne autour de vous ?

– Je ne crois pas, non. Nous venions de nous faire la réflexion que le parking était bien vide pour un jour d'été. Et puis les gens qui se garent là partent visiter la réserve pour la journée. J'ai essayé de parler à Romy, mais il m'a sommée de me taire. Elle a tenté de me répondre, mais…

– Mais ?

– J'ai entendu un bruit sourd. Je crois qu'il l'a frappée et qu'elle a dû s'évanouir, car je n'ai plus rien perçu ensuite…

– Elle respirait encore, selon vous ?

– Oui. J'avais très peur, mais j'ai finalement entendu

1. Grand espace vert situé dans la zone nord-ouest de la ville.

sa respiration quand il a coupé le moteur.

– Vous aviez toujours le bandeau sur les yeux ?

– Oui. Il avait conduit environ vingt minutes, mais je n'ai absolument aucune idée du lieu où nous pouvions être.

– Entendiez-vous quelque chose ? Des bruits de ville, de nature ou autre ?

– Non, je ne crois pas. Et puis je pense qu'il a garé la voiture dans un garage. Il m'a forcée à entrer dans une maison. Il avait effectivement dû assommer Romy et il est allé ensuite la récupérer. J'étais dans une pièce, pieds et poings liés, et elle devait être dans une autre, je suppose.

– Qu'est-ce qui vous fait penser cela ?

Amber plonge ses yeux dans les miens et je hoche la tête pour l'encourager à poursuivre.

– Elle a hurlé à un moment… et puis plus rien.

– Vous voulez dire que vous n'avez plus entendu de bruit ensuite ?

– Non, aucun. J'avais peur de l'appeler. Puis il est entré et a défait l'élastique de mes cheveux. J'ai paniqué, alors il m'a giflée et m'a griffée au passage, dit-elle en passant le bout de ses doigts sur sa blessure.

Luigi se lève sans pouvoir se contenir davantage.

– Il t'a fait du mal ? Amber, dis-moi !

– Non. Il m'a forcée à me redresser, et ma chemise s'est même déchirée tellement il a tiré fort. Je ne voyais rien et j'avais toujours les mains attachées. Il m'a traînée de force dans la voiture et déposée à deux pâtés de maisons d'ici. Il a détaché mes liens et m'a laissée partir…

– Et il est reparti ? Comme ça ?

Elle hésite et nous dit finalement d'une voix blanche :

– Il… il m'a donné un message.

– Pour qui, mademoiselle Whitaker ?

– Pour tout le monde ici. Il a chuchoté à mon oreille : « Elle va souffrir avant de mourir, sinon ça serait trop facile. Dites-leur que la vengeance est un plat qui se mange froid, même glacé. »

– Mais quelle vengeance, putain ? Maja, tu es sûre que tu ne vois pas qui ça pourrait être ? Un fan que tu aurais rejeté ? Un photographe, un créateur, un mannequin ? m'emporté-je soudainement.

– *Papà*, on en a parlé cent fois ! Bien sûr que je ne vois pas…

– Et toi, Janet ?

– Matis, on a tous des ennemis potentiels. Des gens avec qui ça ne passe pas ou avec qui on s'est pris la tête. Toi aussi, sûrement, mais franchement, notre fille a raison : on s'est posé cette question mille fois, au moins.

– Oui, mais là, il est visiblement question de vengeance. C'est un nouvel élément à prendre en compte !

– Monsieur Milano a raison, mais pour l'heure, je voudrais encore questionner Mlle Whitaker, nous tempère Mancini.

Je ne veux pas croire que tout cela est en train d'arriver. Et pourtant…

Mancini continue à poser des questions plus ou moins précises à Amber. Moi, je me lève et retourne à la fenêtre. J'inspire, mais j'ai l'impression qu'un simple filet d'air pénètre dans mes poumons.

Le souffle me manque.

Elle me manque.

Elle est mon souffle.

Mancini s'approche et me fait sursauter.

– Je dispose d'assez d'éléments pour lancer les

recherches dans quelques heures. Je retourne à la brigade, où nous allons organiser une réunion d'urgence.

Il prend les choses en main. Il semble maîtriser son sujet, mais je choisis de donner encore un peu de temps à James avant de divulguer notre plan B.

Je lui tends la main et il me la serre.

– Nous allons faire le maximum. Soyez-en assuré.

Je hoche la tête, la nausée au fond de la gorge. Il veut être rassurant, mais je crève littéralement en imaginant la souffrance de Romy. Chaque inspiration est laborieuse. Je ne suis pas du genre à baisser les bras, mais je crois que je n'ai jamais eu aussi peur de ma vie.

J'envoie un énième message à James, mais il ne répond toujours pas. Je me sens honteux de me dire que j'aurais préféré que ce soit Romy qui soit ici, et non Amber. C'est dégueulasse… et pourtant, j'envie mon pote, aux petits soins pour sa fiancée, alors que, moi, je me ronge les sangs.

Machinalement, comme pour me racheter de ces pensées honteuses, je dépose une tasse devant Amber. Elle me remercie d'un signe de la tête. Je sers tout le monde. J'ai besoin de me concentrer sur du concret pour ne pas laisser mon cerveau partir dans des suppositions plus tragiques les unes que les autres.

Je ne suis pas vraiment croyant. Pourtant, je me surprends à lever les yeux au ciel et à murmurer :

– *Dio mio, per favore riportaci indietro Romy.*[2]

2. « Mon Dieu, ramenez-nous Romy, s'il vous plaît. »

38

Matis

Vers sept heures, un coup de fil de la réception nous apprend que les parents d'Amber sont en bas et demandent la permission de monter voir Luigi. Janet donne bien entendu son accord et nous informe qu'ils arrivent.

– Oh, merde… Je suis vraiment trop nul ! J'ai oublié de prévenir tes parents que tu étais bien rentrée !

– Mes parents ? Comment ça ?

– Comme j'étais mort d'inquiétude, je leur ai téléphoné, en fin de soirée, pour leur demander s'ils savaient où tu pouvais être. Je devais les rappeler pour les rassurer ensuite. Mais j'ai zappé…

Trois petits coups sont frappés à la porte et Luigi s'empresse d'aller ouvrir permettant ainsi à Soan de laisser entrer les nouveaux venus.

– Entrez, je vous en prie. Je suis vraiment navré. Amber est rentrée il y a trois heures, j'aurais dû vous prévenir.

La maman traverse la pièce et enlace sa fille, l'air visiblement soulagé.

– Le principal, c'est qu'elle soit saine et sauve. J'avoue que je respire mieux, lui dit le père, en lui serrant la main, avant d'aller prendre à son tour sa fille dans ses bras.

– Tout va bien, ma chérie ? Que s'est-il passé ? l'interroge sa mère.

– Asseyez-vous, madame et monsieur Whitaker. Nous

allons tout vous expliquer, mais avant, je vais commander un petit déjeuner pour tout le monde, propose Janet.

– Appelez-nous Elliot et Patrizia, madame.

Janet leur sourit. Les Whitaker s'installent timidement près de nous, sur le canapé. Ils semblent manifestement impressionnés par mon ex-femme, qu'ils ont reconnue. La maman ne lâche plus la main de sa fille et ne détache presque pas ses yeux d'elle, comme pour s'assurer qu'elle va bien.

Je comprends qu'ils puissent être anxieux, mais bon, elle est là et bien portante. Et vu ce que leur a dit Luigi, rien ne pouvait laisser penser que la situation était si critique.

Je ne m'en veux même pas de ne pas compatir et d'être de mauvaise foi. Là, tout ce que je sais, c'est que je manque d'oxygène. J'ai envie de hurler, de frapper quelque chose. Mon cerveau part en vrille. J'imagine n'importe quel scénario. Mais la question qui me hante est : « Pourquoi Romy ? » Pour torturer ma fille ? Qu'avons-nous pu faire pour mériter ces menaces, et maintenant subir l'absence de celle qui a pris une place si importante dans ma vie ?

Je passe une main angoissée dans ma tignasse et mes doigts s'y accrochent rageusement. J'essaie de réfléchir… en vain. Le bourdonnement de leurs voix m'insupporte. Même Luigi m'agace à mettre sous cloche sa fiancée.

Putain, je débloque complètement et je n'aime pas ça !

L'ambiance est encore plus pesante qu'avant l'arrivée des parents d'Amber.

Quinze minutes plus tard, deux garçons d'étage déposent de grands plateaux de jus de fruits, de crêpes, de pains et de viennoiseries sur la table. Personne n'a vraiment d'appétit. Amber prend alors les choses en main et explique à ses parents le kidnapping, les recherches pour retrouver Romy et les lettres de menaces.

– Mon Dieu ! Et cette petite Romy reste donc introuvable ?

– Oui, *mamma*.

– C'est terrible ! J'espère que la police retrouvera ton amie aujourd'hui, *dolce mio*[1], dit-elle en posant sa main sur celle de Maja.

– Merci, madame Whitaker. Je le désire plus que tout au monde.

– Prie, ma douce. Le Seigneur entendra tes prières.

Maja hoche la tête et resserre ses doigts autour de ceux de cette gentille femme.

Amber s'éclipse, dans le coin dédié de la suite, pour aller refaire une tournée d'espressos. Je lui ai laissé ma place, car j'ai l'impression que ça lui fait du bien, à elle aussi, d'avoir les mains occupées.

Une tasse à la main, Amber ouvre la porte d'entrée et la tend à Soan, qui l'accepte volontiers. Je la regarde évoluer. Elle a un self-control incroyable, cette fille !

Je harcèle James de messages. Le fait qu'il ne me réponde pas me rend fou furieux.

Finalement, M. Whitaker prend la parole.

– Bon, maintenant, nous savons que notre fille est en sécurité et entre de bonnes mains, malgré le drame auquel elle a échappé. Cela nous rassure considérablement. Mais nous n'allons pas abuser plus longtemps de votre gentillesse, alors nous allons vous laisser. Je vous remercie énormément d'avoir pris soin d'elle, dit-il à Luigi en lui serrant la main. Et surtout, je vous souhaite à tous bon courage pour cette attente que j'imagine insupportable. Nous allons prier pour vous.

---

1. « Ma douce ».

– Merci, lâché-je d'une voix morne.

À cet instant, je suis incapable de faire preuve de plus de politesse. Et c'est d'ailleurs le cadet de mes soucis. Cet homme peut bien prier, grand bien lui fasse ! Putain, j'en crèverai s'il arrive malheur à Romy ! Cette idée tourne en rond dans ma tête.

Alors, j'inspire et expire bruyamment plusieurs fois d'affilée, et à défaut de céder à l'envie de tout péter autour de moi, je me lève. Mais un peu trop vite, sûrement, car, tout à coup, la tête me tourne violemment.

– Ça va, *papà* ? s'inquiète alors ma fille.

– Mais oui. Juste un étourdissement. Ça va, la rassuré-je d'un ton involontairement cassant.

Je sais que la question de Maja partait d'une bonne intention, mais j'ai les nerfs à fleur de peau.

– Tu n'as rien eu de solide dans le ventre depuis hier, Mat. Il faut y remédier, fait remarquer Luigi.

Il ne va pas s'y mettre, lui aussi ! Il doit bien comprendre que la peur me ronge. Et, franchement, qui penserait à manger dans une situation pareille ? Qui ?

– Oh, mais ne vous en faites pas pour moi. C'était juste un vertige de rien du tout…

– Oui, mais il faut que tu avales quelque chose, si tu veux pouvoir tenir le coup, jusqu'à ce qu'on retrouve Romy, vieux frère.

Je hoche la tête et abdique. Je suppose que je suis en hypoglycémie.

– Matis Artus Milano, il faut manger ! me gronde gentiment Janet en me tendant un croissant, que je prends sans être convaincu de pouvoir l'avaler tellement mon estomac semble noué.

Je m'assois et remarque alors que les Whitaker sont

toujours là, mais qu'ils sont désormais figés, me dévisageant avec des yeux écarquillés.

– Allez-y, *papà* et *mamma*. Je vous appelle tout à l'heure. Promis, juré, leur dit Amber en les encourageant à partir.

Mais ils ne bougent pas. Au contraire, ils blêmissent. Ils restent là, comme paralysés. Ils échangent un regard et le père fait le signe de croix.

Quelque chose cloche. Maja, Janet et Luigi le ressentent également. Nous échangeons des regards d'incompréhension. Je me redresse instinctivement dans mon fauteuil.

– Amber, ma toute petite, que se passe-t-il ici ? lui demande tout bas sa mère.

– Mais rien, *mamma*. Tout va bien, vous pouv…

– Monsieur, pouvez-vous me rappeler votre nom, s'il vous plaît ? la coupe alors son père en s'approchant de moi.

Je fronce les sourcils. Quelque chose me dit que ça ne sent pas bon.

– Matis Milano. Pourquoi ?

La maman étouffe un hoquet et le père se retourne vers sa fille.

– Qu'est-ce que tu as fait, Amber ? l'interroge-t-il avec une mine subitement horrifiée.

Livide, il jette un regard à sa femme, qui, l'air tout aussi effaré, pose une main tremblante sur sa poitrine.

Luigi est le premier à intervenir.

– Qu'y a-t-il, monsieur Whitaker ?

– Notre fille est, disons… quelque peu…

– Stop ! l'interrompt Amber.

Mais il poursuit.

– … perturbée. Il y a quelques années, elle a dû être internée à la suite de…

Amber lance un regard noir à son père. Son visage

revêt une expression dure et ses lèvres pincées lui confèrent une allure diabolique. Je ne la reconnais pas, et vu la tête de Luigi, il ne pige pas non plus.

C'est ma fille qui, cette fois, intervient sèchement.

– À la suite de quoi ? demande Maja sans filtre en se levant à son tour.

– Du décès tragique de son mari.

Personne ne comprend ce qu'il veut dire par là. Soudain, ça fait tilt dans ma tête. J'ai très peur de poser la question qui me brûle les lèvres. Pourtant, je me lance quand même, redoutant la réponse.

C'est moi, putain ! C'est mon passé qui me rattrape pour s'en prendre à la plus belle chose qui me soit arrivée ces dernières années !

– Comment s'appelait ton mari, Amber ? demandé-je d'une voix pas aussi sûre que je l'aurais voulu.

Mon cœur tambourine dans ma cage thoracique. Je prie intérieurement pour être à côté de la plaque et me tromper.

– Je pense que tu en as une petite idée, Ducon, non ? D'ailleurs, dis-le ! Dis son nom, si tant est que tu t'en souviennes !

– Sergio Davide, soufflé-je.

Cet homme qui me hante jour et nuit depuis ce fameux soir où je l'ai vu perdre la vie, lors de cet accident de voiture, il y a trois ans.

Je jette un regard à mon meilleur ami, qui comprend enfin. Son visage se décompose en un quart de seconde. J'ai de la peine pour lui : il vient de se rendre compte que son amour s'est joué de lui. Tout était prémédité, rien n'était dû au hasard. Leur rencontre soi-disant accidentelle, son empressement à emménager avec lui, ses passages à la maison de plus en plus fréquents, ces derniers temps, et son comportement avec Maja…

Putain ! J'ai l'impression de vivre l'un de ces moments où tout semble mis sur pause, comme si la réalité se déroulait au ralenti. Mes oreilles bourdonnent et l'angoisse transpire par tous les pores de ma peau.

Accablée, Amber fonce alors sur son sac à main et en extirpe une arme. Elle la pointe sur ses parents et les somme de s'asseoir sur le canapé, avec nous tous, qui obtempérons.

– Amber, *angela mia*[2] ? l'interpelle Luigi en tentant sûrement de faire diversion.

– Je ne suis pas ta putain de chérie !

Luigi ouvre la bouche, la referme, hésite. Je lui fais un signe négatif de la tête. Amber n'est pas celle que nous pensions. Il est évident qu'elle n'est pas nette. Surtout, elle est armée, alors il faut que nous fassions profil bas jusqu'à ce que Soan se rende compte de la situation.

Elle se met à rire comme une démente et s'adresse à mon meilleur ami.

– Non, mais tu pensais vraiment que j'avais des sentiments pour toi ? Mais pauvre fou ! Tu n'as été qu'un pion dans ma partie d'échecs. Et surtout, tu ne seras jamais mon roi. Le seul qui avait droit à ce titre, c'était Sergio et ton pote l'a buté ! crie-t-elle à présent.

Le visage de Luigi se crispe. Je le vois serrer les poings de rage. Maja et Janet se blottissent l'une contre l'autre. Elles ont peur, et à raison.

– Bouhou ! La petite princesse à son papa a les jetons, tout à coup ? On fait moins la maligne ! Elle est passée où, ta grande gueule, hein ? Ben, tu as bien raison de flipper, *p'tite conne* !

---

2. « Mon ange ».

– Laisse-la tranquille, Amber, dis-je d'une voix froide.

– Ah, parce que tu crois encore que tu peux m'ordonner quoi que ce soit, Milano ? Mais, sombre idiot, un mot de travers et je bute tout le monde ici, alors ferme ta gueule ! Tu l'ouvriras seulement quand je te le demanderai ! *Capisci ?*

Elle est complètement hystérique. Luigi et moi arriverions peut-être à la désarmer, mais elle pourrait avoir le temps de tirer ne serait-ce qu'une balle sur quelqu'un. Je ne veux pas tenter le diable. Je simule donc la crainte alors que je n'ai qu'une envie : la tuer.

– Ma toute petite ? intervient Patrizia de sa voix douce.

Mais elle se fait rabrouer aussi sec.

– Pareil, tu te tais, *mamma* ! Si vous n'étiez pas venus jusqu'ici, j'aurais pu prendre un pied d'enfer en regardant cet assassin apprendre que sa chère et tendre était sur le point de mourir.

Un silence suit ce qu'elle vient de dire. Ma fille est la première à réagir.

– Sa chère et tendre ? Tu parles de Romy, là ? Non, mais n'importe quoi ! Tu es totalement à côté de la plaque, s'énerve-t-elle.

– Oooh ! Alors, la p'tite conne ne sait pas encore que son cher *papà* se tape sa meilleure amie ? Ça, c'est vraiment trop choupinou ! se moque Amber en adoptant une voix d'enfant.

Maja me regarde en haussant un sourcil interrogateur, mais je ne cherche pas à contredire Amber. Cela ne ferait que l'énerver encore plus, et je refuse de nier ce qui me lie à Romy. Je rends donc son regard à ma fille sans ciller.

Elle écarquille les yeux sous le coup de l'étonnement.

Puis ces derniers se teintent de tristesse alors qu'elle comprend que Romy n'a pas été choisie par hasard, et surtout que nous lui avons menti.

– Où est Romy, Amber ? demande-t-elle d'une voix neutre.

– Tu vois, p'tite conne, c'est ton cher parrain qui m'a balancé l'info, poursuit-elle comme si elle n'avait pas entendu. Alors, quand j'ai su que Milano avait des sentiments pour Romy, je me suis dit que c'était l'occasion idéale de m'en prendre à elle, vu qu'elle n'était pas accompagnée par un putain de garde du corps H24. Et puis, surtout, ça rendait les choses encore plus justes. C'est vrai, quoi ! Ton assassin de père m'a privée de mon amour. À mon tour de lui prendre le sien.

– Où est Romy ? demandé-je.

– C'est presque dommage, poursuit-elle sans tenir compte de mon intervention. Je l'aimais bien. Elle n'est qu'un dommage collatéral dans ce que je dois faire. Mais bon, c'est ta faute, après tout, Milano…

– Pourquoi elle et pas moi ? insisté-je.

Elle éclate d'un rire dément et pointe son flingue sur moi.

– Car la souffrance du survivant est terrible, Milano. Chaque jour, on a l'impression de mourir un peu, comme une lente agonie que rien ne peut guérir. Je veux que tu la vives à ton tour, cette mort interminable et accablante. Je veux que tu penses à ce que ta vie auprès d'elle aurait pu être et que tu comprennes qu'à cause de toi, et de toi seul, tu passeras à côté de tout cela. Je veux que tu ailles annoncer à ses parents que leur fille est morte par ta faute. Je veux que tu crèves à petit feu et que tu t'étouffes dans ta culpabilité. Je veux tout ça, Milano ! Tu piges ?

J'encaisse ses mots. Chaque syllabe me trucide, mais je reste focalisé sur ma seule et unique préoccupation.

– Où est-elle, Amber ?

– Elle est morte, dit-elle simplement en désignant son Smartphone, qu'elle tient dans son autre main.

39

Romy
Quelques heures plus tôt

L'individu qui me retient prisonnière laisse sonner son téléphone. J'entends le bruit de ses pas, tout près de moi. Je me sens totalement impuissante, vulnérable, et mon angoisse remonte en flèche.

Ma respiration se fait plus difficile et mon cœur tambourine dans ma poitrine. Brusquement, on m'arrache le bandeau qui me maintenait dans le noir absolu. La lumière blanche du plafonnier m'éblouit et me fait cligner des yeux plusieurs fois avant que je parvienne à faire le point sur le visage d'Amber.

Elle a réussi ! Elle va nous sortir de cet enfer !

J'expire de soulagement. Je la fixe, grognant derrière mon bâillon pour lui faire comprendre de se dépêcher. Elle doit me libérer au plus vite ! Mais elle ne réagit pas.

Quelque chose cloche.

Ses traits durs et fermés, et surtout qu'elle ne fasse rien pour défaire mes entraves, tout ça me laisse perplexe.

– Ooh, c'est trop mignon ! Tu penses vraiment que je suis ta sauveuse, ma chérie ? C'est ça ?

Non, non, non, ça ne peut pas être ça…

Mon esprit refuse de se rendre à l'évidence. Je l'implore du regard, mais ne récolte qu'un rictus mauvais et méprisant de sa part.

– Je te promets de faire en sorte que tu meures vite, Romy. Je te l'ai dit, je t'aime bien ! Et puis mon pote Max est le meilleur et la bombe artisanale placée sous ta chaise est l'un de ses best-sellers ! C'est bien simple, Max est un as ! Jamais une de ses créations n'a foiré ! Tu auras donc à peine le temps de dire ouf quand j'appuierai sur le détonateur. BAM ! Tu mourras dans l'instant. Cool, non ? dit-elle avec un grand sourire aux lèvres.

Je ferme les yeux et je pense à mon père, à mon grand-père, à Maja, à Léon et à sa boulangerie, tous si chers à mon cœur. Et, enfin, je pense à lui. Matis. Que ne donnerais-je pas pour le serrer dans mes bras une dernière fois !

Mes larmes coulent. Mes sanglots sont étouffés par le bâillon. Je hurle intérieurement ma détresse. Je serre tellement les poings que je sens mes ongles entamer la chair et le sang perler.

– Ne pleure pas, voyons ! Ça n'est pas contre toi, mais tu dois être sacrifiée, Romy. Comme mon Sergio, il y a quelques années. Ça n'est pas moi qui décide, vois-tu ? C'est le destin, et on ne peut rien contre le destin, n'est-ce pas ?

Elle approche son visage du mien, et dépose même une bise sur ma joue trempée.

– Bon, je file. Embrasse mon Sergio, là-haut…

Mais elle revient sur ses pas, fronce les sourcils et, l'air menaçant, dirige son index sur moi.

– Et puis non ! Je t'interdis de l'embrasser ! Mais pour qui tu te prends, sale allumeuse ?

Je n'ai pas le temps de la voir venir qu'une gifle heurte violemment mon visage.

– Salope de Française, marmonne Amber en éteignant la lumière, me plongeant ainsi dans le noir.

Puis elle claque brutalement la porte. Moi, je n'ose plus bouger d'un cil, de peur de déclencher l'engin sous ma chaise.

Tic-tac, tic-tac…

Je sais que ce son provient de l'horloge accrochée au mur, et non de la bombe, mais je n'entends qu'un décompte macabre et qui s'accorde parfaitement au rythme des derniers battements de mon cœur.

40

Amber

– Où est-elle, Amber ? me demande cet enfoiré de Matis.

– Elle est morte, dis-je simplement en désignant le Smartphone dans ma main.

Et là, c'est le drame ! La p'tite conne se met clairement à paniquer en chialant de plus belle dans les bras de sa môman. Luigi devient carrément blême, et le visage de Milano se décompose purement et simplement.

Putain, que c'est jouissif ! Je kiffe tellement d'observer leur impuissance !

Je jubile, car je vais enfin vivre la joie suprême de voir Matis souffrir autant que je souffre. Sergio doit être vengé, et j'ai la certitude que je suis sur la bonne voie. Même quand je baisais avec l'autre, c'était mon homme qui me faisait l'amour. Jamais le visage de Luigi n'a écarté celui de l'homme de ma vie. Il n'était qu'un corps, qui m'a servi à parvenir à mon but.

Et ce connard qui pensait que je l'aimais !

J'éclate de rire en le regardant.

Sombre idiot !

Je reprends mon sérieux afin de passer à la phase finale de mon plan. J'aime soigner mes effets, alors je relance un peu le suspense au bénéfice de mes otages, juste une petite minute, avant de mettre mon plan à exécution une bonne fois pour toutes.

– Enfin, morte… pas encore. Mais ça ne saurait tarder !

– Où est-elle, Amber ? Tout peut encore s'arranger, tente de négocier Milano, ce qui me met dans une rage folle.

– Ah oui ? Vraiment ? Ramène-moi mon Sergio et je te rendrai ta Romy ! Et là, oui, on pourra « s'arranger » ! Alors ?

Il se tire les cheveux, puis se lève, visiblement à bout de nerfs. Je sens bien qu'il bout littéralement de l'intérieur et qu'il pourrait tout faire foirer en essayant de me sauter dessus pour me désarmer. Alors, je le préviens :

– Tente quoi que ce soit et j'éclate la cervelle de ta chère fille dans la seconde.

Je m'approche de Maja et pose le canon de mon arme contre sa tempe. Mon geste a le mérite de le faire se rasseoir illico presto.

– Bien. Gentil, le toutou ! Wouf, wouf !

Je me mets à rire. Je trouve cette dernière répartie très drôle. J'ai les nerfs qui lâchent, mais je n'ai jamais été aussi lucide qu'en cet instant.

– Amber, ma chérie, peut-être que tu…

– La ferme, *mamma* ! Je ne veux pas vous entendre, toi et *papà*, sinon, même punition : je fais sauter la tête de la gamine. Au lieu de me comprendre, vous m'avez enfermée comme un putain de rat de laboratoire. Alors, terminé, vos conseils ! Vous avez voulu que j'oublie mon mari, mais qui fait ça ? Hein, franchement, qui ? Et arrête de me regarder comme ça ! JE NE SUIS PAS FOLLE, BORDEL !

Ma mère ferme instantanément son clapet.

Putain, que c'est bon de se faire enfin entendre !

– Bon, une dernière chose à dire ? demandé-je à Milano en montrant mon téléphone.

– Une question, plutôt…

– Pfff… tu as de la chance que je sois patiente. Allez, vas-y.

– Pourquoi montres-tu ton téléphone en parlant de la mort de Romy ?

– Oh, mais oui ! Je ne vous ai pas raconté ! Suis-je bête… OK. Alors, Romy est attachée au-dessus d'une bombe reliée au téléphone de Sergio. Je l'ai commandée pour l'occasion à un expert qui maîtrise parfaitement l'art de l'explosion. Alors, vois-tu, quand je composerai le numéro de mon amour, elle n'aura pas la moindre chance de survivre : BOUM, BOUM, BOUM ! crié-je, fière de mon petit effet dramatique.

Matis sursaute quand je gueule mes derniers mots.

– Amber, ce n'est pas trop tard pour…

– Oh, et puis merde ! Tais-toi ! Tout cela a assez duré. Il est temps d'en finir ! Je veux te voir souffrir, et la petite Romy doit en avoir marre d'attendre, alors…

Je suis interrompue par des coups frappés à la porte. Je pose un doigt sur ma bouche pour leur signifier que, s'ils bougent d'un poil ou ouvrent leurs grandes gueules, je tirerai sur la p'tite conne, comme promis. Le canapé n'est pas loin, ils ne prendront pas le risque de moufter.

Le flingue toujours braqué sur Maja, je regarde à travers l'œilleton et aperçois alors un groom derrière la porte. Il secoue le corps inerte du garde du corps, allongé au sol.

Merci à mes somnifères puissants glissés dans son café ! Ah, ah, ah !

Ils ont parfaitement marché dans le jus d'orange de Romy, et force est de constater qu'ils ont aussi très bien fonctionné sur le gorille, qui fait un gros dodo. Mais, si l'autre type comprend ce qu'il se passe, je n'aurai pas le temps de me tirer : il aura déjà prévenu les flics en leur disant qu'un truc cloche.

– Toi, la chialeuse, viens ici et vite ! ordonné-je à Maja. Tu vas ouvrir la porte, mais si tu dis quoi que ce soit, je t'explose la cervelle, *capisci* ? Et pareil pour les autres ! S'il y en a un qui bouge, je l'abats ! Je n'hésiterai pas !

Je fourre mon précieux téléphone entre mon ventre et mon pantalon, et me positionne de biais afin de surveiller la fille et le reste de la pièce. Une fois la porte ouverte, ce connard de groom, au lieu de rester dans le couloir, s'avance spontanément et m'aperçoit derrière la porte. Je n'ai ensuite que le temps de pousser Maja, de me saisir du revers de la veste de l'employé et de l'entraîner au centre de la suite, en pointant à présent mon flingue sur son crâne.

Putain ! Ils ont tous décidé d'être cons et de me faire chier aujourd'hui ?

– Désolée, mec. Tu n'aurais pas dû venir mettre ton nez à cet étage. Assieds-toi et ne bouge pas !

L'homme s'exécute docilement, l'air effrayé.

– Pardon… pardon… Je devais… juste transmettre un message à M. Milano concernant un homme qui attend sur le trottoir d'en face.

– Non, mais tu crois que j'en ai quelque chose à foutre ? grondé-je, exaspérée.

– Non, non, pardon, madame, bégaie-t-il en levant les mains. C'est juste qu'il s'agirait d'un certain Max, qui aurait des choses à lui dire, apparemment. Du coup, mon patron m'a demandé de monter et…

– Ta gueule ! hurlé-je.

Max ? Putain ! Mais que vient-il foutre ici ? Aurait-il changé d'avis ? Serait-il capable de me balancer ?

– Où est-il ? demandé-je sèchement au groom.

– Il n'est pas sur la liste des invités de Mme Banks,

alors il attend sur le trottoir, là, juste en face, dit-il en désignant la fenêtre qui donne côté rue.

Putain, Max, qu'est-ce que tu fous ici ? Tu ne pouvais pas te contenter de me filer la bombe et basta ? Enfoiré de traître…

Je me précipite à la fenêtre, tire le rideau de ma main libre et scrute nerveusement la rue de gauche à droite, mais je ne repère pas sa silhouette.

Soudain, une détonation, suivie d'une douleur insupportable, me fait tomber sur mes genoux. Incrédule, je pose la main sur l'arrière de ma cuisse, qui saigne abondamment. Je relève la tête vers mes otages. Je vois alors le groom, debout, arme à la main, le visage concentré. Cet enfoiré m'a tiré dessus ! Il s'approche lentement de moi et me tient en joue.

Groom mon cul, oui ! Je me suis fait avoir comme une bleue…

Personne ne bouge. Ma chute m'a fait lâcher mon flingue. Pourtant, je souris à Milano, car j'ai toujours accès à mon Smartphone, coincé dans mon pantalon. Je l'en extirpe en jubilant d'avance.

– C'est pour toi, mon Sergio. Milano ? Échec…

J'ai alors juste le temps d'entendre son cri de détresse avant d'appuyer rageusement sur la touche du numéro préenregistré.

Je sens que la tête me tourne et que je ne vais pas tarder à tomber dans les vapes, mais j'ai quand même le temps de murmurer à l'homme qui se met à hurler des choses que je n'entends plus :

– … et mat !

Avant que tout devienne noir.

C'est fini. Je t'ai vengé, mon amour…

41

Matis

Soudain, tout va très vite. Des flics entrent dans la suite, arme au poing, et en quelques secondes ils sécurisent les lieux. Puis, des ambulanciers arrivent à leur tour. J'ai compris que le groom était un agent sous couverture quand il a tiré dans la jambe d'Amber, mais cette garce a eu le temps d'appuyer sur la touche de son téléphone.

J'ai l'impression de tomber de vingt étages à une vitesse vertigineuse. Bordel, cette malade a réussi à faire exploser sa bombe !

Romy ! Putain, Romy…

Comme un con, je tends l'oreille pour essayer de percevoir une détonation, mais évidemment, je n'entends rien. Pour ne pas se faire repérer, cette salope a dû séquestrer Romy loin d'ici.

Romy, bordel ! Ma Romy…

Et puis je réalise. Pour la première fois de ma vie, mes jambes ne me portent plus. Assis dans ce fauteuil, j'ai le corps comme paralysé. J'ai l'impression d'être dans un état second, de vivre la situation d'un point de vue extérieur, comme si mon corps et mon esprit refusaient de coopérer. Je ne peux faire face à ce qui se passe, alors mes yeux regardent la scène sans la voir.

J'ai la sensation d'avoir du coton dans les oreilles : les sons environnants me parviennent comme étouffés.

Je suis anesthésié. Le goût, les odeurs, les sons, tout a disparu. Il ne reste rien qu'un voile terne et un cœur en lambeaux. Le mien. Je n'ai même pas eu le temps de lui dire qu'elle s'était incrustée dans mon corps et dans mon âme.

Je baisse la tête. Elle est tellement lourde ! J'ai déjà affronté des épreuves, dans ma vie, mais celle-ci vient de me terrasser pour de bon.

Mon Dieu, Romy, qu'est-ce que je t'ai fait...

Ce n'est que quand je sens une main me secouer le bras que, brusquement, je me reconnecte à la réalité.

– Monsieur ? Monsieur ? Êtes-vous avec moi ? m'interroge une femme en braquant une petite lampe sur mes pupilles.

J'observe les secouristes, les flics, tout ce monde qui s'affaire autour de moi.

Romy...

– Monsieur ?

Je hoche la tête.

– C'est bien. Suivez la lumière des yeux, s'il vous plaît.

Je m'exécute et elle semble satisfaite. Elle prend mes constantes et tapote gentiment mon épaule avant de se remettre debout et de dire :

– Ça va aller, mais vous êtes en état de choc. On va s'occuper de vous.

Ma Romy...

Mancini s'approche alors de moi, son calepin à la main :

– J'ai quelques questions à vous poser, monsieur Milano.

Je suis sur le point de l'envoyer chier lorsqu'un hurlement animal me fait totalement reprendre pied dans la réalité. Celui de Maja, qui crie à s'en déchirer les cordes vocales. Je l'avise sur ma gauche. Mon instinct protecteur me sort de ma léthargie. Comme un robot, je me dirige vers ma fille, déjà entourée de soignants. Je les écarte sans m'encombrer de bonnes manières et serre ma fille dans mes bras de toutes mes forces. Je suis son père. Son bien-être passera toujours avant le mien. Alors, j'oublie un instant mon propre chagrin, qui me paralyse, mais elle s'écarte vivement de mon étreinte.

Elle est enragée. Autant, moi, j'étais comme bloqué, autant elle semble avoir besoin de se défouler de toutes les manières possibles. Elle empêche les infirmiers de s'occuper d'elle, les repousse en leur hurlant qu'elle ne veut pas qu'on la touche. Janet semble ne pas pouvoir la calmer non plus et me regarde d'un air impuissant et apeuré, les yeux pleins de larmes. Dans son état, notre fille pourrait clairement lui faire du mal avec ses grands gestes nerveux.

Alors, sans hésiter, je m'approche de nouveau. Elle me voit et plonge ses grands yeux noirs dans les miens en les plissant.

– Maja, calme-toi, ma chérie, s'il te plaît…

Punition attendue. Elle me frappe très fort au niveau du thorax. Je comprends alors qu'elle a besoin de décharger sa rage et que je risque d'être son sac de frappe.

– TOUT ÇA, C'EST TA FAUTE ! hurle-t-elle en me fusillant du regard.

Les larmes coulent sur ses joues sans discontinuer. Ses traits sont déformés par la colère et la haine. Un flic tente une approche, mais je lui intime de ne pas intervenir.

– Non ! Laissez-la. Elle a besoin que ça sorte. Elle en a le droit. Laissez-lui une minute…

– Oh que oui, j'ai besoin que ça sorte ! PUTAIN, MAIS QU'EST-CE QUE TU AS FOUTU AVEC ROMY, MATIS ?

– Écoute, on va en parler, mais il faut…

– IL NE FAUT RIEN DU TOUT ! PUTAIN ! SI TU NE

T'ÉTAIS PAS TAPÉ MA MEILLEURE AMIE, C'EST MOI QUE CETTE TARÉE AURAIT PRISE À SA PLACE, ET ROMY SERAIT ENCORE VIVANTE ! ELLE N'AVAIT RIEN À VOIR DANS TOUT ÇA ! ELLE NE MÉRITAIT PAS DE MOURIR, PAS À MA PLACE, PUTAIN !

– Maja, je…

– NON, MATIS, TAIS-TOI ! continue-t-elle en essuyant rageusement ses joues inondées de larmes. ELLE ÉTAIT MA SŒUR ET JE NE PEUX PAS VIVRE SANS ELLE ! JAMAIS ! ÇA AURAIT DÛ ÊTRE MOI ! MOI ! MOI, ET SEULEMENT MOI ! CERTAINEMENT PAS ELLE !

Elle se frappe violemment la poitrine pour se désigner, avant de reprendre de plus belle en rugissant à s'en casser la voix.

– JAMAIS ELLE N'AURAIT DÛ MOURIR ! PAS AUJOURD'HUI, PAS COMME ÇA !

En proie à une crise d'hystérie certaine, elle tremble de tous ses membres. Ses yeux sont exorbités, et elle a même du mal à respirer. Voir ma fille dans cet état me terrifie.

– JE… JE TE DÉTESTE, MATIS ! TU… TU N'AURAIS PAS DÛ LA TOUCHER ! TU L'AS SALIE, CONDAMNÉE ! JE NE TE LE PARDONNERAI JAMAIS, MATIS ! TU M'ENTENDS ? JAMAIS !

J'accepte pleinement ses mots, qui font écho à mes propres convictions. Je lui laisse le droit de me crier sa colère.

Je jette finalement un regard à un soignant, qui hoche la tête. Lui et son collègue enserrent alors immédiatement ma fille afin de lui administrer une piqûre de calmants. Au bout de quelques secondes, Maja s'apaise et on l'allonge sur un brancard.

– Elle va dormir quelques heures, ça va aller, nous rassure un secouriste.

Elle lutte contre les médicaments, je le vois bien, mais elle finit par lâcher prise. Le dernier regard qu'elle m'offre est glacial, chargé de tout le chagrin qu'elle ne peut exprimer, et cela me fait bien plus mal que ses cris.

Elle ne me le pardonnera jamais, j'en ai la certitude à présent. Comment le pourrait-elle, de toute façon ? Moi-même, je suis le premier à plaider coupable.

Luigi est assis sur le canapé. Un appareil prend sa tension tandis que, le regard morne, il ne quitte pas des yeux le corps évanoui d'Amber. Celle qui l'a trahi de la pire des façons. Je suis incapable de deviner ce qu'il ressent en cet instant. Je lis en lui comme dans un livre ouvert, d'habitude, mais pas cette fois. Son visage reste inexpressif, ce qui ne lui ressemble absolument pas.

Je m'apprête à le rejoindre quand la main de Janet me retient.

– Je… je n'ai jamais vu Maja dans un état pareil, Mat. Tu crois qu'elle va s'en remettre ? Et, mon Dieu, cette pauvre petite Romy ! dit-elle dans un sanglot.

Je ne sais pas quoi lui répondre. Je secoue la tête, las et terrifié à l'idée que notre fille perde en effet son goût de vivre.

– Mat ?

Je relève les yeux vers Janet. Elle essuie une larme qui roule sur ma joue. Je ne l'ai pas sentie s'échapper de mes cils. Je n'ai pas pleuré depuis si longtemps… ironiquement, depuis la mort de cet homme, Sergio Davide.

Janet tourne mon visage pour que je me concentre sur elle. Visiblement, elle m'a parlé, mais je ne l'ai pas écoutée.

– Comment ? demandé-je d'une voix d'outre-tombe.

– Je te disais que tout est la faute d'Amber, Matis. Elle a voulu se venger de ce qui n'était qu'un terrible accident.

Un accident, Mat. Où tu n'étais même pas en faute, n'oublie pas ça, *amore mio*. Cet homme était ivre et drogué, et il conduisait à contresens. Tu n'aurais rien pu faire.

Elle a beau dire ce qu'elle veut, le résultat reste le même. Peu importe qui a raison ou qui a tort : Romy n'est plus et cette idée me tord les entrailles.

Romy, ma Romy, morte… J'aurais donné ma vie pour que tu vives.

Janet m'attire contre elle et me serre alors dans ses bras. Je m'accroche à elle comme à une bouée de sauvetage.

Moi aussi, j'ai envie de hurler ma rage, de crier, mais ce sont seulement des pleurs longs et douloureux qui franchissent le seuil de ma bouche. Mon corps est parcouru de soubresauts que je ne parviens pas à maîtriser.

Janet me réconforte comme elle peut, puis met fin à notre étreinte pour rejoindre notre fille, qui dort d'un sommeil artificiel. Cela me rassure de ne pas la savoir seule. Elle va avoir besoin de sa mère, pas de moi. Enfin, pas tout de suite.

Je reste planté là, perdu au milieu de cette pièce pourtant bondée de monde.

Seul, si seul…

Mes yeux se posent sur la silhouette d'Amber, toujours inanimée, mais déjà attachée en prévision de son réveil. Cette folle à lier ! Je la déteste. L'idée me traverse de me ruer sur elle pour la rouer de coups et la faire souffrir comme elle l'a fait avec Romy.

Où es-tu, ma Romy ?

Et s'il y avait un espoir ? Si Amber avait menti ? Je voudrais tant m'en persuader ! Pourtant, je n'y arrive pas. La peur et le chagrin me submergent totalement. Je ne parviens même pas à aligner deux pensées cohérentes. Espérer me fera encore plus mal quand on me confirmera la dure réalité des faits.

Ma Romy… As-tu beaucoup souffert ? Que t'a-t-elle fait subir, au juste ? Aurai-je un corps à restituer à ta famille ? Oh, mon Dieu, comment vais-je leur annoncer ce drame ?

Mon esprit s'enflamme et part dans tous les sens. Il faut que je me renseigne, que je demande à ces agents ce qu'ils savent, mais Maja gémit dans son sommeil.

Je m'assois alors sur la chaise que j'ai approchée de son brancard. Janet est de l'autre côté, sa main serrant tendrement celle de notre fille. Je fixe l'autre main libre de Maja, mais je ne me sens pas légitime de la toucher. Elle m'en veut tellement !

Janet me ramène une nouvelle fois dans le présent en me disant :

– Laisse-lui du temps. Ça ne sera pas facile, mais elle t'aime et elle reviendra vers toi, Mat.

– J'en doute, murmuré-je en sentant mes épaules s'affaisser sous le poids de cette conviction.

La meilleure amie de ma fille est morte parce que je l'ai aimée…

Comment ma fille pourrait-elle me pardonner un jour si j'en suis incapable moi-même ?

Je plonge alors mon regard dans les iris de Janet, braqués sur moi.

– C'est… vrai ? Tu… enfin, toi et Romy, vous…

Je hoche la tête. Je ne salirai pas ces moments en mentant. J'aurais pu dire que tout cela n'était qu'un délire supplémentaire de la part d'Amber. Je suis même sûr que Luigi aurait gardé ce secret jusqu'à la mort. Mais je m'y refuse. Je l'ai aimée et je ne pourrai jamais renier ça.

Janet pose sa main sur la mienne.

– Je suis désolée, Mat. Sincèrement.

Une nouvelle boule grossit dans ma gorge et m'empêche de lui répondre. De toute façon, que dire ? Physiquement, je suis ici, mais mon esprit est avec Romy.

Où qu'elle soit.

Je me fais finalement violence et attrape tout de même la main de Maja, que je caresse machinalement, sans m'arrêter. Ce geste répété ne réussit pas à m'apaiser complètement. Néanmoins, je me raccroche à ça pour m'ancrer dans la réalité.

Puis la porte principale s'ouvre. Je tourne la tête, les yeux brouillés de larmes, et je vois James entrer, l'air hagard, visiblement sonné. Ses traits tirés ne me disent rien qui vaille. Je n'ai même pas la force de lui dresser un topo de la situation. Et s'il est là, c'est qu'il n'a pas dû retrouver la voiture.

Je ne parle pas la langue des signes. J'ai certes quelques rudiments, mais je ne comprends pas ce qu'il tente de me dire avec ses mains.

Tout à coup, il se décale. Mon esprit semble dérailler, car je la vois. Elle. Ma Romy.

J'ai un temps d'hésitation.

Est-ce mon cerveau qui me joue des tours ?

Je cligne des yeux pour chasser cette cruelle hallucination, mais, en soulevant à nouveau les paupières, mon mirage n'a pas disparu.

Enveloppée dans une couverture de survie dorée et soutenue par un secouriste, Romy est bel et bien devant moi. Son air choqué et son visage tuméfié me fendent le cœur. Et pourtant, comme par magie, ce dernier se remet à battre à une cadence infernale.

Elle est vivante…

Je ne prends même pas conscience que mes jambes me portent jusqu'à elle. J'ai besoin de m'assurer qu'elle n'est pas une illusion. Je ne le réalise que lorsque mes bras se referment autour de son corps meurtri, que je sens les battements de son cœur répondre aux miens. Je la serre fort et elle se blottit contre mon torse. J'écarte d'un bras l'infirmier qui veut la prendre en charge.

Hors de question ! Je ne peux pas m'éloigner d'elle ne serait-ce que d'un millimètre. On vient de me la rendre, alors pas maintenant. Non, pas maintenant. Elle est mon souffle, ma vie, mon tout ! Je ne supporterai pas qu'on me la vole à nouveau. Elle est à moi. J'ai besoin de ce contact, qui insuffle la vie en moi. Alors, non : je l'ai, je la garde, et c'est non négociable !

Juste une minute. Encore une minute. Ou bien pour l'éternité.

42

Romy

En entrant dans la pièce, la première personne que je vois est Amber, ma tortionnaire. Elle semble évanouie, allongée sur un brancard. Des infirmiers s'occupent d'elle, mais elle a des menottes aux poignets, ce qui me rassure un peu.

Je détourne volontairement les yeux pour ne pas la regarder plus longtemps. Cette femme me terrorise. Être dans la même pièce qu'elle suffit à me paralyser et à réactiver l'angoisse que je tente de refouler depuis que James m'a sauvée d'une mort certaine. Je suis soulagée lorsque les policiers demandent aux secouristes de la sortir de cette suite. Je ne peux plus supporter de la voir. Un poids s'envole de ma poitrine, mais il y en a encore trop, beaucoup trop.

Je soulève les paupières, lasse, et découvre que James tente d'expliquer par gestes à son patron que je suis vivante, mais en vain. Finalement, mon sauveur me désigne du doigt. Matis tourne la tête vers moi, les traits épuisés et ravagés par ce que j'imagine être de l'inquiétude. Puis ses yeux gonflés me percutent de plein fouet.

Je lis alors en lui comme dans un livre ouvert tant il semble incapable de camoufler ses émotions. Incrédulité, doute, surprise. Mais je n'ai pas le temps de le détailler davantage qu'il fonce sur moi, ses bras m'enserrant avant que je ne puisse dire « ouf ».

Mon corps est douloureux, mais il est hors de question de briser cet instant qui, à lui tout seul, me permet de relâcher enfin la pression accumulée dans mes épaules tendues.

J'ai eu tellement peur de ne plus le voir, de ne plus sentir son parfum, de ne plus entendre sa voix grave, que j'aime tant ! Alors, je me blottis tout contre lui et écoute les battements rapides de son cœur. Ils suivent une cadence infernale qui doit être proche de mon rythme cardiaque, complètement anarchique et rapide, lui aussi.

Puis, comme par magie, sa main caressant ma nuque, son odeur délicieusement familière et les mots qu'il me murmure à l'oreille en italien me plongent dans un cocon sécurisant. Je m'apaise, me sentant enfin à ma place.

– *Romy, mia bella, avevo tanta paura di perderti*, me confie-t-il à l'oreille. *Così spaventoso.* [1]

Je me nourris de ses mots, même si j'ai l'impression d'être dans un rêve. Je suis complètement sonnée, à vrai dire. D'ailleurs, un soignant a employé l'expression « état de choc ».

Un infirmier vient vers nous, mais Matis le repousse et me serre encore plus fort. Il a raison, nous avons besoin de ça. J'ai besoin de sa chaleur, qui me dit que je suis vivante. Le temps semble suspendu. Je ne veux pas bouger, plus jamais.

Puis il s'éloigne légèrement pour me contempler. J'imagine que je ne dois pas être belle à voir si je me fie à son regard empli de pitié. Il pose doucement sa main sur ma joue, mais ce simple geste me fait sursauter.

---

1. « Romy, ma belle, j'ai eu tellement peur de te perdre, tellement peur. »

– Pardon, *bella*. Il faut que quelqu'un t'examine au plus vite. S'il vous plaît, il faut s'occuper d'elle tout de suite, ordonne-t-il à des secouristes penchés sur un autre brancard.

Et c'est à ce moment-là que je la vois, ma Maja, allongée, les paupières closes. J'écarquille les yeux, sous le choc.

Mon Dieu, qu'est-ce qu'Amber lui a fait ? Est-elle...

Je pose une main sur ma bouche. Je n'ai pas besoin de parler : mon visage terrorisé le fait à ma place. Matis s'empresse de me rassurer.

– Non, non, *bella. Va tutto bene.*[2] Elle est juste sous sédatifs. Elle a cru, comme nous tous, que tu étais morte et... elle n'a pas supporté cette idée.

J'expire l'air que je gardais prisonnier dans ma poitrine et me dirige d'un pas mal assuré vers ma meilleure amie.

Janet est assise près d'elle et lui tient la main. Elle se lève et me prend elle aussi dans ses bras.

– Romy, Dieu soit loué ! Je suis si heureuse ! Maja va être tellement soulagée, ajoute-t-elle en souriant à Matis, qui hoche la tête.

Je dépose un baiser sur le front de Maja, que j'ai hâte de voir se réveiller. Soudain, mon œil est attiré par Luigi. La tête entre les mains, il semble anéanti et si seul, assis sur le canapé.

Sans réfléchir, je m'approche de lui et m'assois à ses côtés. Il relève la tête, les yeux brillants de larmes.

– Je suis... tellement désolé, Romy. Jamais je n'aurais... Enfin, je te jure que je ne savais pas, sinon...

Il ne parvient pas à finir sa phrase, car un sanglot l'en empêche.

– Pardon, tellement pardon... s'excuse-t-il.

Sa détresse me prend aux tripes. Je le serre alors dans

2. « Tout va bien. »

mes bras et je pleure, moi aussi, pendant de longues minutes. Mes nerfs lâchent enfin, car personne n'a été blessé ici.

Je suis épuisée, j'ai mal partout, et Luigi me serre si fort en retour que je souffre en silence. J'offre tout de même un regard suppliant à Matis, qui comprend tout de suite et nous rejoint.

– Mon frère, je crois que Romy a besoin d'être examinée, elle aussi, lui dit-il doucement.

Luigi hoche la tête et essuie ses larmes. Je lui offre un sourire qui me fait souffrir encore plus. Un secouriste s'approche de moi et revérifie mes constantes tout en expliquant à Matis que j'ai déjà été examinée à mon arrivée à l'hôtel.

– Votre amie a refusé d'aller à l'hôpital avant de monter ici, mais je pense qu'il serait tout de même judicieux d'y aller pour s'assurer que tout va bien.

Je hoche la tête, lasse.

– Bien sûr, c'est évident. Je…

Matis hésite. Je le vois regarder en direction de Maja. C'est alors que Janet intervient.

– Va avec Romy, Mat. On vous suit de près avec Maja. On se retrouve là-bas. Garde ton téléphone à la main, si ça peut te rassurer, OK ?

– Merci, Janet.

Matis me soulève délicatement du sol pour me hisser dans ses bras. Les soignants lui proposent de me poser sur un brancard, mais il fait la sourde oreille et resserre sa prise autour de moi.

Je me laisse faire, ravie de son initiative, et enfouis mon nez dans son cou, me rassasiant de son odeur. J'ai eu tellement peur de le perdre ! Lui me chuchote des mots rassurants à l'oreille. Je me gave du son de sa voix, de ce timbre rauque et grave que j'ai cru ne jamais réentendre un jour.

Dans l'ambulance, on m'installe en position assise. Matis ne me quitte pas des yeux, ne lâchant même pas ma main, ce qui me rassure beaucoup.

Un ambulancier me demande alors :

– Avez-vous des allergies, mademoiselle ?

Je hoche la tête de haut en bas et plonge mes yeux dans ceux de Matis.

Il hausse un sourcil interrogateur. Je sais que je vais ajouter une couche à son chagrin. Je lui prends son téléphone portable des mains. Il le déverrouille pour moi, l'air surpris, et je rédige alors dans un message :

[Oui, allergie à l'aspirine.]

L'ambulancier en prend note. Matis me regarde comme s'il me voyait pour la première fois. Ses sourcils se froncent et ses yeux se remplissent de larmes. Je passe une main tendre sur sa joue. Il vient de réaliser ce que j'ai compris une heure plus tôt, dans la voiture, avec James.

La bombe entre mes mains, j'ai failli à un moment lâcher l'engin explosif à cause d'un nid de poule qui m'a surprise. J'ai voulu crier, mais aucun son n'a pu franchir la barrière de mes lèvres. Et pourtant, ce hurlement intérieur était puissant. Il essayait en vain d'extérioriser la peur et la souffrance de ces dernières vingt-quatre heures. Mon cœur s'est alors fendu. Mon âme a hurlé dans mon silence, et j'ai immédiatement reconnu cet état.

Je suis encore emmurée, prisonnière à cause de ma voix, qui refuse de coopérer pour la troisième fois de ma vie.

Je suis à nouveau muette.

43

Matis

Je ne me lasse pas de regarder Romy, étendue sur ce lit d'hôpital. Elle est endormie depuis deux bonnes heures, mais je ne peux pas me résoudre à la laisser. J'éprouve ce besoin constant de la toucher pour être certain qu'elle est bien là. Vivante.

Il a fallu ce drame pour que je pose enfin des mots sur les sentiments que je ressens pour elle. J'ai connu beaucoup de femmes. Elles sont passées dans ma vie sans faire de bruit, et surtout sans que je veuille les garder près de moi. Romy, quant à elle, est arrivée en douceur. Elle a percé mon armure et s'est installée tranquillement dans mon cœur, au point de devenir vitale pour moi.

Je survole de mon index le grand hématome qui court sur sa pommette droite. Amber n'y est pas allée de main morte. Les médecins lui ont fait passer une batterie d'examens et nous ont rassurés. Les traces de brûlures laissées par le bâillon devraient disparaître d'ici une dizaine de jours maximum. Et rien de grave à signaler par ailleurs. Elle est extrêmement courbaturée. Selon eux, cela s'explique par la tension accumulée dans ses muscles, ces dernières heures, et par la position inconfortable et prolongée sur sa chaise. Ses poignets sont écorchés, puisqu'elle a essayé de se libérer de ses liens. Ses chevilles ont subi les mêmes blessures.

On peut dire qu'Amber s'est assurée de ne laisser aucune chance à Romy. Elle avait tout prévu dans les moindres détails, cette garce.

Pendant que ma Française passait ses examens, James m'a rejoint ici avec la police. Ils voulaient l'interroger. Faute d'interprète en langue des signes, il a écrit tout ce qu'il savait et a répondu ainsi à toutes leurs questions.

Il leur a expliqué qu'il avait repéré l'endroit où Amber gardait Romy prisonnière grâce à la puce dissimulée dans la voiture de cette dernière. Il avait alors attendu qu'elle sorte de la maison et était entré doucement. Il avait trouvé Romy, bâillonnée et attachée à une chaise, sous laquelle se trouvait une bombe. James s'était alors attelé à la délivrer le plus doucement possible de crainte de faire exploser l'engin.

J'ai appris que Romy et lui avaient ensuite quitté la maison, mais qu'il était inconcevable pour eux de laisser la bombe là-bas. Il y avait en effet beaucoup d'habitations dans cette rue, et Dieu sait combien de victimes auraient pu mourir lors de l'explosion. Ils étaient donc parvenus, en prenant mille précautions, à déposer l'engin explosif dans une décharge à ciel ouvert, puis ils avaient foncé au poste de police le plus proche. Un flic haut gradé s'était alors empressé de dépêcher une brigade de démineurs sur place pour le neutraliser avec succès.

Rapidement, les policiers ont fait le lien avec l'avis de recherche qui venait d'être lancé par Mancini pour Romy. Ils ont appelé le commandant, qui a alors ingénieusement mis au point l'intervention d'un faux groom, qui était en réalité un membre du GIS, le *Gruppo di Intervento Speciale*[1].

1. Unité d'élite comparable au GIGN en France et spécialisée dans les opérations de contre-terrorisme et de libération d'otages.

Ces policiers ont été extrêmement réactifs. Je leur serai redevable à vie d'avoir permis à Romy et à Maja de rester en vie. Et à James, aussi. Sans lui, Dieu sait où serait ma Romy… Sûrement plus sur cette terre.

Il est resté un long moment avec moi, auprès d'elle. Ils ont beaucoup échangé en signant. Parce que, oui, ses blessures physiques sont peut-être réversibles, mais, quand j'ai compris, dans l'ambulance, que Romy avait de nouveau perdu sa faculté de parler, cela m'a anéanti. Elle s'était confiée à moi à ce sujet, au restaurant, m'avait expliqué à quel point elle avait eu peur, à l'époque, de ne plus pouvoir communiquer oralement un jour et combien cela avait été un soulagement pour elle de reparler.

Et voilà que ce drame la rend encore une fois muette. Je vois bien qu'elle tente de faire bonne figure, mais je sais qu'elle me ménage. J'ai laissé échapper quelques larmes en comprenant, et elle m'a consolé. Cette femme est juste exceptionnelle. Je crois bien que je serai incapable de me passer d'elle désormais tant j'en suis tombé follement amoureux. Pourtant, rien n'est encore résolu.

Mon téléphone me tire d'ailleurs de mes pensées quand je reçois un SMS de Janet, m'annonçant le réveil imminent de ma fille adorée. Romy dort calmement. Je décide donc de sortir sans faire de bruit pour aller les retrouver, quelques chambres plus loin, dans le même service.

Quand j'entre, Maja est toujours endormie, mais bouge légèrement, en effet. Je donne les nouvelles rassurantes sur l'état de santé de Romy à Janet après avoir attrapé la main de ma fille. Elle se met à geindre faiblement et ouvre finalement les yeux.

Elle met quelques secondes à réaliser où nous sommes, puis se met à s'agiter à nouveau.

– Maja, Maja, tout va bien, tenté-je de l'apaiser.

Elle plonge alors son regard noir dans le mien et enlève brusquement sa main de la mienne.

– Comment veux-tu que ça aille bien ? crache-t-elle amèrement. Ma meilleure amie est… elle est…

– Vivante, la coupe Janet.

– Quoi ? demande Maja en tournant vite la tête vers sa mère.

– Romy est vivante, ma fille. Tout va bien. Elle dort dans une autre chambre, mais tout est fini. Elle est en vie !

Maja pose ses mains sur sa bouche, puis se pince le bras de toutes ses forces.

– Alors, je ne rêve pas ? C'est vraiment vrai, hein ?

– Vraiment vrai, assuré-je.

Mais elle m'ignore et s'obstine à ne parler qu'à sa mère.

– Quelle chambre, maman ?

– La 322, mais il faut que tu…

– Rien du tout ! J'ai besoin de la voir ! dit-elle d'un ton ferme et sans appel.

– Maja, tu viens de te réveiller. Il vaut mieux…

– Non, je dois la voir maintenant !

Janet s'apprête à protester une nouvelle fois, mais je comprends totalement ce besoin de voir Romy en chair et en os, alors j'interviens :

– Laisse-la, Janet. C'est normal, elle a besoin de se rassurer.

Maja me regarde, hoche légèrement la tête, mais ses yeux me lancent des éclairs et elle ne m'adresse toujours pas la parole.

Elle se lève, enfile les tongs qu'elle avait aux pieds en arrivant et sort de la chambre en chancelant légèrement. Son pas n'est pas sûr, alors nous la suivons de près pour nous assurer qu'elle ne fasse pas de malaise. Elle ouvre la porte désignée par Janet.

Romy dort toujours, mais quelque chose me dit que ça ne va pas durer longtemps.

En effet, après l'avoir observée pendant deux minutes, ma fille grimpe purement et simplement sur le lit de son amie et lui dit :

– Allez, bouge-toi un peu, Sis ! Tu prends toute la place !

Romy ouvre un œil et sourit faiblement à Maja, qui se pelotonne contre elle.

– Je t'aime, Sis.

Bien entendu, Romy ne peut pas répondre, alors elle se tourne vers elle et lui fait quelques signes.

Maja comprend. Les yeux brillants de larmes, elle baisse la tête, mais Romy lui relève le menton d'autorité pour qu'elle continue à la regarder. Elle réitère les mêmes gestes.

– J'ai compris la première fois, Sis, mais j'ai capté ton p'tit jeu : tout ça pour que je le répète, moi aussi, c'est ça ?

Romy lève les yeux au ciel et ma fille déclare alors :

– OK. Alors, si tu insistes, je te le redis : je t'aime, Sis.

Elles se sourient tendrement et Romy pose sa tête sur l'épaule de ma fille. Au bout de quelques secondes, elles se rendorment, comme ça, tout simplement.

Elles ne pourraient pas être plus différentes physiquement. Pourtant, c'est vrai qu'elles semblent liées comme des sœurs, et cela me bouleverse.

Il est évident que ma fille m'en veut toujours terriblement. Mon cœur est déchiré entre raison et passion.

Janet, comme si elle lisait dans mes pensées, pose sa main sur mon bras et me demande en chuchotant :

– Qu'est-ce que tu penses faire, Mat ?

– Je ne sais pas. Je ferais tout pour ma fille, tu le sais, mais dire stop à mon histoire avec Romy serait un crève-cœur. Je suis perdu, Janet. Je suis incapable de faire un choix entre elles.

– Tu sais, Mat, tu n'as pas à choisir entre notre fille et Romy. Maja n'a pas à guider ta vie. C'est à elle de l'accepter. Alors, oui, je comprends que, si elle se braque, cela risque d'être difficile, mais c'est ta vie, pas la sienne. Et si, en plus, Romy souhaite aussi faire ce chemin avec toi, il va falloir que Maja s'y fasse.

– Mais je ne veux pas blesser Maja. C'est aussi simple que ça.

– Honnêtement, je pense que, si tu le lui expliques bien, elle comprendra. Notre fille est intelligente, *miele*[2].

– Certes, mais je ne veux pas mettre non plus en péril leur si belle amitié.

– Tu as l'impression qu'elle lui en veut, là ?

– Non, pas à elle, c'est vrai…

– Laisse-lui juste un peu de temps, Mat. Repose-toi, tu y verras plus clair après. Je vais retourner à l'hôtel dormir un peu. Tu devrais en faire autant.

– Je préfère rester, mais vas-y. Je t'appelle s'il y a quoi que ce soit.

Mon ex-femme me sourit et dépose une bise sur ma joue avant de sortir de la chambre.

Une fois seul, en regardant tendrement Maja et Romy, je réalise à quel point je suis paumé. Je m'installe dans

2. « Chéri ».

le fauteuil, dans un coin de la petite chambre, et ferme les yeux. Janet a raison, il faut que je dorme un peu, moi aussi.

J'ouvre un œil une dernière fois sur mes deux amours. La chair de ma chair et la femme dont je suis fou amoureux. Tout va bien, elles vont bien…

Alors, je me détends enfin. Je sombre peu à peu, mais la même question revient me hanter sans cesse.

Comment choisir entre elles deux ? Je suis face à un véritable choix cornélien : Maja ou Romy ?

44

Romy

Ce n'est que quand la respiration de Matis se fait régulière que j'ose enfin ouvrir un œil. Ma Cookie dort profondément, elle aussi, les mains jointes et repliées sous sa joue gauche.

Je tourne la tête le plus doucement possible et mes yeux se posent sur lui, endormi dans un fauteuil. Il dort, certes, mais ses sourcils restent légèrement froncés, comme s'il ne parvenait pas à se détendre complètement, et pour cause… J'ai tout entendu de sa discussion avec Janet.

Une larme orpheline vient chatouiller ma joue et je la chasse presque rageusement. Je suis assaillie par tant de sentiments contradictoires. La colère, tout d'abord, d'être à nouveau assez faible pour laisser cette pathologie reprendre le contrôle de ma voix. Mais aussi la tristesse, le désarroi de devoir à nouveau revivre cela. Et la peur de ne pas réussir à surmonter ça, cette fois.

Je vois déjà mon grand-père ressortir ses mille et une techniques pour m'aider, même si on sait, tous les deux, que la solution miracle n'existe pas et que seul mon cerveau décidera ou non de lâcher prise.

Or, cette fois, je crains que ça ne soit encore plus compliqué. Ce que j'ai vécu avec Amber m'a bien évidemment traumatisée, mais le choix que je viens de faire va également contribuer à mon mal-être, c'est certain.

Il est hors de question de devoir obliger un père à choisir entre sa fille et moi. J'ai donc décidé de prendre la décision pour lui, pour eux. Et tant pis si je m'en mords les doigts pour le reste de ma vie. Au moins, je saurai que j'ai choisi la meilleure option pour eux. Après tout, ils font partie des cinq personnes que j'aime le plus sur cette terre.

Douloureusement, je me lève le plus discrètement possible. Maja grogne légèrement dans son sommeil, mais en profite pour se mettre à l'aise sur ce lit trop petit pour deux. Je remonte alors doucement la couverture sur elle.

Matis, lui, ne bouge pas. Je le contemple de longues minutes. Il est si beau ! Je meurs d'envie de me positionner sur ses genoux pour un dernier câlin digne de ce nom. Mais non, je ne dois pas flancher. Maja pourrait se réveiller et cela ne ferait que remettre le feu aux poudres entre eux, voire entre elle et moi.

Mécaniquement, je récupère mes vêtements et mes sandales disposés sur une étagère, puis j'actionne la poignée de la salle de bains. Avant de la refermer, je pose une dernière fois le regard sur l'homme dont je suis amoureuse. Celui qui m'a fait ressentir ce qu'est le vrai amour.

Si tu arrives à parler, c'est que tu dois rester…

Mon esprit tente tous les subterfuges pour me faire changer de plan, mais j'obéis. J'entrouvre la bouche. Je vais lui dire que je l'aime. J'inspire, mais aucun son ne franchit la barrière maudite de mes lèvres. Seul un souffle triste s'en échappe.

Il semblerait que même le destin valide ma décision.

Je me change le plus rapidement possible, ce qui n'est pas chose aisée, étant donné que j'ai mal un peu partout.

Je compte le réveiller pour tout lui expliquer, avant de partir, mais, pour le moment, je suis discrète afin de le laisser se reposer. Il est épuisé, il a besoin de récupérer un minimum. Ensuite, je lui demanderai le droit d'aller chercher mes affaires à la villa. Je suis sûre que James me conduira à l'aéroport pour que je rentre chez moi.

Habillée, je me rends au bureau des infirmières dans le but de leur demander du papier pour écrire une lettre à Maja afin de lui expliquer mon souhait de rentrer. Mais j'ai à peine le temps d'attraper une feuille que la voix de Matis retentit dans le couloir.

– ROMY ? ROMY ? Quelqu'un a-t-il vu la femme de la chambre 322 ? S'IL VOUS PLAÎT ? ROMY ?

J'hésite une fraction de seconde, mais prends mon courage à deux mains. Il a suffisamment eu peur à cause de moi. Partir comme une voleuse ne me ressemble tellement pas que je n'aurais jamais pu m'y résoudre, de toute façon.

Je sors du bureau. Le soulagement se lit sur le visage de Matis quand il me voit. Mais cela ne dure pas longtemps lorsqu'il constate que je suis habillée. Il accourt vers moi.

– Romy ? Tout va bien ? Que fais-tu habillée ?

Je lui souris tristement et hausse les épaules. Les infirmières semblent comprendre que nous avons besoin d'intimité, alors elles s'éclipsent gentiment, nous laissant seuls dans leur espace.

Je prends sa main et le guide afin qu'il s'assoie près de moi. Ses traits sont tendus. Je note alors, à toute vitesse, sur une feuille :

Je crois qu'il vaut mieux que je parte, que nous prenions un peu de recul. Maja aussi a besoin de ça, je pense.

– Non ! Hors de question que tu partes, *bella* ! Je t'ai retrouvée. J'ai… tellement eu peur, si tu savais… Je… je…

Je lève une main pour le faire taire et griffonne de nouveau à toute vitesse.

J'ai entendu ta conversation avec Janet.
Je refuse que tu sois obligé de choisir entre Maja et moi, c'est inconcevable.

– Mais non, ça va aller. Je vais… disons essayer de trouver un terrain d'ent…

Je secoue la tête de gauche à droite.

Non, ta fille n'est pas prête. Et elle doit passer en premier, elle a besoin de toi, quoi que tu en penses.

– Certes, j'en ai conscience, mais toi aussi, tu as besoin de moi, *bella*. Comme j'ai besoin de toi…

Je vais rentrer, ma décision est prise. Je vais retrouver ma famille et essayer de reprendre des forces. Tu comprends ?

– NON ! Je t'aime, Romy. Et Maja devra le comprendre. C'est un sentiment que je n'ai jamais ressenti aussi puissamment, alors je suis sûr qu'elle s'y fera.

Je ne prendrai pas le risque de tout gâcher entre vous.

Ses yeux me supplient. Je vois qu'il panique légèrement à l'idée de me perdre, mais il ne faut pas que je flanche. La passion est mauvaise conseillère, alors je dois être forte pour nous deux.

– Non, Romy. Je dois te sembler pathétique, mais je t'en supplie, reste près de moi. *Ti amo, bella.*

Je secoue tristement la tête et pose furtivement la main sur sa joue, que je caresse. Sa barbe me picote agréablement les doigts.

Je t'aime du plus profond de mon cœur. Moi non plus, je n'ai jamais aimé comme je t'aime. Mais Maja n'est pas prête, et jamais je ne ferai quoi que ce soit qui lui fasse du mal.

– Peut-être qu'en lui parlant…

Je m'apprête à lui répondre quand la silhouette de Maja, en blouse, apparaît à la porte. J'enlève spontanément ma main de la joue de Matis, comme prise en flagrant délit.

– Oh, putain, j'ai flippé ! Mais qu'est-ce que tu fous, Sis ?

Je retourne la feuille et lui explique :

J'ai besoin de rentrer au pays, Cookie.
De voir les miens, tu comprends ?

Ma meilleure amie hoche la tête en signe d'assentiment.

– Ben, ouais, je m'en doutais. Normal, même si ça me fait grave chier de l'admettre, me répond-elle tristement.

Tu vas reprendre le boulot, toi aussi,
et moi, j'ai besoin de souffler après tout ça.
Et on s'enverra des SMS tous les jours.

– Promis ?

Je dessine alors une croix sur mon cœur et lève la main droite pour le lui jurer. Puis je note :

Ne sois pas fâchée contre ton père, ma Cookie, ni contre moi. Nous n'avons rien prémédité et…

Maja, lisant par-dessus mon épaule, me fait relever la tête vers elle.

– Je ne veux plus en entendre parler, et ne te mêle pas de ça, s'il te plaît, Sis.

Je secoue tristement la tête. Je me lève, attrape deux nouvelles feuilles et me mets alors à écrire frénétiquement, car, non, je ne suis pas d'accord ! Nous étions deux, lui et moi, et il est hors de question qu'elle accable son père.

Penchée par-dessus mon épaule, elle lit les mots que je couche sur le papier. Ils sont volontairement clairs et catégoriques.

Non, Maja, ne rejette pas la faute que sur ton père. J'étais consentante, et même plus. Je sais que tout cela te blesse, mais ça n'a jamais été notre but. Donc, si tu lui en veux, il faut m'en vouloir également. Il ne peut pas tout assumer et se faire sanctionner alors que je suis tout aussi responsable que lui. Je ne veux pas que tu sortes de ma vie, Cookie, mais je ne veux pas être celle qui s'en tire avec le beau rôle, alors que ton père souffrira parce que vous êtes fâchés. Ce n'est pas juste, ma Maja. Je veux que tu y réfléchisses, OK ?

Elle lève les yeux au ciel et croise les bras, signe qu'elle est agacée, mais je continue à écrire. Elle doit comprendre.

Penses-tu vraiment que j'aurais pris le risque de te perdre pour une simple histoire de cul avec ton père ? Et lui, tu le connais, non ? Tu crois honnêtement qu'il aurait risqué notre amitié et votre relation père-fille s'il n'y avait pas eu de sentiments entre nous ?

Je lève les yeux vers elle et hausse un sourcil, attendant une réponse. Elle soupire, mais reste silencieuse, la ride du lion entre ses yeux m'indiquant qu'elle est clairement toujours très en colère. Alors, je poursuis, la mort dans l'âme :

Je t'aime, Maja, et je ne ferai jamais rien qui vienne entacher ta relation avec ton père. C'est pour ça qu'il faut que je rentre. Pour retrouver les miens, bien sûr, mais surtout parce que je crois qu'il faut que ton père et toi creviez l'abcès, que vous en parliez. Je te demande juste de prendre ton temps et de ne pas dire ou faire quoi que ce soit d'irréversible. Et puis, si après tout ça, tu campes toujours sur tes positions et que tu n'acceptes pas que nous puissions avoir des sentiments l'un pour l'autre, alors soit. On n'en parlera plus et je ne le reverrai plus jamais.

– Promis ?

Je lève la main droite pour le lui jurer en hochant la tête. Je me retiens de pleurer, car cette unique question de sa part me donne déjà un indice considérable sur ce qu'elle souhaite au fond d'elle. Et ça me fait un mal de chien.

Matis, l'air totalement accablé, garde les yeux baissés sur ses chaussures. L'ambiance est on ne peut plus tendue entre eux. Ils ne se regardent même pas. Maja par colère, lui pour préserver sa fille bien aimée, je suppose. Mais, heureusement, il ne s'entête pas dans son désir de me voir rester et rend les armes.

– Je vais appeler James. Il nous ramènera tous à la maison et tu pourras réserver ton vol retour, Romy.

– J'irai avec vous jusqu'à la villa, je t'accompagnerai à l'aéroport, Sis, mais ensuite, j'irai retrouver maman. Je partirai direct pour New York dans les jours à venir.

– *Mia principessa*... tente Matis.

Mais elle lui coupe la parole.

– Stop. Moi aussi, j'ai besoin d'air, *pap*... Matis. Laisse-moi digérer, même si je doute d'en être capable un jour.

Il n'ajoute rien de plus, et moi, j'ai le cœur en miettes de voir ces deux-là fâchés.

D'un côté, je suis contente qu'il choisisse enfin la voie de la raison, celle qui ménagera le plus sa fille, mais d'un autre, je crois que j'aurais adoré qu'il ne se résigne pas si vite, qu'il se batte pour nous.

Je raccompagne Maja dans sa chambre afin qu'elle se rhabille, puis tout va très vite. Après un passage éclair à la villa, où ma meilleure amie ne nous lâche pas d'une semelle, je ne peux finalement pas dire au revoir à Matis comme je l'espérais. Une simple bise, et je monte à l'arrière du véhicule qui m'éloigne de lui.

Et me voilà, seule, au-dessus des nuages, en direction de ma Bretagne adorée. Pourtant, j'ai le cœur si lourd que mes larmes ne cessent de couler. Malgré ces dernières heures affreuses, il me manque déjà.

Ma voix m'a encore été enlevée, et voilà que c'est la moitié de mon cœur qui reste en Italie.

45

Romy
Cinq mois plus tard

J'observe Léon déguster ma dernière création de bûche pour cette semaine. Quand il pose sa petite cuillère et qu'il me sourit, je relâche alors l'air que je gardais prisonnier dans ma poitrine.

Son avis compte énormément pour moi. Je me donne à fond depuis mon retour en France. Alors, je suis heureuse quand il signe :

« C'est ma préférée de toutes ! Je l'adore. »

Je suis ravie qu'il l'apprécie et ses compliments me vont droit au cœur. Puis il ajoute :

« Maintenant, ouste ! Rentre chez toi, mignonne ! »

« Mais je pensais rester encore un peu pour travailler le glaçage, que je trouve trop… »

Il pose la main sur mon épaule, avant de signer à nouveau.

« Le glaçage est parfait. Mais il faut que tu te ménages, tu as l'air épuisé. Et tu ne comptes pas tes heures, alors bientôt tu vas me ruiner en heures supplémentaires », plaisante-t-il en m'offrant un clin d'œil.

C'est vrai que je n'arrête pas en ce moment. Mais c'est le seul moyen que j'ai trouvé pour éviter de ressasser et de penser à *lui*. Je hoche la tête, dépose une bise sur sa joue ridée et revêts mon manteau avant de sortir.

Le soleil couchant est beau, mais un froid glacial

m'enveloppe en cette fin de journée du 1er décembre. Je presse donc le pas pour me réchauffer. J'emprunte le sentier qui longe la plage. J'aime tellement cet endroit ! Souvent, je m'arrête quelques minutes, sur un banc, pour admirer les vagues qui s'échouent doucement sur le sable, mais pas aujourd'hui.

Léon a raison, je suis fatiguée. Fatiguée de faire comme si rien de tout cela n'avait existé. Cet enlèvement, le traumatisme d'avoir été assise sur une bombe, impuissante et à la merci de cette dégénérée, la peur, le désespoir d'avoir à nouveau perdu ma voix… Et surtout, je suis épuisée de tout faire pour chasser Matis de mes pensées, alors qu'il y a des traces de lui partout dans mon cœur et dans ma tête.

J'émets un long soupir las, révélateur de tout ce qui encombre mon esprit jour et nuit. Mon portable vibre dans ma poche. Un coup d'œil m'informe que c'est Maja qui m'a envoyé un message. Je répondrai plus tard.

Notre relation a évolué, elle aussi. J'ai besoin de mettre un peu de distance entre ma meilleure amie et moi. Attention, mon amour pour elle est toujours présent, mais je ne supporte plus son attitude envers son père.

J'ai la sensation que notre histoire a simplement renforcé l'animosité qu'elle ressent pour lui depuis le divorce de ses parents. Je me demande même si, limite, elle n'a pas sauté sur l'occasion pour lui faire la gueule pour de bon. Elle n'a, en effet, jamais voulu crever l'abcès avec ses parents, malgré mes encouragements à le faire. Et maintenant, j'ai l'impression qu'elle prend notre histoire comme prétexte pour déverser sa colère sur Matis et pour mettre encore plus de distance entre lui et elle.

Bien entendu, je peux concevoir qu'elle ait été blessée et vexée en apprenant que j'entretenais une relation cachée avec son père, mais je la connais, elle ne porte pas de jugement et elle a l'esprit plus qu'ouvert.

Je trouve ça ridicule, qu'elle cautionne les multiples aventures de sa mère, mais qu'elle ne supporte pas que son père soit heureux. Je sais que ce n'est pas seulement parce qu'il s'agit de moi. Non, Maja n'accepte simplement pas que son père puisse refaire sa vie un jour, avec qui que ce soit.

Ça, aussi, j'ai réussi à le lui dire. Mais, idem, elle a raccroché rapidement pour mettre un terme à notre discussion en visio. Alors, depuis, j'ai décidé de la laisser cogiter. Elle a tous les éléments en main, maintenant, donc à elle de faire le tri.

Les seuls qui auraient pu être choqués sont mon père et Rémy, mais je leur ai néanmoins tout expliqué en rentrant. Je m'attendais à ce qu'ils me jugent, mais pas du tout. Ils étaient tellement soulagés que je sois en vie qu'ils auraient accepté n'importe quoi à ce moment-là, je crois.

Mon père ne m'a plus reparlé de Matis depuis. Mais, au fond de mon cœur, je sais qu'il me comprend. Il a tellement aimé ma mère qu'il sait ce que c'est que de vivre loin de son amour. Et je doute que notre différence d'âge aurait eu vraiment beaucoup d'importance, du moment que sa fille aurait été heureuse.

Avec Rémy, en revanche, c'est un tout autre délire. Il me ressasse chaque jour qu'on n'a pas qu'un seul amour dans une vie. Et je le crois volontiers, surtout si je me base sur son expérience. Néanmoins, il ne m'incite ni à me battre pour Matis ni à l'oublier. Il m'affirme qu'il n'y a que moi pour décider de ma vie.

Mais si, moi, je n'avais plus jamais envie d'avoir un autre homme que Matis dans ma vie ?

Lui et moi avons échangé, durant plusieurs jours, par textos, à la suite de mon départ précipité, mais le triste constat s'est imposé très vite à nous : il n'y avait aucun intérêt à continuer à nous faire du mal en nous envoyant seulement quelques mots de temps en temps. Notre relation a été si intense et passionnelle que continuer ainsi nous a paru insupportablement insuffisant.

Alors, dans une lettre, je lui ai demandé de m'aider à tourner la page et de reprendre sa vie là où il l'avait laissée avant que je ne vienne tout chambouler. Il m'a répondu dans une missive que je garde précieusement sous mon oreiller, telle une adolescente. Quelques petites phrases qui ont un peu plus brisé mon cœur.

Mia bella,

Tu me demandes de ne plus te contacter, de tourner la page. Bordel, ça va être si dur de tenir cette promesse ! Mais je vais respecter ton souhait de mettre une vraie distance entre nous si tu penses que cela peut t'aider à avancer.

Parce que je ne veux que ton bonheur, bella. Je ferai tout pour enfin, peut-être, parvenir à apaiser les tensions avec Maja. Alors, si cela doit en effet passer par cette décision si difficile, je m'y soumets. Même si c'est la mort dans l'âme.

Mais, tu vois, je trouve que rien de tout cela n'est logique. Je devrais être plus catégorique et expliquer à ma fille que j'ai de réels sentiments pour toi, quitte à envenimer la situation entre elle et moi. Néanmoins, je ne veux pas mettre votre amitié en péril.

Alors, d'accord, j'accepte de me plier à ta demande pour cette raison, et seulement pour celle-là. Car, si je n'écoutais que moi, je serais égoïste et je prendrais le premier avion pour venir te retrouver. Il faut croire que tu es la plus raisonnable de nous deux, encore une fois.

Pour l'instant, c'est le statu quo, dans nos relations, avec Maja. Elle m'en veut de t'aimer et je lui en veux de nous séparer. On pourrait dire que je suis le parent et elle, l'enfant, que je devrais être le plus raisonnable des deux. Mais, aujourd'hui, elle est censée être mûre et pouvoir comprendre que, parfois, on ne choisit pas ce que la vie fait de nous. Bref…

Cette lettre sera donc la dernière, non pas pour faire plaisir à Maja, mais pour me soumettre à ta requête. Néanmoins, je veux que tu saches que chaque jour sans toi est une réelle torture. Que notre complicité, nos discussions, ton rire, ton corps, tout en toi me manque. Ne crois pas que je sois capable de t'oublier. Tu es présente à chaque seconde de ma vie dans ma tête et dans mon cœur. Tu fais partie de moi.

Tu es passée telle une étoile filante dans ma vie, mais, malheureusement, le seul et unique vœu que je souhaite formuler m'est refusé. Le destin est bien cruel.

Je dois me résigner à l'idée que, cette fois, c'est terminé, mais ce serait un mensonge de te dire que ça ne me brise pas.

Je t'aime, bella. Je t'aime comme je n'ai jamais aimé aucune autre femme.

Prends bien soin de toi, surtout.

Matis

Je n'ai plus eu de nouvelles de sa part depuis près de deux mois.

Quand je franchis la porte de la maison, c'est la chaleur réconfortante d'un feu de cheminée et l'odeur du tabac à pipe de mon père qui m'accueillent. Ce dernier est en train de remuer les bûches et sourit en me voyant entrer.

– Bonjour, ma fille. Ça y est? Léon a réussi à te faire rentrer tôt, pour une fois?

Je hoche la tête en enlevant mon manteau, puis vais le rejoindre sur le canapé, près de l'âtre. Le silence entre nous n'est pas inconfortable. Nous en avons l'habitude, depuis le temps. Et mon père n'a jamais été un grand bavard.

– Tu as du courrier, m'informe-t-il en désignant la table basse du menton. Ça vient d'Italie.

Il continue à tirer doucement sur sa pipe et ne fait aucun autre commentaire. Quant à moi, mon cœur tambourine dans ma poitrine. Je remarque néanmoins le cachet plutôt officiel de la missive. J'ouvre l'enveloppe, parcours les lignes de la lettre des yeux, le cœur battant, et la traduis finalement à mon père.

– Je t'accompagne. Tu ne vivras pas cette nouvelle épreuve sans moi, cette fois. On fait l'aller-retour. Tu verras, tout ira bien, m'assure-t-il de sa voix grave et décidée.

Je suis convoquée, dans une semaine, pour être entendue par la police italienne dans le cadre de l'enquête à l'encontre d'Amber. Cette dernière est une nouvelle fois internée et je veux m'assurer qu'elle ne fera plus jamais de mal à qui que ce soit. Je suis partie très vite du pays, en juillet, et je ne peux décemment pas esquiver cette audition. Peut-être que Maja et Matis seront, eux, convoqués un autre jour. Je ne sais pas ce que je préférerais.

Je me pelotonne contre mon père. Il est mon roc, mon tout. Certes, je n'ai toujours pas retrouvé ma voix, mais il m'aide à traverser cette nouvelle épreuve. Je l'aime tellement que cela ne fait que me conforter dans l'idée que Maja se rendra elle aussi compte, tôt ou tard, qu'elle a besoin du sien. Un père qui vous aime est précieux. Il ne faut pas attendre qu'il soit trop tard pour le réaliser.

Je respire la bonne odeur de tabac à pipe et ferme les yeux. Je sais que je suis en sécurité, aimée, et que j'ai l'avenir devant moi. Rémy n'arrête pas de me le répéter dix fois par jour. Je devrais aller de l'avant. Pourtant, j'ai la sensation de faire du surplace. Et pour cause, l'avenir me semble bien terne sans mon Italien dans ma vie.

Et voilà que je dois aller à cette audition, en Italie… Je sais que ce n'est pas du tout ce qui était prévu au programme, je devais la faire en visio, mais je ne peux m'empêcher d'être stressée et impatiente à la fois. J'ai peur de devoir ressasser tous ces évènements, mais aussi tellement envie de le revoir !

46

Matis

– J'avais pourtant demandé de la minutie pour le dressage, non ?

– Oui, chef !

Je sais que je ne suis pas à prendre avec des pincettes, en ce moment, mais merde, ça n'est quand même pas trop demander que de sortir une assiette nette et sans bavures !

Je jette un dernier regard éloquent à mon commis afin qu'il prenne bien conscience que je veux du parfait, et pas de l'à peu près. D'habitude, je suis plus pédagogue, mais, ces derniers mois, je suis à fleur de peau et bien moins patient. C'est comme ça. J'en ai plus qu'assez de mettre la sensibilité de chacun dans du papier de soie, alors que, moi-même, je suis malheureux.

Égoïste ? Sûrement. Invivable ? À n'en point douter ! Mais je n'arrive pas à faire autrement. Luigi se pointe et m'indique, en tapotant sa montre, qu'il est l'heure d'aller nous changer. Je donne mes dernières recommandations à ma brigade, puis je rejoins mon ami dans les vestiaires.

Une douche, et j'enfile un jean et un pull à col roulé. On a beau vivre en Italie, l'hiver s'est bien installé en ce début décembre et il ne fait que neuf degrés aujourd'hui. Un froid polaire pour les Italiens. Je me regarde dans le miroir. Force est de constater que le stress se lit sur mon visage, vu que je ne parviens pas à desserrer les mâchoires.

Maja est arrivée hier des États-Unis et ne m'a quasiment pas adressé la parole. Elle semble néanmoins moins agressive à mon égard. Elle m'avait même envoyé un message pour me demander si elle pouvait séjourner à la villa pour les trois jours à venir. J'étais content et j'avais bien sûr accueilli son idée avec enthousiasme. Mais, hier, à peine avait-elle posé ses valises qu'elle a préféré fuir la maison toute la soirée en choisissant d'aller dîner dehors, avec son parrain.

Je pensais qu'elle comprendrait, au bout d'un moment, mais non. C'est du Maja tout craché, ça ! Dès qu'elle a un problème, soit elle le prend par-dessus la jambe, soit elle se replie sur elle-même et fait la tête en refusant de crever l'abcès. Elle s'est fait sa propre idée de ce qui s'est passé et ne veut pas écouter notre version de l'histoire.

Je reviens à mon ami, qui m'attend, appuyé contre un casier du personnel. Je n'ai pas questionné Luigi. Je sais qu'il me le dirait, s'il sentait que ma fille n'allait vraiment pas bien. Au contraire, il m'a raconté, ce matin, qu'ils avaient passé une bonne soirée, n'ayant visiblement pas évoqué ce qui nous divise.

Luigi, lui aussi, remonte doucement la pente. Enfin, c'est surtout ce qu'il affirme. Il répète qu'il n'est pas du tout triste, qu'il s'en est totalement remis, mais je ne le crois pas. Il en veut tout autant que moi à Amber, sinon plus. Elle l'a dupé, et surtout je sais qu'il éprouvait de réels sentiments pour elle.

J'espère juste qu'il ne fait pas n'importe quoi, même si j'ai de sérieux doutes à ce sujet. Il a repris l'habitude de sortir avec des femmes et de les jeter le lendemain, voire le soir même, si j'en crois ce qu'il me raconte. Et plusieurs fois, il est arrivé au boulot en retard avec une gueule de bois carabinée. Je lui octroie encore quelques jours afin de faire le deuil de cette relation, mais c'est mon ami et je ne le laisserai pas bousiller son équilibre, sa vie, ni même notre travail.

Quant à moi, je survole ma vie. Il sait mon amour absolu pour ma petite Bretonne. J'ai ressenti un besoin irrépressible de tout lui raconter, ou presque, sur ce qui me liait à Romy. Lui s'est bien sûr pavané en affirmant qu'il me l'avait dit dès le début, blablabla. Mais, quand il m'a reparlé de Lulu, j'ai clos la discussion. Certes, cette voyante avait peut-être raison, OK… Mais si Romy était vraiment la femme de ma vie, comme cette vieille originale l'a sous-entendu, notre rupture est d'autant plus triste.

James nous conduit à notre lieu de rendez-vous. Il n'y a pas un bruit dans l'habitacle. J'ai le ventre tellement noué à l'idée de revoir Romy ! Quand j'ai reçu ma convocation, j'ai appelé l'inspecteur Russo, et il m'a confirmé que Luigi, Maja, Romy, James et moi étions convoqués en même temps, vu qu'ils nous avaient tous interrogés séparément, mais qu'il leur fallait une dernière audition commune. Il m'a expliqué qu'ils avaient même fait appel à un traducteur en langue des signes pour poser les questions, en visio, à James et à Romy, lors de leur premier interrogatoire individuel.

Mon meilleur pote ne parle pas, lui non plus. Il est perdu dans ses pensées et a le visage fermé. J'imagine qu'il ne doit pas avoir plus envie que nous tous de repenser à ces deux jours cauchemardesques.

Et moi, je ne peux que penser à elle. Elle, que je vais revoir, mais avec qui je ne pourrai certainement presque pas parler en privé. D'ailleurs, à quoi cela servirait-il ? Elle m'a demandé de mettre de la distance entre nous, et j'ai accepté pour qu'elle puisse avancer. Fin de l'histoire. Et ce, même si la simple idée qu'elle puisse refaire sa vie me rend malade. Pourtant, ça arrivera un jour – peut-être est-ce même déjà le cas. Bordel, ça me tue ! Mais je dois me rendre à l'évidence et essayer, tant bien que mal, de passer à autre chose.

Je vais devoir rester éloigné de Romy, car Maja sera là et je ne veux pas qu'elle pique encore une crise. Mais je compte bien dire à ma fille que je ne cautionne pas forcément certaines de ses réactions, surtout à mon égard, et que cela ne date pas de cette histoire. Il est temps qu'elle grandisse et que nous ayons une discussion entre adultes. Je veux reprendre ma place de père, que ça lui plaise ou non.

James gare la voiture. Ma fille nous attend déjà sur les marches du commissariat. Elle dépose une bise furtive sur nos joues respectives. Puis son visage s'éclaire quand elle l'aperçoit.

– Romy !

Elle descend à toute allure l'escalier et saute dans les bras de sa meilleure amie.

C'est à cet instant que nos regards se percutent. Tandis qu'elles se serrent l'une contre l'autre, ma jolie Française plante ses yeux violets dans les miens. Je comprends alors que je ne suis pas du tout guéri d'elle. Mon palpitant s'emballe. La voir enfin, après de si longs mois, me bouleverse.

Elle rompt notre contact visuel et les deux amies s'avancent vers nous. Romy est venue avec son père. Je tends la main à ce dernier et il me la serre fermement. J'ignore si Romy lui a parlé de nous, mais il n'en montre rien. Très poliment, il salue Luigi et embrasse tendrement Maja, qui lui rend son câlin au centuple, réveillant un sentiment de jalousie en moi. Puis il échange quelques signes avec James. Je devine qu'il le remercie d'avoir sauvé sa fille.

Je dépose, quant à moi, une simple bise sur la joue de Romy.

Bordel, j'aime tellement son odeur et la douceur de sa peau ! Comment ai-je pu croire que j'étais capable de l'oublier ?

Nous arrivons en même temps que nos avocats respectifs. Celui de Luigi vient nous saluer alors que le mien et celui de Romy s'entretiennent un peu à l'écart. Puis nous entrons tous nous installer dans l'immense pièce d'audition où sera filmée la séance d'aujourd'hui. Nous y sommes accueillis par l'inspecteur Russo, qui nous invite à nous asseoir autour d'une grande table rectangulaire.

Cette convocation est telle que je l'imaginais : sombre et douloureuse pour tout le monde. Surtout quand les questions s'adressent à Romy, qui, à l'aide de gestes très rapides, détaille, pour la première fois devant nous, ce qui s'est réellement passé dans cette maison. Maja a l'air horrifié et pleure doucement. Luigi garde, quant à lui, la tête baissée. Je sais qu'il se croit responsable.

Et moi ? C'est simple, je bous littéralement de l'intérieur en écoutant le terrible récit du calvaire de Romy, traduit oralement par son père à un interprète franco-italien, qui à son tour retranscrit les faits à Russo et à nos avocats.

J'aimerais tellement la serrer fort et lui promettre que tout va bien se passer à présent…

Puis, après avoir posé une nouvelle série de questions à Luigi, Russo jette un regard lourd de sens à nos avocats, qui hochent la tête.

– Bon, je crois que nous avons toutes nos réponses. Après votre audition, je n'ai plus aucun doute désormais.

– Plus aucun doute sur quoi ? s'énerve Luigi. Sur notre bonne foi ? Putain, dites-nous juste que vous allez faire payer cette garce, Russo. Elle mérite de prendre la pire peine qui soit. Perpète ne serait même pas assez long pour cette salope.

– J'y viens, monsieur Barese, si vous voulez bien me laisser en placer une, bien entendu…

Luigi se renfrogne, mais se tait.

– Bon, comme je vous l'ai déjà expliqué, Mlle Whitaker bénéficie d'un suivi psychiatrique dans l'établissement où elle est pour l'instant internée.

– Et ? s'impatiente mon ami, récoltant un regard noir de l'inspecteur.

– Le procureur ainsi que vos avocats ont récemment reçu les rapports des psychiatres. À la vue des éléments nouveaux et après une contre-expertise poussée, pour ces professionnels de santé, il n'y a pas de doutes : Amber a simulé sa folie dès le début.

– Quoi ? Mais on l'a tous vue… commencé-je, incrédule.

– Attendez, je vous explique. Cette femme est tout sauf malade, croyez-moi. C'est même une personne extrêmement intelligente qui a failli berner tout son monde. Chronologiquement, elle a fait les choses dans les règles de l'art, si je puis dire. Il fallait qu'on la croie folle. Elle s'est donc arrangée pour faire un premier séjour en psy, ce qui lui garantissait des antécédents, et ainsi la possibilité de plaider la folie en cas d'arrestation. Son plan aurait pu être parfait, et les spécialistes allaient d'ailleurs conclure à une schizophrénie. Mais nous avons retrouvé, sous une latte du parquet de la maison, des journaux intimes où elle avait noté tout ce qu'elle comptait faire pour mettre au point sa vengeance. Elle les a commencés le soir même de la mort de son mari et a tout planifié dans les moindres détails. Dans le service psychiatrique, elle s'est largement inspirée des autres résidents pour simuler des crises de folies, des hallucinations.

– Bordel de merde… ne puis-je m'empêcher de jurer face à toutes ces révélations.

Nous nous regardons tous, sous le choc.

– Puis elle s'est renseignée sur l'entourage de l'homme qu'elle considérait comme responsable de la mort de son amour perdu. Vous, donc, monsieur Milano. Et elle vous a espionné, monsieur Barese, et ce, afin de vous approcher. Dans son journal intime, il est noté qu'elle a tout étudié de vos habitudes, jusqu'au genre de femme avec qui vous aviez l'habitude de sortir, afin de coller au plus près à vos goûts.

– La garce…

– Monsieur Barese, vous étiez déjà une victime avant même de la rencontrer. Vous n'auriez rien pu voir venir.

Mon ami ne dit rien, mais je remarque ses poings serrés sous la table. Je sens qu'il n'est pas loin d'exploser, alors je pose une main que j'espère apaisante sur son bras.

– Enfin, elle a commencé à vous envoyer des courriers anonymes, mademoiselle Milano. Elle avait vraiment l'intention de s'en prendre à vous. Elle prévoyait de le faire rapidement. Divers scénarios étaient envisagés, planifiés, mais votre garde du corps l'a empêchée plus d'une fois de mettre ses plans à exécution. Et ce, grâce à sa simple présence, si on en croit ce qu'elle a écrit à ce sujet.

Maja frissonne. Romy, tout près d'elle, la console en lui prenant la main.

– Et après ? demande Maja d'une petite voix, suspendu aux lèvres de l'inspecteur, comme nous tous.

– Vous connaissez la suite. Elle a appris le lien qui unissait votre père et votre amie, et elle a donc vu ce week-end organisé à la dernière minute comme la meilleure façon de se venger enfin. En clair, elle a monté un scénario digne d'un parfait thriller. Sa seule négligence aura été de croire que ses notes, consignées dans ses journaux intimes, partiraient, elles aussi, en fumée avec la bombe.

Ces révélations nous font froid dans le dos. C'est au tour de Romy de se tendre, mais son père passe spontanément son bras autour de ses épaules.

Amber a donc tout simulé pour être déclarée folle en cas de procès. Cela aurait pu être brillant si ça n'était pas aussi malsain et tordu.

– Et donc ? demandé-je, curieux de savoir ce qui va advenir d'elle.

C'est mon avocat qui répond, cette fois.

– Je vous annonce officiellement qu'elle ne sera pas jugée comme une malade mentale, mais bien comme une personne en pleine possession de ses capacités intellectuelles. Grâce à tous ces éléments, elle sera donc mise en examen pour tentative de meurtre avec préméditation. Amber Whitaker est une femme manipulatrice et dangereuse, et elle n'aura aucune chance face au juge et aux jurés.

Romy et son père se regardent, l'air visiblement soulagé. Maja et moi hochons la tête. Seul Luigi reste neutre, ses mâchoires se crispant en même temps qu'il serre les dents visiblement de toutes ses forces.

– Voilà, je crois que nous avons terminé, conclut alors l'inspecteur.

Mon meilleur ami est le premier à se lever, et nous l'imitons dans un silence de plomb.

Nous marchons en file indienne dans l'étroit couloir. Maja se mouche et se blottit contre Romy, qui passe un bras autour de ses épaules. Luigi parle tout bas avec M. Vasseur. James, derrière moi, ferme la marche.

Et moi ? Bordel ! Je me sens seul et assommé par tout ce que je viens d'apprendre. Et surtout, j'éprouve un besoin presque vital de serrer la femme que j'aime dans mes bras.

47

Matis

Une fois en haut des marches extérieures du bâtiment, Luigi nous propose d'aller boire un verre. Nous le suivons donc dans un café proche du commissariat.

Quand il parlait de « verre », vu qu'il est seize heures, je pensais à un café, mais, contrairement à nous tous, lui commande un double whisky.

Devant mon sourcil haussé d'étonnement, il lève son verre.

– Ben quoi ? Il n'y a pas d'heure pour trinquer à la chute de cette garce, si ? Allez ! Puisse-t-elle en chier autant qu'elle le mérite ! Tchin ?

Nous levons tous nos tasses et trinquons. L'ambiance reste très tendue. Maja sirote son latte en bavardant avec le père de Romy. Et moi, j'ai beaucoup de mal à ne pas contempler la jolie Française. Elle est encore plus belle que dans mes souvenirs. Elle a coupé ses cheveux, et cette coupe à la garçonne lui va à merveille. Je n'ai qu'une envie : déposer des milliers de baisers dans sa nuque et sur la peau de son cou gracile. Bordel ! Elle éveille en moi un désir qui m'a quitté depuis des mois. Je n'ai bandé pour personne depuis son départ, et c'est en pensant à elle, et seulement à elle, que je me suis soulagé, plusieurs soirs, dans mon lit.

Quand nos regards se croisent, ses yeux se posent

sur ma bouche. Je sais qu'à cet instant, elle est traversée par le même genre d'idée que moi. Ne pas pouvoir la toucher est une véritable torture. Elle a maigri et a les traits tirés. C'est évident qu'elle garde des séquelles physiques de son enlèvement.

– Tu veux toujours venir à New York avec moi ? demande soudainement ma fille à son parrain.

– Ouaip. Si ton cher père accepte de me filer une semaine de vacances, je ne dirai pas non.

– Tu veux aller à New York ? Quand ?

– Ben ouais. Comme Maja a désormais son appart, c'est tout bénef, plaisante mon meilleur ami. Bref, si possible, je partirai avec elle dans deux jours.

– Pour moi, pas de souci. Il faut juste que je voie pour te faire remplacer, mais ça devrait coller, mon frère.

Il a besoin de changer d'air. Cette coupure lui fera le plus grand bien. J'aurais bien aimé qu'elle me propose aussi d'aller passer un peu de temps chez elle, mais je suis las de quémander de l'attention de sa part. Il est plus que temps que nous parlions pour mettre les choses à plat une bonne fois pour toutes.

Luigi et Maja sortent fumer. Eh oui, ma fille et son parrain ont repris cette sale habitude depuis cet été. Encore une chose qui rapproche ce duo soudé comme jamais.

Romy signe alors à l'intention de son père. Il semble hésiter, mais il sort finalement une pipe de son manteau, puis il se lève à son tour.

– Si ça ne vous ennuie pas, moi aussi, je vais sortir fumer, s'excuse-t-il poliment.

James, comprenant comme toujours les choses, s'éclipse, quant à lui, aux toilettes. Cet homme est génial.

Je me retrouve donc en tête-à-tête avec elle.

– Comment vas-tu, *bella* ?

Elle me fait un geste de la main qui signifie « couci-couça ».

– Pareil. Au fait, tu es magnifique avec cette coupe.

Elle porte spontanément la main à ses cheveux et me sourit timidement. J'avais oublié à quel point j'aime voir ses joues se teinter de rose.

Puis elle pianote sur son téléphone et m'envoie un SMS. Le premier depuis si longtemps.

[Toi aussi, tu es très beau.
La barbe te va bien.]

Je porte machinalement la main à mon menton. En fait, quand elle est partie, je me suis laissé aller à ce niveau-là. Et une fois que ça avait bien poussé, j'ai décidé de garder ce bouc… qu'il est plus que temps que je fasse entretenir par un barbier digne de ce nom, d'ailleurs.

Nous échangeons quelques platitudes. J'aurais tellement de choses à lui dire ! Mais nous nous en tenons à des banalités.

Au bout d'un moment, je craque :

– Tu me manques.

Alors qu'elle pianotait sur son mobile pour m'écrire, elle suspend son geste et relève la tête.

– Je pense à toi chaque jour. Je sais que je t'ai promis de mettre de la distance entre nous, mais de te voir, ici, si belle… je ne sais pas… Ça me rend fou de ne pas… enfin… Merde ! Tu es si proche et si inaccessible à la fois que ça me rend dingue…

Son violet percute alors mon noir, et elle approche sa main de la mienne. Elle la serre et son pouce caresse le mien. C'est si bon et si peu à la fois ! Pourtant, je savoure ce contact.

Mais, rapidement, elle écarte ses doigts des miens, car les autres arrivent.

Putain, tout cela est tellement frustrant !

***

– Nous avons réservé un vol dans deux heures trente. Il vaudrait mieux que nous y allions, nous informe alors le père de Romy trente minutes plus tard.

Mon cœur loupe un battement.

Non, pas si vite…

Elle se met alors à signer et son père traduit au fur et à mesure.

– Luigi, passe un bon séjour à New York. Et, s'il te plaît, arrête de t'en vouloir, tu n'y es pour rien. Sincèrement.

Mon ami hoche la tête et arbore alors ce semblant de sourire de façade qui ne le quitte plus. Moi, je sais qu'il en faudra beaucoup plus pour le convaincre.

Quand nous nous levons, il serre néanmoins Romy dans ses bras et lui murmure quelque chose à l'oreille. Elle lui fait les gros yeux et caresse tendrement sa joue en agitant la tête de gauche à droite et en articulant un « non » muet.

En sortant, elle enroule une grande écharpe autour de son cou avant de signer, à l'intention de Maja cette fois.

– Bon retour à toi aussi. Et n'oublie pas ce dont on a parlé. C'est important, Cookie.

Elle pointe alors du doigt ma fille, serre ses deux poings, les croise et les replie sur son cœur.

– Moi aussi, je t'aime, lui répond Maja en la serrant contre elle.

Elle prend ensuite tendrement James dans ses bras, et ils échangent pendant quelques minutes des signes.

Puis, alors que je pensais qu'elle n'en ferait rien, elle se met à signer à toute vitesse après m'avoir désigné. Ses gestes gracieux m'hypnotisent, et même si je ne comprends rien, je ne la quitte pas des yeux.

Elle fait une pause, tourne la tête vers son père, qui hésite une seconde, avant de finalement se lancer :

– Ne rase pas ta barbe, ça te va bien. Mais prends soin de toi, Matis. Tu mérites d'être heureux. Si j'ai appris une chose, dans tout ce cauchemar, c'est que la vie est courte. Tu m'as rendue heureuse, je ne regrette rien.

Je me mords la lèvre pour m'empêcher de lui hurler à quel point je suis amoureux d'elle. Mais, même si ce sont ses mots, la voix de son père me force à un minimum de retenue. Je hoche la tête et son père continue de traduire.

– Maintenant, je sais que l'amour existe et qu'il n'y a rien de mieux sur cette terre. La prochaine femme dont tu tomberas amoureux sera la plus chanceuse du monde. Honnêtement, j'aurais adoré être cette femme, mais on n'en a pas le droit. Dommage pour moi, pour nous. Sois heureux, s'il te plaît.

Les yeux brillants, elle me fait un signe de la main et ses lèvres dessinent le mot « au revoir ».

Bordel ! Le temps semble suspendu. Si ça n'est pas un adieu, je n'y connais rien. Mon cœur se brise à nouveau. Je le lui ai promis. Alors, je dois la laisser avancer, rejoindre sa terre natale, vivre sa vie, même si j'en crève de l'intérieur.

Maja a tout entendu, mais a la délicatesse de garder la tête baissée. Tout comme Luigi, qui tire frénétiquement sur sa clope en nous tournant le dos.

Puis père et fille s'éloignent. C'en est fini.

Eh merde !

Pris d'un besoin incontrôlable, je l'appelle :

– Romy !

Elle se retourne. Je me fiche que les autres nous regardent. Si ça doit être la dernière fois que je la vois, je veux au moins la sentir entre mes bras. Alors, je parcours les quelques mètres qui nous séparent et je la serre contre moi.

Son petit nez froid se colle dans mon cou. Nous restons là, l'un contre l'autre. Le temps semble s'être arrêté, et si tel n'est pas le cas, je m'en fous.

Et alors que je sens qu'il faut mettre un terme à ce câlin si délicieux, je lui murmure à l'oreille :

– Même si je ne suis pas d'accord, même si tu m'imposes cette décision, je t'aime, Romy. Chaque jour qui passe, j'ai envie de prendre un avion pour venir te rejoindre. Alors, oui, je resterai loin de toi, mais sache que cela me tue.

Les larmes aux yeux, elle dépose une bise sur ma joue, tout près de ma bouche, puis m'adresse un signe que je ne comprends pas. Elle monte finalement dans le taxi. Son père, à ma grande surprise, me gratifie d'un regard bienveillant, mais ne traduit pas le signe. Je regarde, impuissant, la voiture emporter celle que j'aime loin de moi, encore une fois.

C'en est trop pour moi. Je ne retiens même pas mes larmes, qui dévalent mes joues. Rien à foutre. Mais j'ai besoin de me retrouver seul. Spontanément, je hèle rageusement un taxi, qui s'arrête sur le bas-côté.

– Matis ? m'appelle Luigi.

J'ouvre la portière arrière et me retourne.

– Rentrez avec James. Moi, je vais à la villa. J'ai besoin d'être seul. Tu peux assurer le service pour moi ce soir ?

Mon ami acquiesce. Ma fille me regarde, l'air surpris. Alors, j'ajoute à son intention :

– Maja, vu que tu ne daignes pas m'adresser un regard ni une parole depuis ton arrivée ici, j'imagine que, de toute façon, tu as prévu un truc à l'extérieur, non ?

– Heu…

– Parfait ! Alors, cette fois-ci, nous sommes d'accord. Chose qui n'est malheureusement pas beaucoup arrivée depuis des lustres, tu en conviendras.

Elle me regarde, visiblement étonnée de ma réaction, mais je m'en tape. Je poursuis :

– Quand tu seras disposée à me parler, à échanger d'adulte à adulte, je serai là, tu le sais. La balle est dans ton camp. Mais pas ce soir. Surtout pas ce soir.

J'ai besoin de m'isoler avant de dire des choses que je risquerais de regretter. Romy et moi n'avons pas fait tous ces sacrifices pour que je foute tout en l'air. Or, aujourd'hui, la colère et la rancœur prendraient le pas sur la raison, alors je préfère me cloîtrer pour redescendre en pression. La femme que j'aime est partie, alors je veux juste qu'on me foute la paix.

48

Romy

Je sors de la boulangerie après avoir souhaité un joyeux Noël à Léon. Emmitouflée dans mon gros manteau, mon écharpe autour du cou, un bonnet vissé sur la tête et ma bûche de ce soir entre les mains, je fais attention de ne pas glisser.

Eh oui ! Pour la première fois depuis des années, nous avons de la neige pour fêter Noël. Je lève la tête et souris comme une gamine en sentant les flocons s'écraser sur mon visage.

Je ne déroge pas à mon rituel et longe la plage en admirant ce drôle de paysage, si peu habituel ici. La neige a entièrement recouvert le sable et je peine à reconnaître les lieux qui m'ont vue grandir. Mon banc est couvert de poudreuse. Je ne m'y attarde donc pas et rejoins plutôt notre jolie maison.

Mon père est toujours au boulot. Je m'attelle immédiatement à l'élaboration de notre réveillon de ce soir. Il y a un an, je faisais la même chose avec les mêmes pensées. Mais, cette année, j'ai le cœur lourd et porte une immense tristesse supplémentaire. Matis me manque. C'est tellement douloureux que je n'aurais jamais cru ça possible. Vingt fois par jour, j'ai envie de l'appeler pour lui dire d'oublier ma demande de mettre de la distance entre nous. Pour finalement lui avouer que j'en viens à penser que mon amitié avec Maja compte peut-être moins à mes yeux que mon amour pour lui.

C'est vrai, quoi ! Devoir la regarder vivre sa meilleure vie alors que, nous, nous sommes malheureux vient ternir peu à peu ce que je ressens pour elle. J'ai tenté d'ouvrir le dialogue, mais, systématiquement, elle a refusé de parler de ça. J'avais devant moi une porte de prison totalement fermée.

Elle voit que je ne vais pas bien, et pourtant elle continue à faire comme si de rien n'était, et ça me blesse un peu plus chaque fois. Quel genre d'amie peut faire l'autruche à ce point en voyant que l'autre souffre ?

Je soupire en découpant les pavés de saumon que je vais mettre à mariner. Ma volaille est prête à être enfournée. Je ne prends même pas plaisir à préparer ce repas. J'agis comme un automate, surtout pour ne pas rendre mon père et mon grand-père malheureux. Mais ils ne sont pas dupes, ils savent que je ne suis pas dans mon assiette.

Je me poste un moment devant la fenêtre et regarde le paysage endormi sous son manteau d'hiver. Je récapitule ce que j'ai déjà préparé pour m'occuper l'esprit.

Le dessert de ce soir est déjà prêt à être dégusté. Je l'ai confectionné alors que le village dormait encore, en même temps que les autres pâtisseries proposées à la vente dans la boulangerie-pâtisserie de Léon. J'en ai créé plusieurs depuis l'élaboration de ma première liste à Rome, cette fameuse nuit où…

Et voilà, je suis encore repartie le retrouver dans mes souvenirs ! Stop !

Je secoue la tête. Cela fait des semaines que je m'enjoins de ne plus y penser… quarante fois par jour.

Mon amour pour Matis est-il si condamnable ? Pourtant, Maja me souhaitait de vivre ma vie à mille pour cent, comme elle. Et la seule fois où j'ai vraiment lâché prise et écouté son conseil, il a fallu que je tombe amoureuse de son père. Le destin sait visiblement être cruel et joueur.

Je me demande souvent ce que maman aurait pensé de tout ça. Et puis je me dis qu'elle aurait réagi comme papa, avec pudeur, sans me juger.

Stop !

Me voilà une nouvelle fois empêtrée dans cet imbroglio de questions qui ne trouveront jamais de réponses. Je suis définitivement un cas désespéré.

Rémy ouvre la porte et tape ses pieds devant l'entrée de la maison avant de me rejoindre dans la cuisine.

– Hmm, ça sent bon, ici ! Tu t'es encore surpassée, ce soir, *ma c'hwenenn*[1]. J'ai d'ores et déjà prévu de ne pas mettre de ceinture. J'ai bien fait, on dirait. Tiens, prends ça. J'ai fait une petite sélection de vins dont tu me diras des nouvelles !

Je regarde les étiquettes et souris, totalement conquise par son choix, comme d'habitude. Je lui lance un clin d'œil, puis lui tape sur les doigts alors qu'il pique un champignon dans mon plat.

– Aïe ! Bon, je reviens vers dix-neuf heures, c'est ça ?

Je lui fais signe que c'est parfait, le remercie et dépose un baiser sur sa joue ridée. Une fois seule, après avoir remis ma volaille au four, je regagne ma chambre.

Exceptionnellement, Maja, qui est à Québec pour un défilé spécial, ne pourra pas se libérer pour un appel le 25. Nous avons donc décidé de nous parler en visio avant nos réveillons respectifs.

1. « Ma puce » en breton.

J'avoue que j'ai un peu hésité avant d'accepter de maintenir notre rituel. Je suis si triste que je crains de ne pas supporter sa joie de vivre et sa désinvolture aujourd'hui.

La sonnerie Messenger retentit à ce moment et je décroche. Ma meilleure amie apparaît à l'écran, rayonnante.

– Coucou, Sis ! Alors, en pleins préparatifs ?

Je hoche la tête. J'embarque ma tablette jusqu'à la cuisine, retourne la caméra et lui montre ce que j'ai concocté pour ce soir.

– Oh là là, tu veux ma mort ! Ça m'a l'air trop bon !

Mis à part certains gestes basiques, Maja ne maîtrise pas énormément la langue des signes, alors je remets la caméra vers moi et tape un SMS, qu'elle reçoit. Ça n'est certes pas très pratique, mais c'est le seul moyen que nous ayons trouvé pour communiquer tout en nous voyant.

[Je suis sûre que ce
que tu mangeras ce soir sera
bien meilleur et plus raffiné
que ma simple dinde
et mes patates sautées !]

– Conneries, ouais ! Mes collègues mannequins se pètent le bide à coups de salade sans vinaigrette, alors, forcément, notre réveillon va être fun, tiens !

Je souris à ses bêtises.

[Tu te rattraperas avec le colis
que je t'ai expédié, alors…]

– Tu sais comment me parler, baby ! Allez, c'est parti ! Prête ? Un, deux, trois…

Elle entame le décompte avant de brandir un poing fermé face à mes doigts qui forment des ciseaux.

Eh merde…

– Youhou ! *I'm the winner !* s'exclame-t-elle.

Elle ouvre alors sans attendre le gigantesque carton que j'ai fait livrer pour elle. Je souris en la regardant s'extasier sur les chocolats, les biscuits maison, le nougat et les autres gourmandises que je lui ai concoctées.

– Merci, Sis ! Tu sais comment me parler !

Je lui fais une révérence, ce qui la fait rire.

– Allez, à toi, ouvre !

Je m'empare du paquet reçu il y a quelques jours et le déballe avec une lenteur absolue, ce qui la rend folle et me fait toujours autant rire, même si aucun son ne franchit la barrière de mes lèvres.

Je découvre alors une sorte de carnet relié. Je l'ouvre : cette année, pas de photos, mais des dessins superbes. Je textote à toute vitesse.

[Waouh ! C'est juste magnifique, Cookie, j'adore ! Bravooooo !]

Je contemple la première page et découvre un portrait de moi, endormie sur un lit. Je porte mon tee-shirt des Rolling Stones. Maja a écrit une légende juste en dessous :

Deux heures d'avion, et ça ne tient pas la marée ! Les vacances promettent d'envoyer du lourd, tiens !

Je rigole silencieusement en levant les yeux au ciel et tourne la page. Le dessin me représente cette fois dans le bar que nous avons fréquenté à Forte dei Marmi.

Fabio, le barman, est penché vers moi avec un air séducteur.

Troisième page : je suis à la piscine et je lis un livre avec un léger sourire aux lèvres. Puis me voilà entourée de tout le monde chez Luigi et…

Une silhouette gommée m'indique que Maja avait dû la dessiner avant de savoir qui était réellement Amber. Volontairement, je ne m'attarde pas sur la silhouette de Matis.

Puis un autre dessin : Luigi et moi, les traits inquiets, en train de bavarder sur un transat. Je me souviens parfaitement de notre discussion au sujet des lettres anonymes. Mais j'ignorais que Maja nous croquait à ce moment-là.

Comment ai-je pu ne pas m'en apercevoir ?

Puis vient un dessin de toutes les femmes dans la cuisine, riant à gorge déployée, et encore cette même et seule silhouette gommée grossièrement. Et une légende :

> *Cette folle nous a gâché la vie, mais elle ne pourra pas nous enlever nos souvenirs !*

Je relève les yeux et souris tristement en montrant la page où j'en suis rendue à mon amie.

– C'est vrai, Sis. On ne doit pas lui donner plus d'emprise sur nos vies, me dit Maja gravement.

Je hoche la tête, lui offre un sourire triste et poursuis ma découverte.

Sur cette page, une seule phrase :

> *Après ton départ il y a trois semaines…*

J'arrive à la page suivante et découvre alors un autoportrait de Maja au visage si triste qu'il me fait monter les larmes aux yeux. Dans une bulle, au-dessus de sa tête, mon visage et une légende :

Tu me manques.

Je comprends enfin que ma meilleure amie me crie son mal-être. Sa tristesse, due à notre éloignement, et qui fait tant écho à la mienne.

Je lui fais signe que je l'aime et laisse couler mes larmes alors qu'elle aussi pleure de son côté.

– Continue, Sis… renifle-t-elle.

La page suivante me trouble plus qu'aucune autre. J'y découvre Matis, le visage plein de larmes, prêt à monter dans un taxi, avec le commissariat italien en fond.

Est-ce vraiment ce qu'il s'est passé ?

J'hésite, mais Maja hoche la tête pour m'encourager à regarder la page suivante. Alors, la curiosité l'emporte.

Là, le père et la fille semblent se hurler dessus. Ils ont les sourcils froncés et leurs bouches sont grandes ouvertes. Je lance un regard inquiet à ma meilleure amie, qui baisse la tête.

Je me concentre donc sur le livret et la dernière page, où je découvre simplement quelques mots :

Pardon, j'aurais dû te faire confiance.
Joyeux Noël, Sis.

Je relève la tête vers l'écran, où ma meilleure amie forme le signe « je t'aime » avant de raccrocher, mettant brusquement fin à notre conversation.

Attends… quoi ?

Je tente de la rappeler, mais en vain.

– Elle ne répondra pas, *bella*, me fait alors sursauter une voix que je reconnaîtrais entre mille.

Je me retourne immédiatement et n'en crois pas mes yeux.

Il est là, dans ma chambre !

Attends… quoi ?!

49

Matis

J'ai le cœur qui bat à dix mille à l'heure. J'ai encore du mal à croire que je sois ici, à seulement trois pas d'elle. Elle se lève doucement de sa chaise de bureau, les yeux écarquillés par la surprise.

J'imagine aisément ce qu'elle doit ressentir, car j'ai moi-même fantasmé l'idée qu'un jour elle prendrait l'avion et viendrait me retrouver à Forte dei Marmi.

Je meurs d'envie de plonger sur ses lèvres et sur ce sourire qu'elle esquisse timidement, mais je veux absolument faire quelque chose avant. Avec l'aide de James, j'ai appris ce que je voulais lui dire avec des signes. Alors, je me lance et, maladroitement, reproduis la chorégraphie que mon ami m'a enseignée.

Romy semble touchée et émue. Elle me répond de la même manière, mais je l'arrête :

– Ouh là ! Non, *bella*, je ne suis pas encore aussi calé !

Elle arbore un air étonné et je lis le mot « encore » sur ses lèvres.

– Oui, encore. Je veux pouvoir échanger avec toi à ma guise, *mia bella*. Je veux…

Elle lève une main pour m'arrêter et désigne, derrière elle, le carnet, et le dessin de Maja et moi en train de nous disputer, en haussant les sourcils. Elle a besoin de comprendre, c'est normal. Pourtant, avant de tout lui expliquer, je ne résiste pas plus longtemps et me rapproche d'elle. Ses yeux cherchent des réponses dans les miens, mais j'ai trop besoin de la toucher.

Je pose tendrement ma main sur sa nuque et remonte mes doigts dans sa chevelure courte. Depuis notre dernière rencontre, je rêve de le faire. Alors qu'elle ferme les yeux en lovant sa joue dans la paume de ma main, mon pouce frôle ses lèvres, qui m'ont tant manqué. Visiblement, je ne suis pas le seul à être fébrile, car elle émet un soupir de contentement qui me rend dingue.

Puis nos yeux se connectent, et je ne vois plus rien d'autre que son violet. Alors, je fonce sur ses lèvres et l'embrasse comme si ma vie en dépendait. Sa bouche vient naturellement à la rencontre de la mienne. La sensualité de ce baiser me donne le tournis. Quand elle presse son petit corps contre mon entrejambe, je durcis instantanément.

Elle s'écarte légèrement, un petit sourire coquin au coin des lèvres, mais je veux qu'elle sache exactement à quoi s'en tenir avant de me faire l'amour.

– Romy, *mia bella*, je ne peux pas cacher l'effet que tu me fais, mais je veux que tu saches tout. Laisse-moi t'expliquer, tu veux bien ?

Son regard se trouble. Je lis la peur dans ses yeux quand elle s'assoit de nouveau sur son siège de bureau. Moi, je choisis de rester debout pour garder les idées aussi claires que possible.

Puis je me lance dans le récit de ma discussion houleuse avec ma fille.

***

Quinze jours plus tôt, après l'audition au commissariat

Installé sur mon canapé, devant la télé, je zappe sans m'attarder sur quoi que ce soit. Mon esprit tourne en boucle sur cet adieu que Romy et moi avons échangé.

La Française a oublié un foulard en partant d'ici précipitamment. Depuis, il est posé sur mon canapé. Je l'attrape et, comme un con, pour la millième fois, je le hume. Et même si l'odeur de son parfum n'est presque plus présente, cela suffit à faire remonter ma peine.

Putain ! Mais j'ai quel âge pour sentir un bout de tissu, sérieux ?

C'est le seul lien qui me reste avec elle. Si je ferme les yeux, je sens l'odeur de sa peau. Si je tends la main, j'en imagine la douceur. Elle me manque tellement que cela devient invivable. Je m'éteins un peu plus chaque jour.

Qui aurait cru que je tomberais amoureux si vite et si fort ?

Les images de son départ déferlent à nouveau derrière mes paupières closes. La boule dans mon estomac ne veut pas partir. J'ouvre les yeux, passe la main dans mes cheveux et prends une grande inspiration. Il ne faut plus y penser. Point à la ligne.

Soudain, la porte d'entrée s'ouvre sur Maja, qui m'avise directement.

– Maja, je t'ai demandé de me laisser. Je ne suis pas d'humeur à me battre encore contre toi. Pas aujourd'hui.

– Pourquoi pas aujourd'hui ?

– Je pense que j'ai pourtant été assez clair, non ? dis-je en me levant pour rejoindre ma chambre.

– Tu l'aimes ?

– Maja…

– Plus que maman ?

– Quoi ? Mais enfin, ça n'a rien à voir ! Ça suffit, les conneries. Bonne nuit.

– Matis ? Je... j'ai besoin de te demander des trucs... hésite-t-elle.

Je soupire, las de toute ma journée. Mais comme je sais que je n'arriverai pas à fermer l'œil, et qu'elle semble plutôt calme et disposée à enfin parler, je prends sur moi. J'acquiesce donc, puis retourne m'installer sur le canapé.

– Je t'écoute, dis-je simplement.

Elle enlève son manteau, puis me tourne le dos, les mains tendues vers la cheminée, et me dit :

– En fait... Romy m'a souvent seriné que je devrais... enfin, que j'aurais dû te... disons que j'ai besoin de...

– Maja, viens-en au fait, s'il te plaît. Je ne suis pas d'humeur à jouer aux devinettes.

Je sais que je ne suis pas tendre, mais ma colère est à son paroxysme et ne semble pas vouloir redescendre depuis que j'ai pris ce taxi tout à l'heure.

– Bon, OK. Alors, en fait... je vous en veux de m'avoir caché un truc aussi important. Normalement, on se dit tout, mais là, Sis a préféré partager ce secret avec toi seul, et ça m'a grave fait mal quand je l'ai appris.

– Je peux tout à fait le concevoir, affirmé-je sincèrement.

Maja se retourne. Elle semble on ne peut plus gênée de poursuivre, alors je l'y encourage.

– Il est plus que temps de crever l'abcès. Dis-moi enfin ce que tu gardes sur le cœur.

– Pourquoi as-tu quitté maman ?

– Quoi ? Mais on n'est pas censés parler de Romy plutôt, là ?

– Si, mais j'ai besoin de savoir ça aussi, Matis.

– Tu sais très bien que ce sont nos carrières qui nous ont séparés. Sa vie d'actrice nécessitait des déplacements continus et je venais d'ouvrir mon restaurant. Il fallait que je reste. Donc, nous nous sommes séparés pour nous épanouir chacun professionnellement.

– Pourquoi tu continues à mentir ? s'énerve-t-elle. Écoute, je sais que tu as été égoïste et que tu n'as pas supporté que maman réussisse. En fait, tu ne voulais qu'une petite vie bien rangée, au risque d'empêcher maman de s'épanouir dans sa carrière !

– Non, Maja, ça n'est pas ça. Je…

– Qui a mis un terme à votre mariage ? Qui ? demande-t-elle, énervée, en s'asseyant près de moi sur le canapé.

– C'est moi, en effet, mais par pour ces raisons idiotes que tu énumères. Je pensais que tu me connaissais assez pour ne pas me voir comme le vieux con réac que tu décris si bien !

– Peu importe, les faits sont là, Matis ! Et ton choix de te séparer de ma mère, donc de faire éclater notre famille, m'a brisé le cœur, me confie-t-elle pour la première fois depuis toutes ces années, même si je m'en doutais forcément.

– Je suis désolé, mais ta mère et moi avons tout fait pour que tu vives au mieux ce bouleversement. Je suis navré si tel n'a pas été le cas, Maja. Vraiment.

– Alors, pourquoi as-tu mis fin à ce mariage ? Vous auriez très bien pu faire comme beaucoup de couples et vous épanouir dans vos carrières respectives sans forcément briser vos vœux, non ?

Je réfléchis à toute vitesse. J'étais loin de me douter que nous aurions cette discussion ce soir. Je pensais ne jamais l'avoir, à vrai dire, mais cette fois, je décide de jouer franc jeu.

– Bon, écoute, je… ce n'est pas moi qui ai mis fin à notre mariage, révélé-je finalement.

– Comment ça ?

– C'est ta mère qui a demandé le divorce. À l'époque, nous avons préféré te dire que ça venait de moi.

– Mais enfin, pourquoi ?

– Parce que tu allais vivre avec elle, *mia principessa*, et qu'elle craignait que tu lui en veuilles. Alors, nous sommes tombés d'accord sur l'idée qu'il valait mieux que ce soit moi qui endosse le rôle du méchant dans l'histoire. Tu comprends ?

– Elle savait que je t'en voulais, qu'il fallait me traîner pour venir te voir, et elle a laissé faire ? Putain, mais quel genre de mère agit de la sorte ?

– Ne l'accable pas, Maja. Ne reproduis pas sur elle ce que tu m'as fait, car la plus malheureuse, dans cette histoire, ça sera toi. Et je suis fautif, moi aussi. J'aurais dû insister pour que nous te disions la vérité quand tu as grandi.

Ma fille lève les yeux au ciel, toujours aussi remontée, et enchaîne rapidement :

– Mais pourquoi a-t-elle voulu divorcer, alors ?

– Je préfère que ce soit elle qui te l'explique.

– Oh, putain ! Elle t'a trompé, c'est ça ? me demande-t-elle, horrifiée.

Je ne veux pas me poser en victime, mais je continue à dire la vérité.

– Il y a de ça, oui, mais discutes-en avec elle. Je ne peux pas parler en son nom des raisons qui l'ont poussée à me quitter.

Ma fille inspire comme pour digérer la nouvelle, puis reprend :

– Et Romy…

– Que veux-tu savoir ?

– Qu'est-ce qu'il y a entre vous ? J'ai besoin de comprendre.

– Nous n'avions pas prévu tout ça, *mia principessa*, mais nous avons craqué à Rome.

– Craqué ? Pourquoi, c'était sous-jacent ?

– Disons que oui, un peu. J'ai lutté en essayant de me raisonner, elle aussi. Je pensais juste qu'elle m'attirait.

– Et tu es… enfin, vous êtes… vraiment amoureux ?

– Je l'aime, oui. J'ai cru mourir, moi aussi, quand on a failli la perdre.

– J'ai… paniqué. J'ai eu peur que, tout comme avec maman, tu l'empêches de s'épanouir dans sa vie en la faisant venir vivre ici…

– Mais enfin, il n'a jamais été question de tout ça ! Et puis je pense avoir été assez clair sur le fait que je ne suis pas l'homme des cavernes que tu imagines, non ?

– Jusqu'à il y a cinq minutes, je le pensais, désolée, me dit-elle en m'offrant un sourire penaud. Du coup, j'ai flippé. J'étais persuadée que c'était mieux comme ça, pour elle… Mais on n'échange plus beaucoup, à vrai dire. Je vois bien qu'elle souffre, qu'elle a du chagrin, et savoir que c'est à cause de moi, ça me rend malade. Du coup, j'évite de l'appeler, même si c'est lâche.

– Tout ça ne doit en rien entacher votre amitié. Pour être totalement franc, c'est Romy qui a voulu arrêter pour ne pas foutre le bazar entre nous. Moi, j'en étais incapable.

– Tu l'aimes à ce point ?

– Plus encore. Tu te doutes bien que nous n'avons pas fait ça pour te faire souffrir. Au contraire, nous avons préféré nous effacer pour ton bien-être, parce que tu comptes plus que tout pour moi, mais pour elle aussi. Alors, ne le lui fais pas payer, elle ne mérite pas ça.

Ma fille accomplit alors quelque chose d'inédit depuis des d'années : elle se rapproche, lève mon bras et se pelotonne tout contre moi.

– *Ti amo, mia principessa.*

– Je t'aime aussi, *papà.*

Papà : ce mot spontané, qui me fait tant de bien, prononcé par la prunelle de mes yeux.

Notre vieux Yago doit sentir l'émotion qui se dégage de ce moment, car il se relève difficilement pour venir s'incruster sur le canapé. Il est énorme, et nous sommes obligés de nous séparer, car il ne nous laisse aucune place.

– *Papà ?*

– Mmmh ? demandé-je distraitement en caressant mon vieux chien.

– Je ne veux pas vous voir souffrir tous les deux. Je suis peut-être une grande gueule, mais je ne supporte plus cette tension entre nous trois. Du coup, je veux bien que vous vous fréquentiez, toi et Romy.

– « Fréquentiez » ? C'est un mot digne d'une vieille conne réac et romantique, ça, non ? plaisanté-je.

– Hé ! C'est tout ce que j'ai trouvé ! Tu es mon père ! Je n'allais quand même pas te dire que je te donne la permission de choper ma meilleure copine, si ?

J'éclate de rire, un poids énorme s'échappant de ma poitrine. Bordel !

J'ai encore du mal à réaliser que ma fille vient de me donner sa bénédiction.

– Par contre… il y a moyen que tu attendes le 24 avant de lui en parler ? J'aimerais bien lui organiser une petite surprise en guise de cadeau de Noël. Du coup, ça te dirait une petite virée en Bretagne pour y passer le réveillon ?

Évidemment ! Même si je sens que les jours qui me séparent du 24 vont être interminables…

50

Romy

Je n'en crois pas mes oreilles ! J'ai l'impression de voler, d'être tout à coup beaucoup plus légère. J'ai presque peur d'y croire.

Pourtant il s'approche de moi et me glisse à l'oreille :

– Alors, *bella*, accepterais-tu de faire un bout de chemin à mes côtés ? Et plus si affinités ?

Je suis tellement frustrée de ne pas pouvoir libérer mon soulagement, ma joie et un grand oui avec ma voix !

J'attrape donc du papier et note :

Seulement si le chemin ne s'arrête jamais.

Il fonce sur mes lèvres, qu'il embrasse, et me murmure en ne délaissant pas ma bouche pour autant :

– Jamais ? Ça me va.

Son baiser suffit à traduire toutes les émotions que je ressens, moi aussi. Je le serre si fort que pas un seul petit millimètre ne sépare nos deux corps. Sa bouche se promène langoureusement dans mon cou tandis que ses doigts s'agrippent à mes cheveux courts.

– Cette nouvelle coupe de cheveux me rend dingue, *bella*, grogne-t-il avant de mordiller le lobe de mon oreille.

Ma libido, en sommeil depuis de si longs mois, se réveille au quart de tour. Je me presse contre lui, plus que réceptive à ses mots et à ses caresses. Je m'accroche à son cou et enroule mes jambes autour de ses hanches. Il me porte alors jusqu'à mon lit, sur lequel il me dépose délicatement.

– D'après toi, avons-nous un peu de temps seuls ? me demande-t-il d'une voix rauque.

Je hoche la tête. Mon père ne devrait pas rentrer du travail avant une demi-heure.

Inutile d'épiloguer, ma réponse lui suffit. Il grimpe sur mon lit et me surplombe de toute sa stature, les avant-bras posés de part et d'autre de ma tête.

– *Ti voglio così tanto, mia bella...*[1]

Que j'aime quand il emploie sa langue natale pour me dire ces mots remplis d'amour et de désir !

En guise de réponse, je me redresse, défais à la hâte les boutons de son jean et baisse son pantalon, emportant son boxer dans la foulée. Il s'empresse de terminer de se déshabiller tandis que, de mon côté, je vire mon slim et ma culotte. Pas le temps pour un déshabillage dans les règles de l'art : c'est presque vital de le sentir en moi.

Je le fais basculer sur le dos. J'ai envie de le revendiquer, de prendre les rênes, d'assouvir ce désir que lui seul attise en moi. J'attrape un préservatif dans ma table de chevet, puis j'ôte mon pull-over en le passant par-dessus ma tête. Je le balance et me positionne au-dessus de mon amant, qui m'a tant manqué.

Ses yeux brillent et me supplient silencieusement, alors je place mes jambes de part et d'autre de son bassin. J'installe la protection sur son sexe et, dans une lenteur absolue, je m'empale délicieusement sur cette verge tendue pour moi.

1. « J'ai tellement envie de toi, ma belle... »

Il émet un grognement qui ne fait qu'accentuer mon désir. Il pose ses mains sur mes hanches, allant à la rencontre de mes va-et-vient en gémissant de plaisir.

C'est si bon !

Je me cambre en arrière et le prends profondément en moi. C'est délicieux. Je sais que je risque de jouir trop vite, mais je m'en fiche. J'en ai tellement besoin que c'en est presque douloureux. Mon corps accélère volontairement la cadence tandis que ses doigts viennent dessiner des cercles exquis sur mon clitoris.

Puis il se redresse brusquement et s'assoit alors que je le chevauche de plus belle. Ses lèvres mordillent mes tétons et je soupire d'extase. Finalement, il me pilonne sans retenue, pour mon plus grand plaisir, et j'en redemande, encore et encore. Nos corps ne font plus qu'un dans le rythme infernal qu'il nous impose, et c'est dans un état presque second que je m'envole en criant silencieusement son prénom.

Il me rejoint exactement au même instant, et notre jouissance nous terrasse purement et simplement.

Nos respirations peinent à retrouver un tempo normal. Je me blottis entre ses bras et reste allongée sur lui alors qu'il est toujours en moi. Je voudrais que le temps s'arrête tellement je suis bien. Ou plutôt, non : maintenant que notre amour n'est plus interdit, je veux vivre encore des milliers de moments comme celui-ci.

– *Ti amo.* Je t'aime, Romy, me chuchote-t-il à l'oreille.

Je me sens submergée par un trop-plein d'émotions et les larmes viennent me piquer les yeux. Mais impossible de rester blottie dans son cou pour m'y cacher. Il doit savoir que mon amour pour lui est réciproque. Alors, je m'assois près de lui. Puis je serre mes deux poings, les croise et les pose sur mon cœur. Il imite mon geste maladroitement, et cela me touche énormément.

J'entends alors la porte d'entrée claquer et je lui montre l'heure. Nous nous rhabillons à la hâte, comme des gosses pris en flag.

– Ton père sait que je suis ici. Je l'ai eu au téléphone il y a trois jours, m'explique Matis. Mais ça m'étonnerait qu'il cautionne ce que je viens de faire.

Je fonce sur ma feuille :

Moi, je valide à mille pour cent !

Il me fait un clin d'œil complice et se penche pour me dire tout bas :

– Si tu es sage, je te souhaiterai un joyeux Noël à ma façon, alors…

Attends, ça veut dire que tu restes réveillonner avec nous ce soir ?

– Tout à fait, si tu es d'accord.

Je souris de toutes mes dents, hoche la tête avec enthousiasme et fais le signe du mot « merci ».

– Ne me remercie pas, et puis tu n'es pas au bout de tes surprises, m'avoue-t-il, attisant ma curiosité, qui est à son paroxysme.

Mais il ne dit rien de plus et se contente de déposer un baiser d'une tendresse infinie sur ma bouche.

– *Ti amo.* Je crois que je ne me lasserai jamais de te le répéter.

Je le serre dans mes bras et, avec un air triste, je griffonne :

Je t'aime aussi, Matis. J'espère être capable de te le crier un jour.

– Je le sais déjà, *bella*. Et nous avons toute la vie pour ça…

Il m'enveloppe de ses bras et je souris contre son cœur, qui bat aussi fort que le mien, me semble-t-il.

Toute la vie… Il me faudra au moins ça pour me rassasier de lui.

51

Romy

Pendant que je m'affaire dans la cuisine, mon père discute avec Matis dans le salon. Je ne peux pas m'empêcher de sourire béatement. Quelques éclats de rire parviennent jusqu'à mes oreilles, signe qu'ils s'entendent bien, ce qui me rassure énormément.

Matis m'a dit qu'il avait échangé longuement avec mon père au téléphone. Je ne doute pas que ce dernier a dû lui sortir le grand jeu du papa surprotecteur et lui faire jurer de se conduire bien avec moi, sous peine d'une terrible sentence. Jamais je n'aurais cru cette situation possible il y a encore deux heures. Et Maja qui refuse toujours mes appels ! J'ai tellement envie de lui « parler » !

Nous attendons Rémy, qui ne devrait pas tarder. Je termine d'arroser ma dinde. Je me sens un peu nerveuse, tout à coup. OK, le courant semble bien passer entre mon père et mon amoureux, mais est-ce qu'il n'y aura pas trop de blancs ce soir ?

Et puis j'espère que Matis, bien qu'étant l'un des plus grands chefs de la planète, appréciera la simplicité de ce plat familial, transmis de mère en fille depuis des générations. La dinde ne doit pas être trop sèche. « Il faut donc l'arroser sans arrêt », me répétait ma grand-mère. « La farce doit être relevée comme il faut », me serinait ma mère tous les ans. « Et pour que les patates soient bien *krichen*[1], n'oublie pas ce que je t'ai appris », résonne enfin la voix de Mam, mon arrière-grand-mère.

Comme j'aurais aimé qu'elles soient des nôtres, ce soir, et qu'elles puissent constater à quel point je suis heureuse et amoureuse de cet homme !

Rémy rentre, cinq minutes plus tard, en pestant contre la neige. Après avoir salué les hommes dans le salon, il vient me trouver en cuisine.

– Hmm, ça sent bon, ici. Alors, heureuse, *ma c'hwenenn* ?

Donc, lui aussi était au courant… Je hoche la tête en ne retenant pas le sourire qui semble avoir élu domicile sur mes lèvres.

Mon grand-père me serre dans ses bras et me dit tout bas à l'oreille :

– Ça se voit, et crois-moi, je sais faire la différence entre le vrai amour, qui vous fait totalement rayonner, et une amourette de passage.

Je lui demande :

« Et toi ? Tu es heureux en ce moment ? »

Il réfléchit une seconde avant de me répondre spontanément à l'aide de ses mains, cette fois.

« Je crois bien n'avoir jamais rayonné autant que quand ta grand-mère était à mes côtés. »

Je le sais parfaitement. Rémy a beau faire le dandy auprès de la gent féminine, il n'a jamais caché le fait qu'il n'avait plus aimé personne aussi fort que sa femme décédée.

« Et toi qui me disais qu'on peut tomber amoureux plusieurs fois dans sa vie ! »

« C'était sincère, *ma c'hwenenn* ! Je l'espère, tout du moins. Et j'y travaille ardemment en provoquant le destin. D'ailleurs, je t'ai parlé de Florence ? Elle est

1. Mot breton pour dire « sautées », « grillées ».

tout bonnement géniale ! » conclut-il en me faisant un clin d'œil.

– Oh, j'ai oublié une bouteille dans la voiture. Tu voudrais bien aller la chercher pour moi, *ma c'hwenenn* ?

J'acquiesce. Je baisse un peu le thermostat du four et enfile mon manteau. J'ouvre la porte… et manque de faire une crise cardiaque quand je découvre ma meilleure amie, postée sur le perron.

– Surpriiiiise !

Je n'en crois pas mes yeux ! Ma petite tornade s'engouffre dans la maison et me tire avec elle au chaud.

– Oublie la bouteille de pif, Sis. C'était une excuse pour que je fasse mon entrée ! Tadaaaa ! Joyeux Noël !

Je me précipite dans ses bras. Elle m'a tant manqué !

Elle resserre son étreinte et me souffle à l'oreille :

– Pardon, Sis. J'étais à côté de la plaque. Mon père a dû te raconter. Bref, j'espère que ça va coller. Je ne te cache pas que ça va me faire bizarre, hein ? Mais, après tout ce qu'on a traversé, vous méritez d'être heureux.

Entendre ces mots de la bouche de ma meilleure amie me fait tellement plaisir que les larmes coulent sur mes joues sans que je cherche à les retenir. Quand je me retourne, je remarque que les hommes ont assisté à nos retrouvailles, tous les trois se tenant serrés dans l'embrasure de la porte du salon.

Maja va saluer tout le monde, et moi, je plonge mes yeux dans ceux de Matis. Il semble aussi heureux que moi de ce revirement de situation. Je me retiens difficilement d'aller l'embrasser, bien que j'en meure d'envie. Maja a fait un sacré pas vers nous, alors à nous de lui accorder le temps nécessaire pour se faire à notre couple.

Je rejoins mon père et lui demande de traduire pour moi.

– Merci infiniment, Maja. Tu as raison, j'imagine que ça ne doit pas être facile pour toi de voir ta copine et ton père ensemble, mais sache que je ne ferai jamais rien qui puisse te mettre mal à l'aise.

Ma meilleure amie hoche la tête et son père passe un bras autour de ses épaules.

– Je confirme, jamais, lui dit-il en déposant une bise sur sa joue.

– Je sais, c'est gentil, mais si j'accepte votre relation, je vais bien devoir m'habituer à vous voir ensemble, donc soyez amoureux et embrassez-vous si vous en avez envie. Parce qu'il ne faut rien regretter, la vie est trop courte.

Je suis tellement touchée par ses mots ! On dirait bien que ma meilleure amie a énormément évolué ces derniers jours. Et puis je suis heureuse de voir que ces deux-là ont retrouvé une complicité qui n'aurait jamais dû s'envoler.

Alors, quand elle entoure la taille de son père de ses bras et qu'elle lui dit tout bas *ti amo, papà*, je fonds totalement.

– Et si on trinquait maintenant ? suggère Rémy.

Nous nous asseyons tous dans le salon et levons nos verres.

– À ce premier Noël tous ensemble. J'espère qu'il y en aura beaucoup d'autres ! déclare mon père, ne pouvant pas me faire plus plaisir.

Nos verres tintent entre eux.

Maja m'aide à servir les amuse-bouches. Matis discute joyeusement avec mon père, et moi, je ne me lasse pas de le regarder. Il a gardé sa barbe. J'ai adoré sentir le picotement de ses poils sur ma peau, tout à l'heure. Ses cheveux aussi ont un peu poussé. Aujourd'hui, il porte un jean et une chemise au col ouvert sous une veste décontractée. J'adore ! Il me fait tellement d'effet qu'il va me falloir des heures et des heures à faire l'amour avec lui pour enfin espérer être rassasiée de son corps.

Il capte mon regard et semble lire dans mes pensées, car il penche la tête sur le côté, un sourire coquin remontant le coin de ses lèvres.

Et moi, je rosis, comme d'habitude. Je me lève donc pour gagner la cuisine. Comme je l'espérais, il me rejoint et susurre à mon oreille :

– J'adore quand tu t'empourpres, *mia bella*. Moi aussi, j'ai envie de…

Puis il se recule. Sa main forme un poing fermé, qu'il frotte sur son nez en faisant des ronds.

Oh, c'est trop mignon !

Il a appris le signe de « faire l'amour ». Cela a un effet totalement aphrodisiaque sur moi, car je ne réfléchis pas et fonce sur ses lèvres. Il relève ma cuisse contre la sienne et je ne me fais pas prier pour me coller à son entrejambe, qui durcit significativement, alors que sa langue taquine agréablement la mienne.

Mais c'est ce moment que choisit Maja pour venir fouiner dans mes casseroles.

– Alors, qu'est-ce qui sent si bon, ici ? Oh, *merda*…

Nous nous écartons vivement l'un de l'autre.

Oups !

– Bon, OK, on va dire que, ça, c'était en effet un peu trop chaud. Mes rétines ont carrément failli fondre ! Mais je vais devoir m'y habituer, je suppose… Oh, bordel, il me faut un verre, là ! grogne-t-elle en opérant un demi-tour.

Matis m'offre un sourire et dépose un chaste baiser sous mon oreille.

– Je suis sûr qu'elle va s'en remettre. OK pour ménager

sa sensibilité au début, mais je compte bien me rattraper ce soir, quand nous serons seuls, *bella*.

Tout à fait le genre de promesse que j'adore.

Il m'embrasse alors avec une fougue inouïe. J'en vacille et il me tient plus fort encore.

Je ne me suis jamais sentie aussi heureuse qu'en ce 24 décembre. Le réveillon se passe merveilleusement bien. Mes plats sont réussis si j'en crois l'absence de restes dans les assiettes. Matis me demande même la recette de ma farce. Je lui envoie un texto pour lui dire que tout se négocie !

Son grand sourire, à la lecture de mes mots, précède un regard qui signifie clairement qu'il est prêt à en découdre avec moi de la plus délicieuse des manières qui soient.

Puis, respectant la tradition, à minuit, nous échangeons nos cadeaux dans la bonne humeur. Maja, fidèle à elle-même, suggère finalement :

– Bon, ce n'est pas le tout, mais, pour une fois qu'on fête ça ensemble, je serais assez partante pour goûter à ta fameuse bûche, moi !

Je lance un clin d'œil à mon estomac sur pattes alors que tout le monde rejoint la table de la salle à manger. Tous, sauf Matis, qui m'accompagne. À peine avons-nous franchi la porte de la cuisine qu'il me plaque contre le mur et m'embrasse dans le cou d'une façon des plus délicieuses.

Si on m'avait dit tout ça, il y a un an, je n'y aurais pas cru. Quand mon homme me relâche finalement, je ne sais plus très bien ce que nous étions venus faire ici à la base. Un sourire victorieux aux lèvres, il ouvre la porte du frigo et en sort la bûche.

Ah oui, la bûche !

– Matis 1 – Romy 0 !

Il me fait un clin d'œil et donne un coup de reins dans la porte pour l'ouvrir, me laissant là, heureuse et pensive.

Ah, il veut jouer ? OK !

Je sors mon téléphone et rédige un SMS, que je lui envoie.

[Moi aussi, j'aurais bien un petit
cadeau de dernière minute
en stock pour toi. Tout ce dont
j'aurais besoin, ce serait de ma
bouche, de ma langue
et de chantilly…]

Je retourne immédiatement dans la salle à manger et je souris, satisfaite. Il me fixe et ses yeux me crient toute sa frustration.

« Romy 1 – Matis 1 », prononcé-je silencieusement alors qu'il lit sur mes lèvres.

Je crois que je ne me lasserai jamais de jouer à ce petit jeu avec lui.

Non. En fait, je sais que c'est de lui que je ne me lasserai jamais.

ÉPILOGUE 1

Romy
Un an plus tard

Je dépose une fine feuille d'or sur le dessus de ma dernière bûche, puis j'enlève mes gants. Je suis contente, tout est terminé au niveau des préparations. Il ne reste plus à Maddy qu'à les disposer dans la vitrine du magasin.

La journée du 24 décembre est toujours très chargée. Nous devrions faire une bonne recette aujourd'hui. Nous ? Oui, car, le 1er janvier dernier, Léon m'a fait une proposition à laquelle je ne m'attendais pas du tout. Quand je suis allée chez lui pour lui souhaiter la bonne année, il m'a offert un café et m'a simplement demandé en signant :

« Que dirais-tu de reprendre la boutique, mignonne ? »

« Quoi ? Mais pourquoi ? Tu veux arrêter ? »

« Oui et non. Je me dis qu'on pourrait passer cette année ensemble, pour que je te montre l'envers du décor niveau administratif, et qu'ensuite tu pourrais continuer sans moi. »

« Mais… et toi ? »

« Je crois que j'ai bien mérité ma retraite, non ? J'ai de plus en plus de douleurs et je fatigue. Partir dans un an me semble la meilleure solution. Mais, bien entendu, c'est une simple proposition. Ne te sens obligée de rien, mignonne. »

Qu'il me propose cela, j'en avais rêvé longtemps, sans oser vraiment l'espérer.

« Non, mais tu plaisantes ? Bien sûr que j'en serais honorée ! Tu m'as tant appris, Léon ! Et je ne parle pas que de la boulangerie, tu le sais bien. »

« C'était bien normal que je te montre quelques signes et… »

« Oui, ça m'a énormément aidée, mais au-delà de ça, tu m'as surtout appris le goût du travail bien fait, la passion pour mon métier. Et tu m'as tellement fait confiance que je crois que tu m'as permis de croire en moi, malgré mon handicap. »

Je me suis mise à pleurer et il m'a serrée dans ses bras maladroitement. Puis il a sorti un mouchoir en tissu propre de sa poche et me l'a tendu pour que je sèche mes larmes.

« Alors, tu serais partante ? »

J'ai préféré jouer franc jeu avec mon ami de toujours.

« Bien sûr ! Merci infiniment de me faire confiance à ce point, Léon. Par contre… il faut que j'en parle avec Matis avant. Comme tu le sais, on n'a encore rien planifié en ce qui concerne notre couple. Alors, même si je meurs d'envie de te dire oui tout de suite, ça me paraît évident que nous en parlions d'abord tous les deux, tu comprends ? »

« Évidemment. Et puis je ne te demande pas une réponse dans la minute. Prends tout ton temps. Ce n'est pas une décision à prendre sur un coup de tête ! »

« Merci, Léon. Oh ! Il faudra quand même que tu me donnes ton prix et que je voie avec ma banque si un prêt serait… »

« La banque ne sera pas un problème, mignonne. J'ai fini de payer tous les prêts depuis longtemps, alors je voudrais te léguer mon affaire. Je n'ai pas d'enfants, mais toi, je te considère comme ma petite-fille. Tu sais bien que je suis un vieux célibataire un peu bourru, que je ne sais pas dire toutes ces choses, mais disons que je me suis attaché à toi. Et… je serais fier de te passer le flambeau. »

Autant vous dire qu'après ses mots, mes sanglots ont redoublé tellement j'étais touchée.

« Toi aussi, tu fais partie de ma famille, Léon ! Je t'aime, tu le sais, hein ? »

Il a hoché la tête, a tapoté ma joue et a signé pudiquement : « Oui, moi aussi, mignonne. »

Après que j'en ai longuement discuté avec lui, Matis m'a encouragée à accepter et m'a promis que nous trouverions bien une solution pour vivre notre amour à distance de façon sereine.

Résultat, trois mois plus tard, Léon et moi avons signé les papiers officiels chez le notaire, et j'ai obtenu un prêt, non pas pour financer le fonds de commerce, mais pour apporter une nouvelle jeunesse et de la modernité à l'enseigne un peu défraîchie. Et surtout, changement majeur, j'ai décidé d'abandonner l'activité de boulangerie pour en faire une pâtisserie-salon de thé à part entière. Avec de l'huile de coude, nous en avons retapé une partie nous-mêmes, et je ne suis pas peu fière du résultat.

Léon et moi savons, l'un comme l'autre, que, dans une semaine, nous ne travaillerons plus ensemble. Je suis à la fois triste, car une page se tourne, mais également excitée à la perspective de développer mon propre commerce.

La vendeuse de Léon en a profité pour partir, elle aussi, à la retraite. J'ai donc fait passer des entretiens d'embauche. Et c'est Maddy qui a eu la place. J'ai su, dès qu'elle est entrée, qu'elle était faite pour exercer ici.

Je passe ma tête dans la boutique encore fermée et

l'informe que Léon va prendre ma relève. Elle m'envoie un baiser volant.

– Un bisou au bel Italien !

Je lui fais un clin d'œil et sors après avoir enfilé ma veste. Pas de neige cette année. Il fait deux degrés, mais le soleil pointe déjà le bout de son nez. Le temps idéal, selon moi.

J'entre dans ma voiture, puis direction l'aéroport le plus proche. L'avion de Matis et Maja doit atterrir à neuf heures, et je n'en peux déjà plus d'attendre de les voir. Ils me manquent tellement ! Maja a dû arriver de New York chez son père, en Italie, hier, et ils ont convenu de prendre l'avion ensemble pour venir passer Noël ici.

J'avale les kilomètres et trépigne d'impatience quand j'arrive à destination un quart d'heure trop tôt. Je m'achète un café chaud et me poste devant la grande baie vitrée qui donne sur une piste d'atterrissage.

Au moment où leur avion atterrit enfin, je sens les papillons envahir mon ventre peu à peu.

Je ne me lasserai donc jamais de le voir ?

Quand ils débarquent de la porte des arrivées, je me précipite dans les bras de mon homme et enfouis mon nez dans son cou.

Qu'il sent bon !

Je m'enivre toujours autant de son parfum, qui m'a déjà fait chavirer lors de mon arrivée chez lui, la toute première fois.

J'ai l'impression que ça fait une éternité !

Nous avons chacun nos vies professionnelles, dans nos pays respectifs. La distance a donc été le premier frein que nous avons rencontré concernant notre couple. Mais nous avons décidé de nous donner du temps en continuant de nous voir ponctuellement.

Ses lèvres s'écrasent sur les miennes et, l'espace d'un instant, j'oublie totalement où nous sommes. Pouvoir enfin le toucher me redonne le souffle qui me manquait depuis notre dernier au revoir, il y a un mois et demi.

C'est Maja, toussotant près de nous, qui me ramène sur terre.

– Bon, ça y est ? C'est mon tour ou quoi ? Il fut un temps où c'était moi qui avais droit à tes câlins à l'arrivée, râle-t-elle pour la forme.

Je la serre fort dans mes bras. Son mauvais caractère m'a presque manqué, lui aussi. Mais je sais comment la prendre, alors je lui tends un sachet de viennoiseries toutes fraîches de ce matin et qui viennent de la boulangerie.

Un sourire immense vient en effet éclairer son visage.

– Oh, bordel ! Tu sais que je t'aime, Sis ?

– Je l'aime plus, la contredit Matis, me faisant bêtement sourire.

– Non, c'est moi qui vous aime le plus, leur dis-je en les entourant de mes bras.

Ils ont alors, tous les deux, le même mouvement de recul. À vrai dire, je ne savais pas comment leur annoncer que j'avais retrouvé ma voix depuis quelques jours, alors quels meilleurs mots que « je vous aime » pour le faire ? Et puis je ne me voyais pas m'empêcher de m'exprimer vocalement le temps de trouver le bon moment pour leur faire la surprise.

– Oh, putain ! Sérieux ? Tu peux à nouveau parler, Sis ? Youhou ! exulte Maja.

Elle se met soudain à danser, en plein milieu des gens, qui nous regardent de travers. Je lui prends les mains et me joins à elle. Rien à foutre ! Je suis trop heureuse, moi aussi.

Matis me fait ensuite pivoter vers lui. Je m'accroche à

son cou en lui disant simplement :

– Je t'aime.

Ces mots, que je n'avais jamais pu prononcer jusqu'ici, franchissent spontanément la barrière de mes lèvres.

– *Ti amo, Romy.* J'avais oublié combien ta voix est belle, me répond-il avant de m'embrasser avec une tendresse infinie.

Quand nos lèvres se séparent enfin, je découvre Maja installée sur un banc, où elle dévore un pain au chocolat à pleines dents, sans plus nous prêter d'attention.

En un an, elle s'est faite à l'idée que son père et sa meilleure amie puissent s'aimer. J'ai l'impression que ça ne la choque plus du tout. La seule différence, dans notre relation, c'est que désormais je ne lui raconte plus mes parties de jambes en l'air !

Elle a beaucoup changé durant cette année. L'épreuve que nous avons tous traversée l'a profondément ébranlée et l'a rendue plus mature et plus posée qu'avant.

– Bon, *papà* et belle-maman, on y va ou bien ?

Ça aussi, c'est une blague récurrente entre nous. Elle prend un plaisir fou à me surnommer comme ça. Forcément, moi, je déteste, mais ça l'amuse d'autant plus.

– OK, allons-y, sale gosse, répliqué-je.

Alors qu'elle hisse son énorme valise dans le coffre, Matis me prend par la main et se met alors à signer. Il a carrément suivi des cours deux fois par semaine et a considérablement progressé.

« J'aime quand tu parles, mais, si tu devais perdre ta voix à nouveau, sache que ça ne changera rien à mes yeux. Je t'aime, *mia bella.* »

Je crois que c'est la plus belle déclaration qu'il pouvait me faire. Je me pelotonne contre lui. Il me tarde déjà d'être seule avec lui. Il ouvre son manteau et je m'y réfugie.

Il replace les pans autour de moi. Bien au chaud, je sens assez rapidement que je ne suis pas la seule à attendre nos moments d'intimité. La protubérance, dans son pantalon, en est la preuve flagrante.

– *Baciami, amore mio*[1], lui demandé-je.

Il répond à ma supplique en posant ses lèvres sur les miennes. Moi, de mon côté, j'ai décidé de perfectionner mon italien. C'est important pour moi de connaître parfaitement sa langue natale.

– Allez, nous avons un repas de réveillon à préparer !

Je m'éloigne à regret de l'objet de la tentation pour couper court à ce désir qui serpente entre mes reins et grandit tout autant que le sien.

– Je m'occupe du dessert, me glisse Matis à l'oreille.

Je glousse, sous le regard exaspéré de Maja.

Bon, direction Carantec pour y retrouver papa, Rémy et Florence – eh oui, elle a eu d'énormes… arguments, et mon grand-père a trouvé une femme aussi barrée que lui ! – afin de fêter notre deuxième Noël au sein de notre drôle de famille recomposée, atypique, mais que je n'échangerais pour rien au monde.

1. « Embrasse-moi, mon amour. »

ÉPILOGUE 2

Matis

J'ai cuisiné avec Romy tout l'après-midi, et j'adore ça. Elle est tout aussi passionnée que moi et, quand on nous met dans la même cuisine, les idées fusent. En plus, j'étais heureux de participer à la confection du repas traditionnel des Vasseur en y apportant ma petite touche avec le sabayon de ma mère, qui plaît tant à mes convives au restaurant.

Sans oublier le fait que ma belle Française a le don de savoir transformer un acte lambda en un jeu on ne peut plus sensuel, comme lorsque, du bout de l'index, je lui ai fait goûter la sauce qui allait accompagner la viande. Elle a alors pris un malin plaisir à lécher mon index de sa langue, puis à le gober dans sa bouche pour le sucer, en l'entourant de ses lèvres pulpeuses.

Romy est aventureuse, coquine et sexy, et sait exactement comment me faire bander comme un malade. Substituer ce doigt à ma queue m'a rendu dingue. Si bien que nous avons profité de l'absence de Maja pour nous enfermer dans la chambre.

Je lui ai fait l'amour en prenant tout mon temps afin d'apprécier les gémissements qui s'échappaient de sa bouche. L'entendre à nouveau parler est un réel aphrodisiaque pour mes oreilles. L'écouter monter crescendo pour exploser en criant mon prénom est la plus délicieuse des sensations.

Le soir venu, le réveillon s'est déroulé à merveille. L'ambiance, comme à chaque fois que nous sommes accueillis ici, était détendue et bon enfant. Je comprends désormais mieux pourquoi ma fille tenait tant à venir passer ses vacances d'été dans ce havre de paix.

La Bretagne est une terre accueillante que je prends plaisir à redécouvrir au gré de mes venues. Je me souviens d'avoir aimé vivre ici, et j'adore y revenir ! J'ai offert un billet aller-retour à Maxime et à Rémy pour qu'ils viennent profiter des charmes de l'Italie l'été prochain. Ils avaient l'air ravi.

Et forcément, j'ai passé une nuit magique, Romy blottie dans mes bras, après que nous avons fait l'amour pour fêter dignement Noël à notre façon.

L'aube commence à poindre. Elle dort encore. Moi, je caresse doucement ses cheveux en écoutant sa respiration paisible. La vie m'a fait un cadeau extraordinaire en la sauvant.

Je me lève sur la pointe des pieds, incapable de me rendormir. La maison est encore endormie. Je dresse la table pour le petit déjeuner en y déposant dessus un énorme panettone que j'ai confectionné avant de partir. Je repense à mes parents et souris en me remémorant le plaisir que j'avais à déguster ce mets traditionnel au matin du 25 décembre.

Maxime me rejoint, bientôt imité par sa fille. Nous nous attablons et laissons Maja dormir, ma marmotte n'ayant pas changé ses habitudes en ce qui concerne les grasses matinées.

– C'est super bon, ce truc, me complimente Maxime.

Le père de Romy est un mec sympa. On s'entend vraiment très bien. Il faut dire que nous n'avons qu'une dizaine d'années d'écart. Il ne parle pas à tort et à travers, et c'est ce qui fait son charme. Et surtout, il m'accepte et comprend l'amour que j'ai pour sa fille.

– Que veux-tu faire ce matin ? me questionne Romy.

– En fait, j'ai déjà établi un programme pour aujourd'hui.

Elle me sourit, intriguée. J'adore la surprendre et j'espère bien me surpasser cette fois.

Nous nous habillons et prenons donc la route tous les deux. Il ne nous faut qu'une vingtaine de minutes pour rejoindre, en voiture, le village de Roscoff situé en bord de mer.

– Roscoff ? Oh, je sais ! Tu as prévu une journée de thalasso, c'est ça ? s'extasie-t-elle alors que je grimace.

– Heu… non. J'ignorais même qu'ils proposaient ça ici, désolé.

– Pas de souci. Alors, que fait-on ?

– Tu me fais confiance ?

– Bien sûr.

– Au point de te laisser bander les yeux ?

Je la vois tiquer légèrement. Depuis ce qu'il s'est passé avec Amber, elle a beaucoup de mal à l'idée d'être privée de l'un de ses sens.

– Vas-y, me répond-elle néanmoins, me prouvant encore à quel point elle a foi en moi.

Je lui place donc un bandeau sur les yeux et la guide dans les petites ruelles pavées du centre. Puis nous pénétrons dans un bâtiment où nos pas résonnent, car la pièce est vide. Je la positionne là où je veux qu'elle soit et j'enlève délicatement le foulard de ses yeux.

Je reste positionné derrière elle. Face à nous, les vagues se déchaînent derrière les grandes baies vitrées.

Elle regarde autour d'elle et semble enfin comprendre où je veux en venir.

– Tu… c'est… sérieux ?

– Oui. Enfin, seulement si tu veux de moi dans tes pattes pour les années à venir.

Elle me saute au cou et me demande, excitée comme une puce :

– Vas-y, dis-moi tout !

– Je ne voulais pas t'en parler tant que je n'étais sûr de rien, mais cela fait quatre mois que je recherche activement un local pour accueillir un restaurant. J'ai déjà visité une dizaine d'établissements en visio, mais aucun ne réunissait tous mes critères. Et puis, il y a une semaine, mon agente immobilière m'a parlé de ce bien, qui va être mis à la vente début janvier. Elle m'a donné l'exclusivité jusqu'à demain. Je l'ai visité par caméra interposée, mais là, je t'avoue que ma première impression est confirmée : j'adore ce lieu !

– Moi aussi, c'est sublime. Comment ne pas aimer ? Mais… et ton restaurant en Italie ?

– Je le mettrai en gérance. Tu sais, depuis que j'ai embauché Milla en tant que second, je vois bien qu'elle a totalement les épaules pour tenir mon restaurant. J'ai une confiance absolue en elle. Et puis je t'avoue que recommencer à zéro ici me plairait énormément. Je veux tout faire selon mon idée, du sol au plafond, et recruter l'équipe parfaite. L'excitation l'emporte largement sur la peur, alors je sens que tous les feux sont au vert. Reste le principal, toi ! Qu'en penses-tu ?

– Je serais heureuse, mais tu es certain que c'est bien ce que tu veux ? Je ne voudrais pas que tu le fasses pour de mauvaises raisons et que tu en viennes, un jour, à regretter cette décision radicale, Matis.

– Tu es la femme de ma vie, Romy. Comment pourrais-je regretter de venir vivre à tes côtés ? Non, je n'ai aucun doute parce que j'ai expérimenté la sensation d'avoir cru te perdre, et j'ai failli en mourir. Et puis les relations longue distance ne me conviennent pas. J'ai trop envie de pouvoir me réveiller chaque matin à tes côtés, de sentir ton parfum, d'embrasser ta jolie bouche quand bon me semble et de te faire l'amour chaque nuit que je passerai entre tes draps.

Elle est émue et plaque ses mains sur ses joues rosies. Elle mordille adorablement sa lèvre inférieure, comme à chaque fois qu'elle est troublée, et me dit enfin :

– Waouh ! Je serais la plus heureuse des femmes si tu venais travailler ici !

Je l'attrape alors par la taille et la fais tournoyer avant de la reposer par terre. Elle rit de plus belle, et je réaffirme que c'est l'un de mes sons préférés au monde.

– *Ti amo, bella.*

– Je t'aime aussi, Matis, tellement fort.

Nous passons l'heure suivante à tirer des plans sur la comète tant le lieu va bien au-delà de mes espérances et la charme autant que moi. La vue sur la mer est tout simplement splendide, et nous imaginons parfaitement comment aménager les différents espaces. Il me tarde de commencer les travaux !

– Et qu'en pense Luigi ?

– Il m'encourage à mille pour cent.

– Comment va-t-il ? Je ne l'ai pas eu en visio depuis un moment.

– Mieux. Il a vraiment failli sombrer, mais sa cure lui a permis de le sortir de tout ça. Heureusement.

Mon meilleur ami m'a fait très peur. Après l'été dernier, il s'est vraiment mis à faire n'importe quoi. Il picolait dès le matin et commençait à se foutre de tout. Il m'a même collé son poing dans la gueule pour une histoire d'horaires à la con, mais il était tellement torché qu'il est tombé et n'a pas pu se relever tout seul. Une vraie déchéance. C'est ce soir-là que j'ai pris la décision de mettre fin à ce cercle vicieux.

J'ai effectué des recherches toute la nuit, sur Internet, et j'ai contacté le meilleur centre de désintoxication du pays. Le lendemain matin, j'ai profité de ses remords de m'avoir frappé pour qu'il accepte de s'y rendre.

Sa sortie, un mois et demi plus tard, a coïncidé avec le verdict du procès d'Amber. J'ai eu très peur qu'il retombe alors dans son addiction, mais il a tenu le coup. Le fait que la peine maximum ait été prononcée pour cette garce a fini de le convaincre de remonter la pente. Elle a pris trente ans de réclusion pour tentative de meurtre, et cela a été un soulagement pour nous tous.

Depuis, j'ai enfin retrouvé mon meilleur pote. Il s'est remis à fond dans le boulot et vient de nouveau à la salle de sport, avec moi, trois fois par semaine. J'espère de tout mon cœur qu'il est définitivement sorti d'affaire.

– Et c'est toujours la guerre avec ta nouvelle cheffe, Milla ?

– Tu n'imagines même pas ! m'esclaffé-je. Ces deux-là sont comme chien et chat. Elle n'accepte aucun ordre venant de sa part, et lui prend un malin plaisir à la titiller sans arrêt. À croire qu'ils ne seront jamais d'accord sur rien !

– Au moins, il a arrêté de ruminer le passé, et ça, c'est plutôt positif, non ?

– Certes, mais maintenant il a une seule et unique mission en tête : dompter notre nouvelle cheffe. Mais elle a du caractère. C'est une vraie lionne et elle en impose. Du coup, ces derniers temps, j'assiste à un vrai combat de coqs, ou alors à une parade nuptiale d'un nouveau genre, je n'ai pas encore tranché. Tu sais, dès qu'elle est entrée dans mon bureau, pour l'entretien d'embauche, j'ai vu Luigi renaître, et rien que pour ça, elle méritait de faire partie de mon restaurant. Et quand je suis revenu d'ici la dernière fois, j'ai bien vu qu'il y avait eu rapprochement, même si cet idiot s'en défend. Pourtant, les étoiles dans ses yeux, je ne les ai pas inventées.

– Y aurait-il un nouveau couple en vue ?

– J'en suis persuadé, même s'il continue à nier. À lui de saisir cette chance.

Luigi, le retour…

– Pauvre Milla…

– Tu ne la connais pas encore. Cette femme est une guerrière, elle ne lâche jamais rien, alors je dirais plutôt « pauvre Luigi » !

Romy se marre et se frotte les mains. Forcément, il n'y a pas de chauffage. Nous décidons donc d'aller nous mettre au chaud dans un bar, non loin d'ici.

Les mains en coupe autour de nos tasses fumantes, je la contemple et l'écoute me parler de ses idées pour mon futur restaurant, mais aussi pour sa propre pâtisserie.

Le reste de la journée se déroule tranquillement, mais, avant de rentrer, il faut encore aborder une question primordiale. Alors, je n'y vais pas par quatre chemins.

– Si je déménage ici, peut-être pourrions-nous vivre ensemble, *bella*.

– Oui. Je pense que mon père serait d'accord pour que tu viennes un temps à la mai…

– Non, non, je voulais dire… Enfin, que dirais-tu d'avoir notre chez-nous ? De vivre ensemble ? J'ai de l'argent, Romy, et je pourrais acheter une maison afin que nous y fassions notre petit nid douillet.

Elle fronce les sourcils.

– Heu… non.

Ouch ! Celle-là, je ne m'y attendais pas…

– Non ?

– Matis, tu as de l'argent, mais je ne vivrai jamais aux crochets de qui que ce soit. Alors, non pour que tu achètes une maison pour nous, mais un grand oui pour que *nous* achetions un bien ensemble ! Enfin… si tu n'y vois pas d'inconvénients.

– Bien entendu que je suis partant ! Et le principal, c'est que nous vivions ensemble dans un endroit qui nous plaise, à tous les deux ! Tu as une idée du style de maison que tu voudrais ?

– J'aimerais simplement ne pas vivre trop loin de chez mon père. Pour le reste, je m'en fiche, du moment que je suis avec toi.

Je prends sa main dans la mienne et elle me demande :

– Un autre café ? Je meurs d'envie de fantasmer sur notre future maison, là, maintenant !

– Va pour un autre café, dis-je en faisant signe au serveur. Un jardin ?

– Évidemment ! Yago a besoin de se dégourdir les pattes, voyons ! Trois chambres, ça serait pas mal, non ?

– Il faudra au moins une chambre d'amis pour Maja et une pour Luigi, une chambre pour nous, ça fait déjà trois. Reste à déterminer si tu envisages un jour de faire une mini-Romy.

– Tu… pourquoi ? Tu serais partant pour te remettre dans les couches vingt-deux ans après Maja ?

– Plutôt deux fois qu'une, *bella*. J'ai adoré cette époque, figure-toi. Mais seulement si, toi, tu en as envie aussi.

Elle se lève alors, enfile son manteau, pose un billet sur la table et me tend la main pour m'inciter à me lever. Je la regarde, incrédule.

– Tu ne voulais pas un autre café ?

– Non. Car, même si je pense que je n'arrêterai pas la pilule tout de suite, rien ne vaut un peu d'entraînement, tu ne crois pas ?

Cette femme sait assurément me parler. Je ne me fais pas prier pour la suivre jusqu'à sa petite Fiat 500 noire, où elle prend place derrière le volant.

– Reste à savoir si on arrivera à atteindre Carantec ou si je serai obligée de m'arrêter dans un coin isolé, me glisse-t-elle, mutine.

– Les deux me vont parfaitement bien, du moment que je suis en toi, et vite, *bella*.

Elle donne soudainement un coup de volant et gare alors la petite voiture sur un parking du port. L'endroit est désert, vu que c'est Noël et que les gens doivent être en famille, mais quand même, je ne comprends pas où elle veut en venir.

– Prêt pour une nouvelle aventure en bord de mer, capitaine ?

– Avec toi pour tenir la barre, toujours.

Elle lève les yeux au ciel, mais, troublée, rougit adorablement. J'espère qu'elle ne perdra jamais cette habitude au fil du temps.

Nous marchons un peu et elle me demande :

– Tu me fais confiance, *amore mio* ?

– Les yeux fermés.

Elle enjambe alors soudainement le bord du quai et descend une échelle fixée en dessous. Elle pose finalement le pied sur une grosse défense[1] en caoutchouc et grimpe sur un bateau.

Je lui emboîte le pas, pas hyper à l'aise, vu que c'est la première fois pour moi. Je pose à mon tour les pieds sur le pont.

1. Une défense ressemble à un énorme pneu en caoutchouc.

– Où sommes-nous ? À qui est ce bateau ?

– C'est celui de mon père. Il est féru de pêche.

– Mais c'est génial !

– Moi, je n'ai pas trop le pied marin, mais je suis sûre que m'allonger dans la cabine avec toi devrait me changer les idées, me dit-elle avec une lueur coquine dans les yeux.

– Et si tu me faisais visiter ? proposé-je en l'approchant de moi. Tu as raison, rien ne vaut l'entraînement pour quand on sera prêts.

– Viens par là.

Romy me guide vers une petite cabine. Elle sort une couverture d'une banquette et l'étale à même le sol. Plutôt rudimentaire, mais largement suffisant pour ce que nous allons faire.

– Juste pour te le préciser, perso, je serais bien partante pour un mini-Matis. Quoi qu'il en soit, bienvenue sur le *Lincoln*, capitaine ! Tadaaa ! me dit-elle en écartant les bras.

C'est alors que mon esprit fait le rapprochement.

– Bordel…

– Quoi ? Tu ne veux pas avoir un garçon ?

– Rien à voir… En fait, je ne te l'ai jamais dit, mais une vieille dame un peu allumée m'a un jour prédit que je serais heureux avec toi, malgré les épreuves. Elle a évoqué tes yeux, notamment, nos goûts communs, mais aussi Lincoln !

– Le bateau de mon père ?

– Non. Enfin, disons qu'elle a dit que Lincoln sera le début d'une nouvelle ère. Moi, j'ai direct pensé au président américain tout en n'y comprenant rien.

– Oh ! C'est fou, cette histoire… Mais, pour tout te dire, ce n'est pas une référence à lui, mais à Andrew

Lincoln, l'acteur principal de la série préférée de mon père, *The Walking Dead*.

– On dirait bien que ça marche aussi ! Incroyable… Quand je vais raconter ça à Luigi, il va me rebattre les oreilles avec ses : « Tu vois ! Lulu avait raison ! »

– En tout cas, elle ne s'est pas trompée, sur ce coup-là, on dirait… Tu devrais lui payer un beau bouquet de fleurs, à cette vieille dame ! Elle habite loin ?

– Saint-Barthélemy, et je ne serai pas contre l'idée d'aller lui rendre visite pour savoir ce qu'il en sera d'un mini-moi ou d'une mini-Romy. Ça te tente ? demandé-je en approchant doucement, tel un félin, de ma délicieuse proie.

Son sourire en dit long. Je n'attends pas sa réponse et l'embrasse avec passion.

Je vais peut-être revoir mes convictions au sujet de la voyance, mais une chose est certaine : aussi imprévisible soit-il, je n'ai aucun doute sur l'avenir radieux et amoureux qui s'offre à nous.

GRAZIE MILLE[1]

Grazie à toi, mon homme. Toi qui comprends cette passion pour l'écriture comme je comprends la tienne pour la musique. C'est génial de pouvoir nous épanouir chacun dans nos domaines respectifs, en ressentant, tout à la fois, ce plaisir fou et cette envie de vivre ensemble, main dans la main, tous les petits et grands moments de la vie. C'est avec toi que j'écris ma plus belle histoire.

Grazie à vous aussi, mes filles, mes deux amours, qui respectez avec bienveillance ces moments hors de la sphère familiale, ces instants où je deviens un véritable ermite pour m'immerger le plus possible dans mon histoire en cours.

Dans la même veine, *grazie* à ma famille et à mes amis proches pour leur soutien et leur amour.

Grazie à toi, honey, mon amie depuis tant d'années. Toujours à mes côtés dans les bons comme les mauvais moments. Ton amitié m'est tellement précieuse !

Grazie aussi à toi, Sonia, pour tes conseils toujours judicieux, bienveillants et justes. Je suis ravie que notre passion commune pour l'écriture nous ait rapprochées au point que tu deviennes une véritable amie !

Grazie mille à vous, mes supers 76 et *grazie* à toi, Jeannie, ma killeuse, ma poulette du « bout du monde ».

1. « Mille mercis »

Bien sûr, je me dois de remercier mes super bêta-lectrices ! *Grazie*, Isa, d'avoir été la première à découvrir Romy et Matis, chapitre après chapitre. C'est tellement important pour moi d'avoir ton avis et tes conseils avisés ! Alors, encore une fois, *grazie mille* ! Laetitia et Marion, *grazie* aussi d'avoir été là au fil de cette écriture en me permettant ainsi de profiter de votre œil extérieur, toujours très juste et constructif ! Développer cette histoire, et lire vos impressions et vos annotations était réellement enrichissant ! Vous êtes au top, les filles !

Grazie aux éditions Addictives de m'avoir fait confiance sur ce nouveau projet, et tout particulièrement à Morgane, mon éditrice, avec qui j'ai plaisir à échanger. *Grazie mille* à Maëva, également, qui, par ses corrections au top, a su faire ressortir le meilleur de cette histoire d'amour entre Matis et Romy.

Forcément, un énorme *grazie* à vous, chères lectrices, pour qui *Younger* est le premier roman de moi que vous lisez ! *Grazie* d'avoir tenté l'aventure de ma plume, en espérant que vous aurez passé un agréable moment d'évasion livresque.

Et enfin, *grazie* à vous, fantastiques lectrices fidèles et chroniqueuses passionnées, vous qui répondez toujours présent à chacune de mes sorties. *Grazie* pour vos encouragements, vos messages privés, vos retours, vos chroniques, vos jolis montages photo. *Grazie* de faire vivre mes histoires en communiquant sur les réseaux sociaux, en partageant vos impressions avec moi ! On peut dire que j'ai beaucoup de chance d'avoir des lectrices telles que vous ! Vous êtes formidables ! *Vi amo !* Et mon petit doigt me dit (et ma pudeur, aussi !) qu'il n'y a pas besoin de note de bas de page pour que vous compreniez…

Autrice : Marie Hayle

Edisource – Éditions Addictives
1 bis, avenue de la République, 75011 Paris
Imprimé par FINIDR – Lipova cp. 1965 – 73701 Cesky Tesin,
République tchèque
Dépôt légal : juin 2024 – Achevé d'imprimer : mai 2024
ISBN : 978-2-37126-666-7
Réf. contrat : ZOMY_001